2016年 第1辑

法律與新金融

LAW AND NEW FINANCE

彭 冰 主编

法律出版社 LAW PRESS · CHINA

主编简介

彭　冰　北京大学法学院教授，法学博士，北京大学金融法研究中心副主任，主要研究领域包括金融法、证券法和公司法。

卷首语

“小而美”和“大而强”

吴志攀
（北京大学金融法研究中心）

《互联网金融与法律》要改版，彭冰老师嘱我写个卷首语。具体的出版思路以及未来的计划等，完全交给彭冰他们去考虑，我压根儿没想过去操这个心。我也相信，在这样一个互联网的时代、创新创业的时代，年轻人一定会比我们强。王国维在《宋元戏曲考》中曾经有一论断：“凡一代有一代之文学：楚之骚，汉之赋，六代之骈语，唐之诗，宋之词，元之曲，皆所谓一代之文学，而后世莫能继焉者也。”那么，在法学领域，也是一代有一代之学问，潮流不断在变化。我读博士的时候，研究香港地区的银行法，就是新得不得了的题目了，而今则必须要研究互联网金融，必须要有“互联网思维”，否则，大概是跟不上时代了。

借写卷首语的机会，我谈一点点自己最近的感想。这两年互联网金融火爆，为避免被淘汰，我也投入其中，在校友和学生们的帮助下，做了一点调研工作。有那么一段时间，我带着研究生，每周都去现场访问一家互联网企业，其中也有几家做餐饮的企业，但他们均自称不仅仅是做餐饮，其“本质上”是互联网企业。看了这些，我就在想一个问题，金融资本怎样进入传统中餐馆？注意，这个问题和“互联网思维”“互联网经济”有关。

曾经在投行工作多年的台湾地区的钟先生告诉我，外国的金融资本对快餐行业是很感兴趣的，比如美国的那几家连锁快餐，表面上人家卖炸鸡薯条，背后实际上有强大的金融的力量，经营的模式和发展链条很清楚。餐品简单，不讲究口味和食材，可复制、标准化、流水线生产，形成规模效益，质量可控，遍地开花之后，很快就可以做上市。

但是，对于讲究“色香味形”的传统中餐，就不好办了。菜品质量和效益依赖大厨、依赖食材，甚至依赖气候和风水。一家店开成功了，很好，但不太可能大量复制，而且受到地域限制，广州的馆子再火，到了东北，也会水土不服。金融资本不会青睐这样的发展模式，投行的精英当然喜欢吃高水平的中餐，越小众越好，可要是谁说能让一家私房菜馆做到上市，恐怕就是在忽悠了。

如何在“小而美”和“大而强”之间寻找结合点呢？

在调研中我发现，“小而美”的传统中餐馆，要突破各种限制，做成“大而强”的连锁店，既要保持菜品口味，又要规模效益，那就必须想办法克服“人的因素”，也就是要变农业、手工业的生产为工业生产。

类似的成功例子已经有过，有的中式餐饮企业就成功上市了。但也有问题，走高档餐饮路线，遇到政策变化，迅速就现出了原形，日子难过。

因此，能够走流水线、标准化生产路子的中餐馆，一定要大众化。而互联网信息技术为这类餐馆提供了快速扩张的可能。举个例子，“上海小南国”这个公司上市了，它在内地有90多家分店，在香港和澳门也开了好几家分店，而且仍在继续扩张。小南国董事长杨慧敏女士告诉我，内地的中餐厅要在香港开一家门店其实很不容易，因为地价高、人工贵，港澳客人口味“刁”，质量控制的难度也大。她的公司很早就采用了香港开发的一款餐厅管理系统，实现了从“食材采购”到“顾客点菜”的电子信息化整合。后来，她的公司又采用系统集成度更高的北京奥琦玮公司开发的互联网管理系统，建立了自己的中央厨房。此后，公司的所有管理行为都建立在互联网平台上。此举不但提高了效率，还进一步降低了从采购员到大厨等所有“人为因素”对菜品质量的影响。

我又去了北京奥琦玮公司，董事长孔令博先生告诉我，采用互联网技术重新打造餐饮业的供应链，最近几年非常流行。现在由奥琦玮公司提供的“餐行健”互联网管理平台，已经被数千家餐饮企业所采用。如果客人在采用“餐行健”系统的中餐厅点菜，相关数据信息同时会传递到该餐饮集团管理总部的终端，高管们可实时监控最新的数据。这样能够监控从采购环节到中央厨房再到店面日常管理的全过程。

此外，中餐的复杂程度高、种类繁多、口味也多，这是很麻烦的事情。而美国快餐店主要就 5 种食品，汉堡、薯条、炸鸡、沙拉和可乐就是大头，没多少口味变化。现在中餐馆，特别是那些立志做大做强的中餐馆，这种趋势也开始显现了。原来我特别喜欢去西贝莜面村，它过去走的是粗犷西北菜路线，现在它把更多的店开到了大商场里，店铺越来越精致，而且菜品越来越少，只保留了那些最叫座、最有代表性的菜。我推断西贝莜面村的经营者就是在动这个脑筋。

我和学生们还访问了位于燕郊的福成五丰食品有限公司，这是一家上市公司，也是北京餐饮业最大的“中央厨房”。总经理王晓阳告诉我，他们不仅为快餐业提供成品或半成品，也为传统中餐厅提供菜品。随着用餐观念的改变，依靠“大厨”的中餐馆，会越来越贵，门店也越来越少，而选择中央厨房加工的中餐馆会越来越便宜，规模也越来越大。我们通过布满电视屏幕的总监控室观看了中央厨房的生产工作情况：依靠电脑程序控制的现代化大型厨房设备，正在将食品源源不断地传送到包装车间，然后速冻，最后装车发运。

我很感慨，传统中餐也许会受到巨大的冲击，情调会越来越少，可工业化的力量太大了，这是人类经济社会发展的必然结果，我们只有面对。

好几位从事风险投资的校友认为，现在风投很喜欢餐饮业，很喜欢跟那些流行的中餐馆老板打交道。不用再说“海底捞”这样的明星企业了，类似的品牌层出不穷，中国这么大，民以食为天，将来有几百家餐饮类上市企业不算什么稀奇事。

是什么造成了这样的变化？当然，原因很多很多。社会在急剧变化，生活节奏在加快，吃饭的模式当然也会变。但实现这种变化的是互联网技术与互联网思维，而加速这种变化的是金融资本的力量。资本的力量太大了。

我也想到马克思早就论述过的一个道理，划分社会阶段的不是看生产什么，而是怎样生产。我们所处的时代，确实是一个全新的时代，生产方式、生产工具在变，将来也一定会带动生产关系的变化。

我就将上述一点粗浅的体会与大家分享，并以此为卷首语，祝愿本书改版成功，祝愿新时代的年轻学者们青出于蓝而胜于蓝！

目　录 Contents

第一部分

金融新实践

彩票断网，明媚还是忧伤？

孙天驰*

摘　要

随着互联网革命的兴起，彩票的发行与销售也逐渐从线下转向网络销售，但与其他互联网化的行业不同，彩票与互联网的联姻命途多舛、情路艰辛。本文试图从彩票特征、监管制度、商业模式等角度入手，反思互联网彩票屡开屡禁、屡禁屡开的原因，并大胆提出应然的彩票销售模式——彩票触网，不是步子太大，而是胆子太小。

关键词

互联网彩票　彩票销售　彩票发行　彩票监管

也许你曾在邮箱里收到过彩票的促销邮件，也许你曾在去年夏天为自己喜欢的球队在网上买了一注，但随着春节过后财政部的一纸禁令，[1]互联网与彩票，这对“情路坎坷”的伴侣，又一次“分手”了——3月1日，包括淘宝彩票、网易彩票、QQ彩票、彩票365等在内的几乎所有互联网售彩网站均停售了所有彩种，彩票正式断网，全部回到线下实体店销售模式。

在复盘财政部“棒打鸳鸯”的前因后果之前，我们有必要先审视彩票的特殊身份。提起彩票，我们通常会联想到密密麻麻写着各种数字的投注站和

---

*　作者单位：北京大学金融法研究中心。

〔1〕　参见《互联网彩票再次停售：三部委联合整顿违规网售》，载人民网：http://tv.people.com.cn/n/2015/0302/c39805-26623179.html，最后访问日期：2015年5月19日。

电视画面里乒乓球乱飞的摇号机，彩票往往被我们视作一种消遣娱乐的工具，花两元人民币，买一个发财梦。但很少有人想到彩票其实也是一种金融工具——政府通过发行彩票从社会筹集闲散资金，实现了社会资金的融通，在扣除奖金和发行费用后这些资金被用于支持福利、体育事业，而彩民们投注之后获得的对价也可以看作一个概率极低但诱惑极大的“期权”。从这个角度来看，彩票与保险、股票、债券、基金、理财产品等传统金融工具一样，都具有投资和融资的功能，带有金融属性。尤其是彩票与保险在某种程度上恰好位于运气天平的两端，如果说保险是在扫把星来时避免自己失去全部家当的救命稻草，那么彩票就是让人在幸运星来时咸鱼翻身的超级彩蛋。但与其他传统金融工具不同的是，彩票发售后不能交易或赎回，也不代表股权关系、债权关系或委托投资关系，彩民获得的只是百万元或是千万元大奖概率上的可能（通常，我们把这称为“白日梦”），这是彩民和彩票发行者之间一种可能的奖金分配关系（民法上称之为“射幸合同”，一个连法学毕业生都觉得陌生的概念）。也就是说，彩民的回报是建立在概率基础上，并不像其他金融工具那样以募集资金实际投资项目的回报为基础，所以彩票是一种非常特殊的金融工具。

这种小众的金融工具在不知不觉中已经发展成为社会公益领域融资的重要手段，其销售额在2014年已经超过3800亿元，[1]互联网彩票也随着网络的兴起而迅速发展成为彩票销售的重要渠道，但互联网彩票的发展却从诞生之初就遭遇坎坷。

一、多年厮守，爱恨情仇

在互联网以摧枯拉朽之势重塑金融格局之时，彩票这种老百姓喜闻乐见的草根金融也搭上互联网的快车。互联网和彩票初次牵手始于2001年12月，那一年趁着中国足球终于冲出亚洲走向世界的机遇，“500万彩票网”和“中国足彩网”首次开通彩票网络代购。这彻底解放了那些在狭小的实体彩票销售点排队买彩票的彩民们。在传统实体销售终端时代，购买一张复式彩票，

---

〔1〕 参见《2014年中国彩票总销量达3823亿体彩增速32%》，载腾讯彩票网：http://sports.qq.com/a/20150112/050028.htm，最后访问日期：2015年5月19日。

从录入到打印往往需要几分钟的时间，销售效率十分低下，并且人工操作常常出现各种差错，产生了数不胜数的爱恨情仇，[1]而互联网（尤其是移动互联网技术）真正实现了随时随地“7×24”全程无槽点的购彩体验。如果从没买过彩票的你无法理解互联网和彩票“联姻”的幸福，请自行回忆“12306”出现以前你在腊月寒冬大半夜去火车票代售点排队买票回家过年的情景。

在一起的互联网和彩票果然没有让大家失望，2014 年中国互联网彩票销售额达 850 亿元，占整个行业 22.23%，比上年增长 102.4%，远超彩票整体市场 23.6% 的增速。作为彩票行业的线上销售渠道，中国互联网彩票从无到有，过去 8 年的年复合增长率高达 117.5%，远胜于同期整个彩票行业 22.6% 的年复合增长率。[2]

既然彼此“性格互补、两情相悦”，为何财政部、民政部、体育总局等一众监管机构不顾彩民欢迎频频出手，对这段“恋情”横加干预呢？

回顾历史，掐指算来，这已经是互联网和彩票的第五次“分手”，我们先回顾一下他们虐心的“感情长跑”：

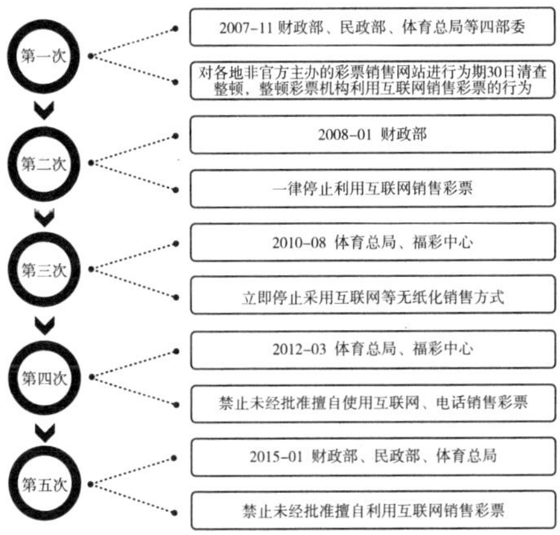

图 1　监管机构对互联网彩票的五次叫停

---

〔1〕 拾票不昧者有之（齐鲁晚报:《粗心彩民误丢中奖彩票售彩老板拾金不昧归还万元大奖》，私吞奖金者有之（搜狐:《好友因代购彩票反目成仇彩站老板私吞 47 万奖金》），打错号码者有之（腾讯:《销售员误将彩票打错促成男子连中大奖 1300 万》）。

〔2〕 参见刘珍华:《2014 年中国互联网彩票销售 850 亿元》，载《新民晚报》2015 年 1 月 30 日，第 B12 版。

明眼人一看就知道，这对“苦命鸳鸯”经历这么纠结的过去已经不是法律法规层面本身的理解和执行问题，背后是更深刻的政策博弈。

我们先梳理目前双方“家长”已经给这段感情立下的各种家规国法，接着回顾双方恋情中引人担忧的种种叛逆乱象，之后再深入各自“家族”内部，关注各方势力的利益纠葛和斗争细节，最后我们共同期待未完待续之后更加圆满的结局。

二、监管框架

众所周知，我国目前有福利彩票和体育彩票两套系统，其监管横跨财政部、民政部和国家体育总局等多个部委，并且彩票的发行销售还在纵向上涉及中央和地方的分权，从彩票的种类审批到发行、到销售、到最后彩票发行费用和公益金的分成都有相应的规定。令人崩溃的是，这些规定像我们国家的许多更加神奇的规定一样，散见在某个司局的规范性文件、通知、办法或是某个答记者问中。厘清这套复杂的规定我们才能理解彩票销售的游戏规则及其背后的利益纠葛。

目前，我国对彩票行业的监管框架呈现“财政挂帅，三头监管，两级分权”的特点，即在横向上财政部、民政部、体育总局三家有互联网彩票监管权，其中财政部地位最高，而在纵向上国家和省级地方进行分权，省级彩票中心掌握各地彩票的销售渠道。彩票行业的监管法规以国务院的《彩票管理条例》为基础框架，以财政部的部门规章为主要内容（见表1）。

表1　我国彩票行业相关法律法规统计

发布机关	发布时间	法规名称	主要规定
国务院	2009-05-04	《彩票管理条例》	彩票为特许发行管理 彩票发行、销售、监督主体： 发行主体——国务院民政部门、体育部门依法设立的福利彩票发行机构、体育彩票发行机构 销售主体——各省民政、体育部门依法设立的福利彩票发行机构、体育彩票发行机构 监督主体——各级财政部门

续表

发布机关	发布时间	法规名称	主要规定
财政部、民政部、国家体育总局	2012-01-18	《彩票管理条例实施细则》	彩票相关各部门职责。 省级民政部门、体育行政部门按照各自的职责分别负责本行政区域的福利彩票、体育彩票管理工作，主要职责是： (一)设立本行政区域的福利彩票、体育彩票销售机构； (二)批准建立本行政区域福利彩票、体育彩票的销售网络； (三)制定本行政区域民政部门、体育行政部门彩票公益金使用管理办法，指导省以下民政部门、体育行政部门彩票公益金的使用和管理； (四)监督本行政区域彩票代销者的代销行为。 非法彩票，是指违反条例规定以任何方式发行、销售以下形式的彩票： …… (四)未经彩票发行机构、彩票销售机构委托，擅自销售的福利彩票、体育彩票。 各省、自治区、直辖市福利彩票、体育彩票的销售网络，由福利彩票销售机构、体育彩票销售机构提出方案，分别报省级民政部门、体育行政部门批准后建立
财政部	2010-09-26	《互联网销售彩票管理暂行办法》	福利彩票发行机构、体育彩票发行机构(以下简称彩票发行机构)分别负责互联网销售福利彩票、体育彩票的统一规划和实施管理工作。 福利彩票销售机构、体育彩票销售机构(以下简称彩票销售机构)根据彩票发行机构的授权，分别负责互联网销售福利彩票、体育彩票的有关工作。 彩票发行机构、经授权的彩票销售机构、合作单位或者互联网代销者应当按财政部批准的彩票品种进行销售。未经财政部批准，任何彩票品种不得利用互联网销售。 彩票发行机构应当按规定归集互联网销售彩票的资金，分配结算彩票奖金、彩票发行费和彩票公益金。 彩票发行机构应当根据彩票购买者的银行借记卡账户所属行政区域，对互联网销售彩票销量进行省际划分，并分别计入各省、自治区、直辖市的彩票销量
财政部	2014-03-27	《电话销售彩票管理暂行办法》	电话销售彩票是指利用固定电话、移动电话通过短信、语音、客户端等方式销售彩票。 (其余规定与《互联网销售彩票管理暂行办法》类似)

续表

发布机关	发布时间	法规名称	主要规定
财政部	2012-12-28	《彩票发行销售管理办法》	彩票销售机构在彩票发行机构的统一组织下,负责本行政区域的彩票销售工作。 彩票发行范围为全国区域的,销售实施方案由彩票发行机构报财政部核准。彩票发行范围为两个或者两个以上省级行政区域的,销售实施方案由负责管理彩票游戏奖池、数据汇总等工作的彩票发行机构或者彩票销售机构报同级财政部门核准,其他参与销售的彩票销售机构应当将核准的销售实施方案报同级财政部门备案。彩票发行范围为省级行政区域的,销售实施方案由彩票销售机构报同级财政部门核准。 彩票代销者应当按照彩票代销合同的约定代理销售彩票,不得委托他人代销彩票
财政部、民政部	1998-10-05	《社会福利基金使用管理暂行办法》	社会福利基金实行按比例分级留成使用的原则。中央级留成比例为彩票销售总额的5%;省、地两级的留成比例不得超过彩票销售总额的5%;县级留成比例不得低于彩票销售总额的20%
国家体育总局	1999-11-15	《体育彩票财务管理暂行规定》(已失效)	体育彩票销售实现后,中心应按规定比例及时计提、结算公益金。公益金实行按比例分级留存使用的原则。为落实全民健身和奥运争光计划,国家体育总局按各地体育彩票实际销售数额收取一定比例的公益金,其余公益金由地方分级留存,专项用于发展体育事业
财政部、民政部、国家体育总局	2015-01-15	《关于开展擅自利用互联网销售彩票行为自查自纠工作有关问题的通知》	各省、自治区、直辖市财政厅(局)、民政厅(局)、体育局针对目前彩票市场中存在擅自利用互联网销售彩票现象开展自查自纠工作。 财政部将对彩票销售机构擅自委托网络公司等单位(个人)利用互联网销售彩票行为进行重点检查,并对检查情况做出结论和处理决定
财政部、公安部、国家工商行政管理总局、工业和信息化部、民政部、中国人民银行、国家体育总局、中国银行业监督管理委员会	2015-04-03	《制止擅自利用互联网销售彩票公告》	坚决制止擅自利用互联网销售彩票的行为。彩票机构、网络公司等相关单位(个人)应当严格执行国家现行互联网销售彩票相关规定,不得擅自委托或者自行开展互联网销售彩票业务。对彩票销售机构和代销者擅自利用互联网销售彩票的,要依法依规严肃处理。 未经财政部批准,任何单位不得开展互联网销售彩票业务

（一）央地两级分权分成

国务院《彩票管理条例》的规定（这是相关领域唯一的行政法规）对各方职责进行了最基本的划分——国务院财政部门负责全国彩票监督管理工作，国务院和省级民政部门、体育行政部门按照各自的职责分别负责全国和各省的福利彩票、体育彩票管理工作。但在具体实践中，彩票的发行、销售并不是由这些行政机关直接操作的，而是通过他们设立的彩票发行机构（中央）/销售机构（地方）。

这看上去是个非常普通的框架设计，但实际上这样的设计赋予了省级彩票中心自主销售的权力。换言之，虽然中央垄断了彩票的发行权力，但彩票最终的销售（出票）只能由省级彩票中心完成。在彩票销售领域其实是各方诸侯各自为政的格局，这也成为之后各种利益纠纷的根源。

在利益分成方面，彩票系统一个突出的特点是纵向多级分成体系，地方能够直接获得销售收入的分成。《社会福利基金使用管理暂行办法》和《体育彩票财务管理暂行规定》都确定了地方分成的收入分配模式，如此一来，在收支两条线上，地方尤其是省一级彩票管理中心（及其背后的民政厅或体育局）都扮演着非常重要的角色：

在收入端，省级彩票中心是法规规定的销售主体，直接掌握着全国彩票的出票口和销售权；在分配端，地方又能够从彩票收入中分走一大杯羹。与其他政府性收入（如政府性基金、国债）相比，彩票领域中地方政府的话语权陡然增大，简直是翻身做主人，不仅有动力做大销售收入获得更多分成，更关键的是，地方彩票中心不是中央的代理或附庸，而是独立的、核心的销售主体，自己掌握着本区域内彩票销售的大权，如此一来，地方好比分田包产到户的小岗村，成为彩票体系里不可忽视的一大利益群体。这也解释了《互联网销售彩票管理暂行办法》（以下简称《互联网彩票办法》）里为什么会有“彩票发行机构应当根据彩票购买者的银行借记卡账户所属行政区域，对互联网销售彩票销量进行省际划分，并分别计入各省、自治区、直辖市的彩票销量”这样奇怪的规定。

（二）暧昧纠结的互联网彩票

在互联网销售彩票领域，你一定会感到奇怪——既然在 2010 年 9 月财政部已经发布了《互联网彩票办法》，为互联网彩票打开了制度入口，为何之后还会有数次叫停互联网彩票的举动？

列位看官请注意，《互联网彩票办法》里虽然对互联网代销者提出了各种资质要求，规定了申请程序，还煞有介事地规范了互联网彩票销售机构应当履行的各种义务，但《互联网彩票办法》里最引人注意的还是这一句——“未经财政部批准，任何单位不得开展互联网销售彩票业务”，所以聪明的你应该已经猜到答案了，财政部在发布《互联网彩票办法》后仍然全面叫停互联网彩票的原因是，财政部从未批准过任何一家互联网彩票销售机构。距《互联网彩票办法》发布四年时间过去，仍然没有任何一家公司能够入财政部的法眼。

但是，监管者们似乎总能在我们崩溃的边缘创造出神奇的概念让事情峰回路转——2012 年 9 月 29 日，财政部在官网的一个不起眼的角落发布了《关于开展互联网销售体育彩票试点相关工作的通知》（以下简称《通知》），[1]《通知》的内容是同意两家公司进行互联网销售体育彩票的试点。请注意，这里是试点，不是批准，严格说来财政部到现在还是没有批准过任何一家互联网彩票销售机构。至于试点的含义和权限，这篇短短数十字的通知里自然是没有的，留给大家各自揣摩吧。而这两个幸运儿分别是中体彩彩票运营管理公司旗下网站“中国竞彩网”和易讯天空旗下网站“500 万玩彩票网”。在这则《通知》中，财政部还要求体彩中心要抓紧做好系统建设等相关工作，并向财政部报送材料，经批准后正式开通互联网销售体育彩票业务。但与体彩方面积极试点的态度不同，民政部管理的福利彩票，截至目前并没有相关的试点政策出台。

2013 年 1 月 15 日，财政部又颁布了《彩票发行销售管理办法》，该办法第 5 条规定，“发行销售彩票所采用的形式和手段，包括实体店销售、电话销售、互联网销售、自助终端销售等”。这一条再次确认了互联网等销售模式名义上的合法地位，但同时也强调未经财政部批准任何单位不能开展互联网彩票销售。

---

〔1〕 参见财办综〔2012〕82 号：《关于开展互联网销售体育彩票试点相关工作的通知》，载财政部网：http：//www.mof.gov.cn/mofhome/zonghesi/zhuantilanmu/caipiaoguanli/201310/t20131030_1005120.html，最后访问日期：2015 年 5 月 20 日。

另一个令人困惑的现象是，既然财政部已经允许了两家公司试点做互联网销售，但此次监管风暴中这两家试点竟然主动停止了旗下所有彩票的销售，这再次引发市场对监管态度的讨论和揣摩。

2005 年 4 月 24 日晚，财政部办公厅下发了《关于核准江苏手机即开型彩票销售试点实施方案的请示》（以下简称《请示》）的通知，这个《请示》的主要内容是允许江苏省体育彩票销售机构自 2015 年 5 月 15 日起，在江苏省开展销售中国体育彩票手机即开游戏试点。[1]

估计听到这个消息，所有彩票网站的老板都爬上天台流泪去了——不是说好不让互联网销售了吗？不是试点和非试点全封了吗？怎么刚停两个月又冒出个手机购彩，财政部你是知道我们网站在手机上都有客户端的啊，用户都是用一个账户买，跟你上淘宝是一样的啊，手机买和网络买有啥差别啊？

三、商业模式与利益纠葛

梳理完彩票业庞杂的规范性文件，我们不难看出监管者对待互联网彩票的态度暧昧不清，甚至有所反复、自相矛盾，那这背后究竟隐藏着怎样的难言之隐，互联网彩票从业者又该怎样巧妙避开监管的重重阻碍呢？

（一）“道高一尺，魔高一丈”——代销还是代购？

上文中我们已经在《互联网彩票办法》分析过监管者的态度了，那就是“彩票发行机构申请开展、调整或停止互联网销售彩票业务的，应经民政部或者国家体育总局审核同意，向财政部提出书面申请，经批准后方可销售。未经财政部批准，任何单位不得开展互联网销售彩票业务”。而且财政部只向“500 万彩票网”和“中国竞彩网”两家颁发了互联网体彩试点资质。换言之，除了这两家，谁都不能在网上代销彩票！

---

〔1〕《请示》主要内容有：“四、你中心应当加强投注账户管理，确保投注账户信息和资金安全，落实限额限时管理要求。应探索采取线上身份校验和线下身份核实等切实有效措施，完善彩票购买者身份识别手段，提高彩票购买者身份识别能力。坚决禁止利用电话跨省销售彩票或利用电话以外的渠道销售彩票等行为。禁止为未成年人开设投注账户。……六、鉴于销售手机即开型彩票管理难度大、技术要求高，社会普遍关注，为有效防范风险，审慎控制试点范围，你中心应当集中力量做好在江苏省的销售试点工作，试点期间，财政部不再受理体育彩票机构委托单位开展电话销售彩票业务的申请。”

好，我不代销——我代购。

高手在民间，一字之差，网站们从非法利用互联网销售的打击对象摇身一变成了代理广大彩民购买彩票的中介，从而不再四处装孙子求牌照求试点，在业务上完全与彩票发行机构脱钩，绕开了财政部、民政部和国家体育总局，直接和各省地方福彩或体彩中心合作，我就是为广大彩民服务的搬运工和中介人，在网上接受订单，然后把彩民的订单按要求跑到各省的销售机构买到相应的彩票。网站不再是彩票发行机构或销售机构自上而下的代销机构，而是广大彩民自下而上的代理人。

这个商业模式能够迅速推广并成为主流的奥秘在于——网站的利益追求与各自为政且对做大销量异常饥渴的省级彩票中心（销售机构）一拍即合，使网站从省级彩票中心切入整个彩票流通体系。双方建立的此种合作一方面使网站获得稳定快速的票源，另一方面也大大拓展了省级彩票中心的销售收入。一直以来，这些依附于省级彩票中心的彩票网站低调而滋润，闷声发着大财（提取的佣金比例通常为销售总额的8%～12%）。

私下偷偷摸摸生米做成熟饭，财政部等中央部委已经忍这些叛逆的少年很久了。2014年11月，借审计署之手，他们终于找到了整治的借口。2014年年底国家审计署18个特派办全体出动，分别对全国18个省份开展彩票资金审计工作，揭开了省级彩票中心与互联网企业私奔的丑事。

紧接着，财政部联合民政部和体育总局下发了《关于开展擅自利用互联网销售彩票行为自查自纠工作有关问题的通知》（财综〔2015〕1号），这一通知称，彩票销售机构擅自委托网络公司等单位（个人），通过签订商业合同或协议等方式，从事代销或代购彩票业务。通知措辞严厉地批评彩票市场擅自利用互联网销售彩票“严重扰乱了彩票市场秩序，影响了国家彩票公信力”，这也直接导致了2015年年初至今互联网彩票的全面停摆。

财政部紧急叫停的背后，是彩票和互联网的“私相授受”直接改变了原有的利益格局，并且迅速膨胀的“联姻”收益让各家都眼红，最终发酵成全面叫停的结果。

（二）被架空的财政部

凭借国务院《彩票管理条例》的授权，财政部负责全国的彩票监督管理工作，从制定彩票相关法规政策、彩票种类审批，到管理彩票市场、监督彩票的发行和销售活动都在财政部的权限之内；尤其是监督发行活动一条，被财政部解释为其有权监督管理彩票的发行方式和销售方式。地方彩票中心出票系统私下接通互联网彩票销售平台显然在实质上突破了财政部建构的全国彩票发行和销售体系。

在2015年4月3日财政部新闻办公室发布的《财政部有关负责人就八部门联合发布〈制止擅自利用互联网销售彩票公告〉答记者问》中，财政部明白无误地昭示了整肃失控的彩票销售渠道的决心——如果彩票发行机构（中国福利彩票发行管理中心、国家体育总局体育彩票管理中心）需要变更彩票发行方式（包括利用电话、互联网、自助终端等方式销售彩票），应当经民政部或者国家体育总局审核同意并向财政部提出申请，财政部对申请进行审查后作出书面决定。也就是说，在变更彩票发行方式具体实施前，须经财政部最后审查批准。

这些未经财政部批准就直接上线的彩票网络平台，通过大肆宣传聚拢了人气，而且绕过了财政部苦心建立的全国彩票销售体系，这显然超越了财政部容忍的底线。

（三）作弊的地方彩票中心

彩票联网之后各地彩票中心的态度分化可以典型地体现出各省的利益冲突。

旧格局下，彩民的销售渠道局限于线下投注站，被严格局限于常住地的空间范围内。全国性的彩种通过各个省市落地销售，满足各个省市的彩民购买全国性彩种的需求。各省市的地方彩种，只在本省市区域进行销售，几乎不存在跨地域销售。

所以，各省都专心打理好自己的一亩三分地，井水不犯河水，不同地区彩票销售虽然有些差距，但这毕竟是各省经济实力、人口数量和社会发展水平的真实反映。西藏也不会眼红广东，北京也不会和上海“PK”，彩票销量最多的省份，也基本都是广东、江苏、山东、浙江这些人口和经济大省，历年来这个结构和排名也都比较稳定。

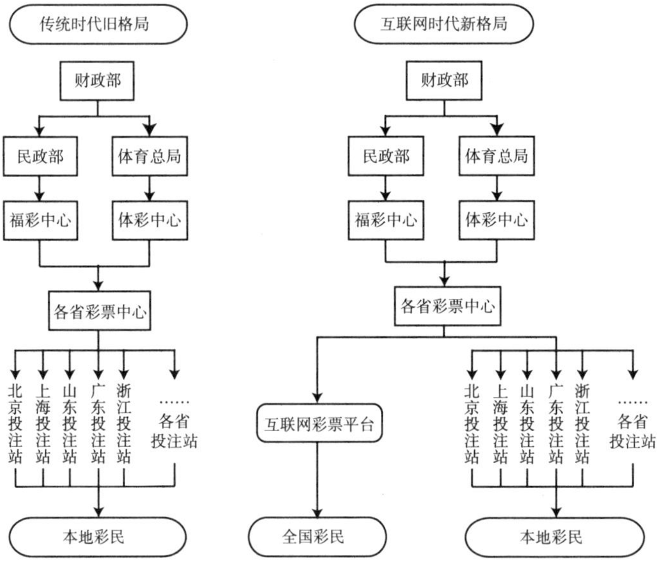

图 2　彩票新旧格局对比

随着彩票和互联网的联姻，彩民的购彩习惯也悄然发生了变化，互联网可没有省界，不受地域限制的互联网彩票尤其是移动互联网彩票，在彩票整个“蛋糕”中占据的比例越来越重（见图 2）。在新格局下，能够更早看清互联网彩票趋势并主动拥抱这对“新人”的省级彩票中心自然抢占了先机，他们通过合作网站获得更多的彩票销售市场份额（面向全国的彩票收入）。比如 A 省彩票中心和淘宝彩票进行合作，双方系统对接直接出票，一位 B 省的彩民在淘宝买了 10 块钱的彩票，这笔原本属于 B 省彩票中心的彩票销售收入通过淘宝平台流入了千里之外的 A 省彩票中心，当然这 10 块钱中隐含的发行费用、福利公益金也流入 A 省囊中。如此一来，原本一团和气的局面被彻底打破，各地彩票中心都争相进入抢占市场的大乱斗中，那些原本销售收入落后的省份可能借着互联网彩票的东风顺利逆袭，而原来彩票大省的“蛋糕”（包括销售收入、公益金以及彩票中心主任的政绩）可能被这些作弊的“小弟”蚕食。

（四）各怀心思的体育总局与民政部

互联网和彩票的“联姻”不仅打破了地域上的销售壁垒，改变了原有的省际利益格局，同时也触动了两大彩票体系间微妙的平衡。

前文我们介绍过财政部曾经放开了两家网站试点进行互联网彩票销售，但试点仅仅限定为体育彩票，背后的深层原因我们无从揣测，但实际上几乎所有彩票平台都会同时销售体彩和福彩。真正产生不平衡的地方在于互联网的销售形式更有利于体育彩票的发展。传统线下销售时期，民政部系统的福彩体量远大于体育总局系统的体彩，网上销售状况却恰恰相反。我们回到两种彩票的本质玩法就会发现，福利彩票基本都是纯概率玩法，比如以选数字摇号为代表的乐透等，体育彩票则往往跟体育赛事挂钩，通过体育比赛事件确定结果，这涉及比赛的分析、赔率的计算等许多因素，网络上赛事、赔率等信息能够实时发布，同时网络买体彩尤其是足彩更是聚拢了一大批球迷，更兼有球迷社交和博彩娱乐的优势，去年世界杯期间互联网体育彩票的火爆就是最典型的证明。

我们不好说互联网体彩的爆发式增长在多大程度上分流了福彩的销售收入，但不可否认的是，在线下相对弱势的体彩借着互联网和世界杯的东风，在线上完美逆袭了。

四、担忧与乱象

财政部等各部门甘冒万人指责的风险“痛下杀手”并不是一点理由都没有，互联网彩票与传统彩票相比确实存在令人担忧的乱象，互联网彩票凭借互联网的诸多特点突破了原有销售渠道下相对稳定的模式：互联网彩票可以借助网络实现随时随地购买彩票，一切推广、选购、交易、支付、兑奖环节都在网络闭环中实现，彩民并不直接持有彩票凭证，也不直接去体彩中心或福彩中心兑奖，相关信息被彩票网站单方获得并保管，彩民仅仅依赖网站给出的交易记录或电子凭证作为交易证明和权利证明，因此给了很多不法网站坑人的机会。

（一）信息盲区

与许多互联网细分行业一样，互联网彩票面临的第一个问题就是信息不透明导致的权利确认与信息披露问题。

相信很多人都和我一样有着这样朴素而直接的担心——比如我在淘宝买彩票，付了钱选了号，也收到了成功出票的通知。但万一我中大奖了，人家网站说对不起，当天系统坏了其实没出票，或者说我记错了当时买的并不是这个号，那我真是欲哭无泪了，毕竟我手上没有纸质凭证，再去淘宝查发现人家把记录都删了，购彩者的权益由于没有实物凭证的保护，确实比传统彩票实体店面临更大的风险。

信息不仅是从网站对消费者的单向不透明，消费者的真实信息对网站来说也是不易获得的，并且可能给网站带来合规困难。比如，法规禁止未成年人购买彩票，这在传统实体店很容易做到（虽然我不认为那些彩票店主会真的放弃送上门的生意），要求出示身份证即可筛选出那些禁售对象。但在网上就相对困难得多，淘宝彩票无法判断每天成千上万的匿名购彩者中哪些是未成年人哪些是成年人，只能弱弱地在网页最下角写上一句提示：未成年人禁止购买彩票。

（二）“吃票”

如果说信息不透明是大多数互联网产业都有的通病的话，下面要提到的“吃票”和“黑彩”就是彩票行业特有的乱象。

我们知道彩票网站在互联网彩票中扮演的是销售渠道的角色，他们自己并不能发行彩票，只是把线下的彩票销售行业搬到了线上——“我们不生产彩票，我们只是梦想的搬运工”，网站收取佣金和代理费。那么吃票顾名思义就是网站没有把彩票真正搬运到客户手上，而是自己吃掉了。吃票的可行性逻辑在于——从宏观来看，彩票销售获得的资金大于支付给中奖彩民的资金，对于掌握渠道的彩票网站来说，他也可以合理推测在大多数情况下，广大彩民经自己手购买的那些彩票总值（售价）是大于这些彩票最终开出的奖金的，所以一个大胆而简单的模式诞生了——彩票网站得到广大彩民购买彩票的资金后，并没有如彩民所愿向上游体彩中心采购相应的彩票，而是躲在黑暗的角落偷偷把这笔巨款放进了自己的口袋，同时告诉彩民们你们放心好啦你们的彩票已经买到啦，等着开奖吧。等到开奖那天，网站去看看那些它声称已经购买、彩民也认为他们已经购买实际却没有购买的彩票，把其中真的中奖的号码找出来，根据对应的记录从自己的口袋里（而不是体彩中心）把相应的奖金支付给少数幸运的彩民，剩下的钱就永远藏在自己的小口袋里了。

这是任何一个懂得概率常识的人都能理解的商业模式。在大概率下，网站获得了超额利润，彩民的利益（从整体来看）也没有受到损失，但吃亏的却是彩票发行机构和公益金。

上面说了大概率下网站可以赚钱，那么小概率呢？——跑。

紧跟着吃票的另一个担忧就是相关网站的道德风险，万一那些被网站私吞的彩票中有幸（也是不幸）中了超级大奖，远远超过了网站小口袋里所有的黑心钱，那无力兑付的网站只好一跑了之。

当然还有胆子更大的，如果网站认准了就要挣这小概率的巨额财富，他们还可以这样玩：网站收到彩民的投注订单后，不吃票，而是老老实实去上游购买这些彩票，但不同的是网站却把所有的彩票统统登记在网站老板名下，相当于网站用全体用户的钱给自己买了彩票。如果没中大奖，那网站还是作为渠道将相应的奖金转手给彩民，如果走运真的中了大奖，网站老板就可以自己直接兑奖之后拿着千万元甚至亿元奖金去国外逍遥了。

（三）“黑彩”

还记得新闻曝光的城乡结合部平房里火爆的地下六合彩吗？随着互联网彩票的发展，这些非法的地下“黑彩”纷纷改头换面粉墨登场，一些在前互联网时期就已经存在的“黑彩”借助互联网在技术、推广、渠道等方面的便利，凭借着一日多开和高额返利的诱惑发展壮大。这些黑彩其实已经和我们合法的福彩、体彩脱钩，完全是庄家自己发行、自己销售、自己制定游戏规则的独立体系。他们往往租用境外的服务器，更不容易被打击，并且黑彩的销售也不再局限于十里八乡，而是拓展到全国乃至全世界。

不过客观地说，“黑彩”这种现象并不是互联网彩票所特有的，也不是随着互联网而产生的，而且那些甘愿买“黑彩”的人明知道不是正规彩票还执迷不悟。而“坐私庄吃票”的情况在互联网彩票经过多年的发展之后也越来越少见，随着各类大型正规售彩平台的发展壮大，违规平台生存空间越来越小，而大型网站不仅面临更多的监管注意力，而且其已经能够凭借正常的彩票佣金获得大量收益，没有动力去铤而走险违法违规。信息不透明的情况确实值得好好监管，但如果仅因为这些可以通过合理监管有力整顿的乱象，就粗暴地禁止互联网彩票，未免有因噎废食之嫌，确实太不近人情了些。

五、未完待续

目前为止，互联网和彩票的故事似乎是以悲剧结尾，但我们完全有理由期待一个更和谐、更完满的续集。

上文提到的互联网售彩存在的种种担忧和乱象，大多是可以通过监管和技术手段有效避免或是缓解的。遏制“黑彩”“吃票”等黑幕的正途是加强监管而不是关门了事。拒绝发放牌照虽然杜绝了假冒的或违规的网站，但也封杀了能给彩民带来便利的正规网站。

比如，让有牌照的网站统一联网，实时监控彩票网站的投注结果，同时对投注资金和已充值资金进行第三方托管，就能有效防止黑彩、吃票等问题，保证彩民利益不受损失，客观上也有利于彩票销售，增加彩票发行收入。互联网售彩被长期叫停显然不利于中国彩票事业的长远发展。而投入巨大的实体投注站，逐渐萎缩是必然现象，不可能通过停售互联网彩票去挽救实体投注站。

监管越是遮遮掩掩摇摆不定，浑水摸鱼的非法网站越是肆无忌惮，与其用暧昧不清的试点释放民间网络购彩的巨大需求，不如光明正大地放开牌照申请，把那些确实符合监管的合规的网站公之于众，让大家认准那些合规安全的网站购买彩票才是治本之策。

当然，利益纠葛的处理更加复杂而敏感。必须明确的是互联网彩票确实具备其特有优势，它给消费者带来的巨大便利已经使其成为彩票行业不可阻挡的发展潮流，就像“12306”让曾经千金难求的代售点牌照变得无人问津一样，或早或晚，网上买彩票会像网上买机票、火车票、电影票一样成为普遍的生活习惯。我们理解各方利益主体在新旧格局剧变下的短视和保守，但潮流趋势不应当被似是而非的理由阻挡，我们需要更加超脱的立法主体在更加宏观的视角下对彩票行业的发展格局进行再规划，尽快出台《彩票法》，摆脱目前彩票行业较为混乱的立法现状。对于目前的情况，监管者选择一禁了之，但我们相信还有很多条路可以选择，互联网和彩票有理由期待更精彩的未来。

（一）下策：堵·全面封杀

在互联网彩票打破原有格局并且出现风险的情况下，最简单粗暴见效快的方式显然是叫停禁止。虽然表面上问题得到解决，但全面封杀互联网彩票压抑了彩民的购彩需求，强迫大家回到没有效率的线下投注点，而且也不利于把彩票市场的蛋糕做大。不幸的是，监管者目前选择的是这种全面封杀叫停的策略。

（二）中策：疏·静观其变

上文已经分析过，互联网彩票中"吃票""黑彩"之类的担忧并不足以构成封杀的理由，这些问题可以通过恰当的监管妥善解决，那么要考虑的重点在于如何平衡现有格局下不同利益主体之间的矛盾。显然，最激烈的矛盾来自率先触网的省级彩票中心吃掉了原本属于其他省份的彩票份额，冲击了原有的销售体系，那么我们不如静观其变，给互联网彩票一些时间，默许或者放开各省彩票中心与网络平台的合作，让各个利益群体主动拥抱互联网，积极改进出票效率，研发更先进的彩票种类，大家各凭本事公平竞争，互联网生态下那些后进入网络彩票市场的省份也绝对有后发制人的可能。而鉴于互联网彩票超地域的特点，我们也可以重塑彩票收入的省际分配机制，根据购买者的 IP 地址或被购买的彩票种类将相应收入在各省之间合理分配。我们睁一只眼闭一只眼静观其变，也许会收获更加健康、繁荣的彩票市场。

（三）上策：立·顺势而为

如果我们从互联网角度出发，进一步从根源上反思现有彩票销售体制，就会发现互联网彩票的出现其实是财政部削藩收权、革弊立新、重塑彩票发行销售体制的大好时机。如果监管者能够转变对互联网彩票的看法，重视互联网对彩票销售的巨大意义，则我们有理由期待互联网彩票转正乃至成为发行销售渠道的主流，这也是响应国家"互联网 +"战略的切实举措。

现在的格局下，彩票的销售不得不依赖于省级彩票中心，这种分权不仅增加了许多寻租空间，[1]而且大大抬高了彩票的发行成本，挤占了原本可以用

---

〔1〕 参见杜放、魏董华：《新华社调查 1.7 万亿彩票资金去向调查：部分用于盖楼买游艇》，载凤凰资讯网：http://news.ifeng.com/a/20141207/42662838_0.shtml，最后访问日期：2015 年 5 月 19 日。

于社会福利的公益金。我们在此大胆呼吁监管者改革原有销售渠道，取消省级彩票中心的销售职能，打破横向分省纵向分级的制度樊篱，建立像“12306”那样的全国统一的网络售彩平台，这不仅能够彻底解决“坐私庄吃票”等担忧，釜底抽薪地解决了利益分配问题，而且可以大大降低销售成本，提高社会福利。

我们知道互联网天然具有促进信息流动、降低销售成本的作用，这一点已经被淘宝、58同城、“12306”等网站验证过，我们有理由期待全面互联网化的彩票销售体制可以大大降低目前15%的发行费用，从而还利于民。统一的平台销售更加透明清晰、易于监管，能够从根本上肃清非法彩票网站，保障彩民的合法权益。

我们期待监管者有更宽广的胸怀，能从更大的格局和视野出发，为更长远的利益考量，勇敢地走出这一步。

彩票断网，有人明媚，更多人忧伤。

是“馅饼”还是“陷阱”？

——试析“团购理财”中的法律问题

莫壮弥 *

摘　要

现今，不断涌现的互联网金融创新总吸引着投资者的目光。然而，作为投资者，对这些创新模式应有足够清晰的了解，看到其带来美味“馅饼”的同时，更应考虑其背后的隐性风险和巨大“陷阱”，“团购理财”正是如此。第三方平台以代购形式吸收公众投资者的资金后，再以个人名义从银行购买银行理财产品，借助监管的灰色地带规避银行投资门槛、面签要求和代销禁令。诚然，这些代购平台为突破银行理财产品的“孤岛效应”提供了一条可能的可取之道，但如果它们不及时改变极易违法违规的经营模式，或监管者继续消极地放任不管，可能导致多种乱象出现，投资者的利益也将难以得到保护。

关键词

团购理财　运作模式　控制风险　监管思路

如今，团购成为一种常见的消费方式，团购美食、电影票、家居用品已屡见不鲜。团购理财产品也顺势出现并一度火爆。与投资者的热捧形成鲜明对比的是银行从业者与监管者一齐泼下的冷水：他们或是急于与那些提供团购服务的第三方平台撇清关系，或是指出这种团购行为处于法律的灰色地带，投

* 作者单位：北京大学金融法研究中心。

资者一旦踏入将可能承担很大的风险。那么,团购理财是否真的会带来巨大风险?为什么监管者持反对态度却又不对第三方平台喊停?这些问题都值得我们做进一步分析。

一、"团购理财"的兴起

长期以来,投资理财一直是人们保值增值财富的最佳选择之一,银行理财产品因风险低、收益稳定而广受青睐。传统银行理财产品是指商业银行在对潜在目标客户群分析研究的基础上,针对该客户群开发、设计并销售的资金投资和管理计划。[1]人们首次购买银行理财产品时,首先,要去该银行网点开通挂钩理财账户的银行卡;其次,依据银监会2011年5号令《商业银行理财产品销售管理办法》(以下简称《管理办法》)还需进行风险承受能力评估,银行会根据评估结果推荐合适的理财产品。投资门槛为5万元,依据该《管理办法》,即使是风险评级为一级和二级的理财产品,单一客户销售起点金额也不低于5万元人民币。

随着互联网金融的影响力增强,网上开始出现提供"团购理财"服务的第三方平台,声称只需投入1元就可以购买银行理财产品,而且支持跨行购买,因此吸引了大量被5万元门槛阻拦或没有时间、精力去银行网点的中小投资者。在这些第三方平台中,"多盈理财"(以下简称多盈网)是较为热门的平台之一,下文将以它为例,简要分析团购理财的运作模式。

(一)购买流程

在多盈网中选择"银行理财通",可以看见网页中列出了数千条银行理财产品的记录。除了少数几款1元起购、由多盈网补贴收益的适用于新手的理财产品,如兴业银行发行的"现金宝1号",经补贴其预期年收益率为8%,其余大量理财产品仍为5万元或10万元起购,预期年收益也与银行官网中公布的相同。通过这个平台,人们只需注册一个虚拟账号即可跨行选购银行理财产品。首先

---

〔1〕 参见宋卫东主编:《经济学常识速查速用大全集(案例应用版、实用珍藏版)》,中国法制出版社2013年版,第71页。依据银监会出台的《商业银行个人理财业务管理暂行办法》第2条,"个人理财业务"是指"商业银行为个人客户提供的财务分析、财务规划、投资顾问、资产管理等专业化服务活动",现在银行发行的理财产品多是面向个人客户的。

通过绑定手机号来注册一个多盈网账号；注册成功后，通过借记卡向该账号充值，无手续费；充值任意金额开通支付功能，该借记卡与账号绑定。至此，用户可以任意选购多盈网上的银行理财产品，在确认支付之前会看见一份《定向委托投资管理协议》（以下简称《委托协议》），[1]在协议中，用户是委托方，受托方是团盈（上海）网络科技有限公司（以下称团盈公司）——多盈网是该公司拥有和运营的一个网络平台。其中明确约定“甲方委托乙方代为购买甲方指定的理财产品”，“甲方授权乙方可以以自己的名义代为购买其选定的理财产品；当针对相同的理财产品，乙方同时接受他人委托时，甲方授权乙方可以将甲方的购买份额与他人的购买份额合并后以乙方自己的名义进行购买”。用户确认支付后该《委托协议》生效，进入支付页面，用户可以使用平台账号的余额支付，也可以通过网上银行支付，支付成功后取得交易回执。产品到期后，本金及收益将自动返还到用户在多盈网开设的账号里，进而完成了购买、收益全过程。

（二）运作模式

可见，若不计少量的新手产品，多盈网自称的“团购”模式事实上称为“代购”更妥当。依据《委托协议》，用户委托第三方平台运营者作为受托人，用受托人的名义以“多对一”的模式去购买银行理财产品，本质上为隐名代理关系。这种隐名代理虽未被我国《民法通则》明确规定，但《合同法》第402、403条对受托人以自己的名义对外订立合同的法律效果进行了规定。依据该规定，银行对于代理关系不知情的，银行理财产品销售协议只约束银行和受托人。开户、做风险承受能力评估、进行转账操作的均为受托人，银行理财产品到期后，本金与收益进入受托人账户，再由受托人依约定或投资比例分配给多盈网用户们。这种运作模式与银监会明令禁止的“代销”不太相同，[2]严格意

〔1〕 参见《定向委托投资管理协议》，载多盈理财网：http://licai.51duoying.com/agreement/entrustsubscribe，最后访问日期：2015年10月24日。

〔2〕 银监会2014年的《商业银行理财业务监督管理办法（征求意见稿）》中禁止非银行业金融机构从事代理销售银行理财产品的业务。第55条规定：“商业银行应加强理财产品销售的渠道管理，及时发现并制止未经授权机构的银行理财产品销售行为……除银行业金融机构外，任何机构或个人均不得代理销售银行理财产品，不得非法集合客户资金购买银行理财产品。”

义上，应属于监管的灰色地带。

二、“团购理财”是陷阱吗？

（一）银行控制风险的途径

银行理财产品与存款是截然不同的，已施行的《存款保险条例》也体现了这一点，理财产品购买者的债权不在保险之列。如今，各银行越来越倾向于发行非保本浮动收益型理财产品，这些产品在到期兑付时虽然大部分都实现了保本，但不能确保未来不会发生意外。因此，作为监管者，银监会对银行销售理财产品长期持谨慎且保守的态度。上文提及的《管理办法》明确要求银行销售人员向客户介绍理财产品时应充分、如实揭示投资风险，帮助客户树立正确的投资观念；同时要求进行客户风险承受能力评级，销售人员有义务主动引导客户购买适合其风险承受能力的理财产品。在销售人员对产品的风险、收益及相关特性进行解释，也充分揭示银行与客户双方的权利义务之后，客户自主决策，并通过签字确认自己确已完全了解产品特点。随后，银行将交易信息录入电脑，交易单据打印出来后，客户再次签字确认交易信息正确，如确认产品代码、交易金额等。只要银行理财产品的销售符合这一流程，经客户签字确认，则客户不可再以银行销售过程中未进行充分的风险揭示为由进行投诉或要求银行赔偿损失，理财风险由客户自行承担。〔1〕

《管理办法》还规定了银行理财产品的投资门槛，即使是风险评级为一级和二级的理财产品，单一客户销售起点金额也不低于5万元人民币。〔2〕自2005年商业银行开办理财业务至2012年1月1日该《管理办法》施行期间，确实存在起购金额小于5万元的银行理财产品，如光大银行发行的“阳光理财A+

---

〔1〕　参见李立新：《论银行理财产品销售中的告知与知晓》，载《河北法学》2013年第10期。

〔2〕《管理办法》第38条规定：“商业银行应当根据理财产品风险评级、潜在客户群的风险承受能力评级，为理财产品设置适当的单一客户销售起点金额。风险评级为一级和二级的理财产品，单一客户销售起点金额不得低于5万元人民币；风险评级为三级和四级的理财产品，单一客户销售起点金额不得低于10万元人民币；风险评级为五级的理财产品，单一客户销售起点金额不得低于20万元人民币。”该《管理办法》自2012年1月1日起施行。

计划”，1000 元起购，被评为 2005 年度最受欢迎理财产品。[1]然而，2007 年美国次贷危机引发的全球金融和经济海啸让监管者深刻认识到建立全面风险管理体系的必要性。银行销售的理财产品结构日益复杂后，投资者应具备相应的风险承受能力，而这种承受能力的重要体现之一即经济实力。根据国家统计局发布的《中华人民共和国 2011 年国民经济和社会发展统计公报》，2011 年城镇居民人均可支配收入为 21810 元，[2]而监管者将银行理财定位为高端投资，最低投资门槛规定为 5 万元，一方面银行可以通过这个分级门槛来筛选风险承受能力更高的客户，另一方面是因为高净值客户为银行带来的利润远大于普通小客户，投资门槛过低会导致银行服务成本的增加。不可否认，这一门槛也体现了银行等金融机构“嫌贫爱富”的一面。

（二）代购模式下能否控制风险？

在互联网金融的大潮下，多家网络平台，如融 360、百度财富等致力于搜罗各家银行发行的理财产品，并将这些信息提供给投资者。这种做法已很普遍。多盈网受争议是由于它在提供理财信息的基础上往前多“走”了一步，向投资者提供了购买渠道。多盈网此举之所以能获得大量小投资者支持，重要的原因之一就是商业银行将理财产品的受众定位为拥有社会财富较多的中高端客户，部分高端产品更是只允许私人银行客户购买，而非给大众服务——有投资门槛，加上银行理财产品宣传、销售、文本制作和发放是严格受管理的，部分中小银行确实会头疼销售理财产品的问题；而大银行及网点多、客户稳定的银行却不担心，它们的客户多是有一定财产积蓄的中老年客户，他们信任银行、享受银行的服务，相较于点击鼠标，他们更愿意在银行网点购买理财产品。与中老年客户不同，年轻客户与小客户经济实力弱，愿意尝试新事物，更喜欢动动鼠标便捷地“转入”“转出”，而不愿意去银行网点排队。多盈网等平台正

〔1〕 参见《光大银行阳光理财“A+ 计划”》，载搜狐理财网：http://money.business.sohu.com/20051117/n240738344.shtml，最后访问日期：2015 年 10 月 24 日。

〔2〕 参见《中华人民共和国 2011 年国民经济和社会发展统计公报》，载中国国家统计局：http://www.stats.gov.cn/tjsj/tjgb/ndtjgb/qgndtjgb/201202/t20120222_30026.html，最后访问日期：2015 年 10 月 24 日。

是发现并满足了这部分用户的理财需求，将本属于银行的一块“蛋糕”切给了用户——若银行下决心自己不要这块“蛋糕”，多盈网等平台这种惠及大众的做法似乎无可厚非，问题就在于此种模式下理财风险能否被合理控制。

1. 起购金额过低，风险揭示力度欠缺

第三方平台的代购生意能吸引到大量用户，正因其声称“一元就能买理财产品”，让那些不愿意出5万元的用户也能通过“团购”“凑份子”从理财产品的收益中分一杯羹。然而，银行销售理财产品的基本原则之一是投资风险越大，投资门槛越高，以此筛选出能承受此风险的投资者。不可否认，银行发行的保本型理财产品虽然风险低，但是门槛偏高不利于吸引客户，近年来监管层也想通过试点降低门槛来实现普惠金融，但考虑到银行理财服务的定位、服务成本及必要的风险控制，投资门槛不可能降至第三方平台所说的“一元理财”。投资门槛过低，客户的收益不高，客户量剧增后银行服务成本反而过高。加上这些客户均为小客户，理财毕竟不等于存款，一旦出现风险他们很可能无力承受。事实上，多盈网上1元起购的银行理财产品屈指可数，且均为新手产品，多盈网给购买者补贴。这种“赔本买卖”是为了吸引用户——低投入、高收益、平台“专家”筛选出的低风险产品，恰好吸引了那些积蓄有限、投资经验有限的小投资者。问题是这些用户不够专业，若第三方平台风险揭示工作不到位、信息不对称、投资出现风险时，即使投资额小于5万元，也可能是小用户难以承受的一笔损失。目前，用户在多盈网上选购银行理财产品时，客服人员并不会主动询问或引导用户购买合适的理财产品，仅给出该产品的官方说明文件，完全由用户自主阅读和咨询，且不明确客服人员是否均具备了《管理办法》中所规定的销售人员应具备的专业知识和技能。这种销售服务很难确保用户完全理解产品和风险，尤其是新手，而那些新手产品又大部分是非保本浮动收益型产品。

2. 对用户的风险承受能力不进行评估或评估不到位

多盈网还代购大量5万元或10万元起购的银行理财产品，这部分理财产品的预期年收益与期限均与银行官方公布的信息一致，此时用户不能再占门槛或年收益的“便宜”，而大量用户，其中占很大比例的是年轻用户，仍选择代购的重要原因是这种购买方式很便捷，不需要去银行网点排队就能购买跨行、跨地区的银行理财产品——在我国，即便通过银行官网在线购买理财产品，除非是支持在线开电子账户的直销银行，否则先要去银行网点开户办卡。不过即使能在线开户，首次购买理财产品时仍需去银行网点接受风险承受能力评估。于是，投资者想购买多家银行的理财产品时，一切都显得麻烦，尤其是当投资者中意的高收益率的理财产品的发行银行不在投资者住所地设立网点时——大银行有广布的网点和固定的客户群，它们不担心理财产品卖不出去，银监会 2014 年的"限销令"也不会打击它们的核心利益。中小银行的处境与大银行迥异。首先，在监管层面，我国当前"论出身"的银行业分类监管措施下，那些中小型城市商业银行的经营地域受到行政区划的严格制约，跨区域经营长期被限制。尽管银监会 2009 年发布的《关于中小商业银行分支机构市场准入政策的调整意见（试行）》放宽了城商行在法人住所所在省设立异地分支机构的准入要求，但若跨省设立分行和支行，仍须由银监会根据监管评级和优化布局等要求进行审批，银行不能完全自由地开设营业网点。其次，在实践层面，商业银行跨区域设分支机构时会考虑客户群体需求、自身资产规模、操作风险等因素，加之我国幅员辽阔，中小银行开设网点受到的限制较多，面向的客户量也受限，中小银行期盼着拓宽理财产品的销售渠道。如此看来，多盈网等平台让用户足不出户就能买下某一款在本地可能买不到的高收益理财产品，确实很为用户"着想"，同时似乎也不有损那些网点数量有限的中小银行的利益——近年来多家银行纷纷推出直销银行，急于打破地域限制，而多盈网的代购行为使它们有机会将产品卖给未设分支机构地区的用户，尤其是在"限销令"发布后。

那么，此时最大的问题是这些平台过于便捷了，甚至将银监会要求的风险承受能力评估这一步都省去。银监会要求银行销售理财产品时亲见亲签，出发点是保护投资者，确保投资者购买的银行理财产品与其风险承受能力相匹配。尽管中国人民银行已下发了《关于银行业金融机构远程开立人民币银行账户的指导意见（征求意见稿）》，银行开户办卡等线下业务必须面签的要求将被放开，理财产品在线销售似乎也是大势所趋，但是眼下面签仍是强制性规定。即便部分投资者认为这种评估过于形式化、作用有限，但这代表了银行的销售理性，即将合适的产品销售给合适的客户，遵守风险匹配原则。当客户故意隐瞒自身真实情况、不实填写风险测评时，银行就有理由相信客户作为理性购买人，其期待是买入理财产品并愿意自行承担风险。而在代购模式下，多盈网等平台的用户不被面签，接受面签的受托人的风险承受能力与用户实际不同。银行无从知晓用户的承受能力，更不可能在此基础上匹配产品。事实上，用户自己或第三方平台也可能不知道用户的风险承受能力，多盈网并不评估，任由用户挑选银行理财产品。〔1〕这意味着，若投资出了问题，用户要承担不适合的理财产品带来的投资风险和损失而用户不能向银行追责，在隐名代理法律关系中，用户与银行之间无直接合同关系，即使依照《合同法》第403条，因银行与受托人订立合同时如果知道其背后还有众多不合格投资者，银行不可能与其订立合同，用户也无法主张由银行承担风险匹配不当的责任。而多盈网在《委托协议》中明确约定“乙方不对理财产品的本金及收益做任何承诺……甲方应自行承担因签订本协议而可能导致的相关风险”。可见，第三方平台只承诺代购，其他一切风险由用户承担。

3. 资金流向不透明，存在挪用风险

如前所述，多盈网提供少量1元起购的理财产品，须凑足至少5万元，〔2〕预期年收益比银行给出的高；还提供大量5万元或10万元起购的产品，预期年收益与银行的相同。多盈网似乎是个做赔本生意的代购者，即如果多盈网将资金用于购买用户指定的理财产品，它不但无利可图，还要向投资者支付额外的补贴、向银行支付一笔服务费，这不符合正常的商业逻辑，多盈网是否真的无利可图？

（1）平台盈利方式成谜

目前，多盈网不赚收益差价，不收取代购服务费，提现1000元以内收取1

〔1〕 多盈网官方公布的银行理财产品购买流程之中并无风险承受能力评估这一项。参见《购买流程》，载多盈理财网：http://licai.51duoying.com/home/buyprocess，最后访问日期：2015年10月24日。

〔2〕 但事实上，多盈网并未披露团购进度到100%时已经筹到的资金的数目。

元手续费，1000 元及以上免费，网页上无广告，银行也不可能向它支付费用。难道多盈网是一个亏本的代购者？

然而，这种亏本模式反映了多盈网运营者的一种可能的思路，这也是许多互联网金融创新者会持有的思路——现下盈利并非第一要义，推广平台模式、吸收大量用户才是目的。银行理财产品代销不放开、众多小客户的理财需求被银行忽视，且年轻客户更推崇便捷化理财，多盈网利用这些机会，借互联网渠道做代购：对于银行，尤其是小银行，有助于推广销售理财产品；对于普通大众投资者，购买理财产品便利化。一旦这种代购平台被广泛接受，如淘宝网般取得人们的信任，它会成为金融生态链的重要一环，流量和存量增大，届时很可能就会有与银行的合作关系。中小银行渴望打破理财产品的"孤岛效应"，[1]虽推出直销银行，但仍需一个平台向投资者集中推广银行理财产品，恰如一个个独立的商家希望集中到一座消费者聚集的商厦之中，而多盈网此类的平台正扮演着商厦的角色。但在目前，多盈网并未取得广泛信任，因为投资资金的安全性打着问号。

(2)投资资金在谁的账户中？

多盈网称不设资金池，所有资金交易均由第三方支付机构监管。[2]然而，用户在注册账号时，并未被要求注册托管资金的第三方支付账户。用户向平台账号中充值，通过网银将资金转给运营第三方支付平台的连连银通电子支付有限公司和上海盛付通电子支付服务有限公司，最后被充值的是用户的多盈网账号；直接支付时也是如此，先充值账号，再由账号余额支付。投资本金与收益也是返回这个平台账号。若用户选择将余额提现，账号中的资金将转

〔1〕 所谓理财"孤岛效应"，是指各银行种类繁多的理财产品虽然不断推陈出新，然而对于投资者来说，封闭的理财信息以及开设账户、面签的制约导致众多的银行理财产品犹如存在于一个个孤岛中，让人只能"看得到而买不着"——有时甚至看不着，进而失去在一个地点享受到全国各家银行的投资机会。参见潘晓娟：《自助"超市"打破理财产品"孤岛效应"》，载《中国经济导报》2014 年 11 月 20 日，第 B06 版。

〔2〕 多盈网称："用户在多盈理财所有资金交易均由央行监管的第三方支付机构监管，用户资金不可用于投资理财以外的任何消费，收益提现只能单向回流到与用户身份证信息一致的银行卡。"参见《多盈理财资金安全》，载多盈理财网：http://licai.51duoying.com/home/moneysafe，最后访问日期：2015 年 10 月 24 日。

回注册时绑定的银行账户里。此时，很难不这样猜想，第三方支付平台仅是一个通道，用户支付的资金通过网银转入第三方支付公司的银行账户后，继而转入多盈网在第三方支付平台上设立的账户之中。用户的资金根本无法交给这些第三方支付平台托管，因为他们没有在第三方支付平台上开独立的账户，除非多盈网在第三方支付平台上专门开设一个独立账户存投资资金，做到投资资金和多盈网自身资金分离——但无论这笔钱是存在多盈网自己的账户或为用户专门开的账户里，都不能保证多盈网对这笔资金毫无干预能力，也很难想象这笔资金不会与多盈网自身的资金混同，因为最后是由多盈网运营者或某个个人去银行购买理财产品，届时，银行会直接从银行账户中扣除相应金额。这意味着，此前将有一笔钱要被转入对应的银行账户中，这个账户可能是多盈网的，也可能是某个自然人的，转入后第三方支付机构事实上就无法继续监管了。可见，多盈网自称“第三方支付机构监管”，实际上作用十分有限，随之而来的是资金的安全性问题——其一，多盈网可能卷钱跑路，第三方支付机构的监管有等于无，多盈网对资金的取用很难被限制。其二，投资资金与多盈网自己账户中的资金混同，或被转入个人账户时，无法隔离破产风险。一旦多盈网运营者破产，或个人陷入债务纠纷，与公司资产或个人财产混同的投资资金恐怕要被用于清偿债务。

（3）资金流向不透明

此外，资金流向不透明也是多盈网等平台被质疑的一个重要原因。无论是1元还是5万元起购的银行理财产品，多盈网均不对外披露最后筹到多少资金，仅告知用户某一理财产品剩余的投资天数和进度。[1]多盈网上投资进度超50%的银行理财产品并不少见，这意味着多盈网会筹到一大笔资金，且技术上可以无限制地取用，第三方支付机构的“监管”未产生实质性约束力。那么，用户就无法知晓这笔资金的最终流向。此时，有一个可怕的猜想——若多

〔1〕 多盈网称为了保护投资者的隐私，只有购买了理财产品后才会显示同一款理财产品的其他购买者的投资金额，但不公布投资总额，须自己根据披露出来的其他购买者的投资金额计算。

盈网将这笔资金用于购买 P2P 产品或其他高收益、高风险的金融产品，利用它们与银行理财产品的收益差赚取利润，只要到期能付清用户的本息，用户将完全被蒙在鼓里。更可怕的是出现庞氏骗局，或多盈网擅自做的高风险投资出现问题，而其运营者团盈公司是 2012 年成立、注册资本仅 555.5556 万元的有限责任公司，[1]难以确保所有投资者均能取回本金。

综上，第三方平台提供代购理财产品服务，如果不怀有恶意的揣测，这些平台的初衷是无可厚非的，中小银行借此突破地域限制、推广销售理财产品，而普通大众也有机会获取投资信息，轻松买到外地一些城商行的高收益理财产品，迎合了那些敢于尝试新事物的年轻投资者，看起来似乎是多赢的结果。然而，现状是：这些平台自身无法匹配风险，又懈怠于向用户充分揭示风险，信息不透明，却将投资风险全部转给用户；银行或急于与这些平台撇清关系，或装作不知情；投资者心动却不太敢行动，担心投资打水漂；监管者没有正当理由喊停，但放任不管更不合理。可见，作为代购者的第三方平台想逐渐发展壮大直至成为销售理财产品的产业链的重要一环，既需要一个良性的监管环境，也需转变自身的经营模式。

三、反思：转变监管思路，改变经营模式

（一）监管层传统的监管思路

银监会明确禁止非银行业金融机构的任何机构或个人代销银行理财产品，而多盈网这类第三方平台迟迟未被喊停，是因为它们自认是代购者。银监会为什么对代销者说“不”，却对代购者放任不管？

银行理财产品，尤其是保本型理财产品，因为收益率较高，又有银行信誉作为偿付保证，众多投资者将其视为存款的良好替代品。然而，即便是银行理财产品，实际上也并非“旱涝保收”，非保本型产品逐渐增多后更是如此。这样一来，银行在销售理财产品时至少要尽到两个义务，其一，对客户进行风险承受能力评估，引导客户购买与自身承受能力相符的产品。作为专业金融机

---

〔1〕 参见全国企业信用信息公示系统中公开的信息：https://www.sgs.gov.cn/notice/notice/view?uuid=NEK5QOkBQXrYV1wYd.zittej.SpieSFZ&tab=01，最后访问日期：2015 年 7 月 23 日。

构，银行凭借其良好的信誉取得大多数投资者的信任；而投资者中，专业人士数量有限，大部分人虽满怀投资热情，但对投资知之甚少、缺乏经验。那么，银行就有义务认真对客户的风险承受能力进行评级，做到将合适的产品卖给合适的客户，实现风险匹配。其二，银行理财仅是“受人之托、代人理财”，如果要打破刚性兑付的神话，让投资者自负风险，那么，销售理财产品时银行就应向投资者充分揭示风险，由销售人员向有疑问的客户作出详尽的解释，充分提供有关理财产品的必要的、重要的信息，培养客户的风险意识，保证客户对其有意向购买的理财产品有正确的认知并自愿购买，而不是存有银行一定会偿付的侥幸心理。以上两点，也体现在《商业银行个人理财业务管理暂行办法》中。[1]为保证银行尽到以上义务，银监会设置了面签红线，规定投资者首次购买银行理财产品时必须前往银行网点进行评估。面签有助于确认客户身份和行为的真实性，同时也做到了对客户的周全保护，虽然确实限制了部分小银行的业务。

随着互联网金融兴起，多家银行和第三方平台开始尝试突破面签，京东金融和招商银行的合作即一次勇敢的试验。对此，监管者的态度是谨慎而保守的。一旦第三方平台成为代理银行销售理财产品的合法代理者，投资者只要动动鼠标，不用去银行面签，甚至不需要和银行有任何直接接触，就能购买到理财产品。此时，如何确保银行尽到了以上两个义务？第三方平台的专业程度怎么评判？如果不能实现风险揭示、信息披露和风险匹配，由投资者承担投资风险是不合理的；投资者如果投诉银行，银行也要面临信誉风险。考虑到这些，银监会索性发布了一个“限销令”，银行理财产品只能由银行亲自销售，而不能由任何其他机构、个人来代理。可见，银监会此举是基于“投资者是弱势的、非专业的、需要被保护的一方”这一考量，而银行是专业性极强的金融机构，在销售理财产品时应尽到必要的义务，在此基础上，才能要求投资者承担

---

〔1〕 银监会于2005年发布的《商业银行个人理财业务管理暂行办法》第37条第1款规定：“商业银行利用理财顾问服务向客户推介投资产品时，应了解客户的风险偏好、风险认知能力和承受能力，评估客户的财务状况，提供合适的投资产品由客户自主选择，并应向客户解释相关投资工具的运作市场及方式，揭示相关风险。”

投资风险。所以，银监会更重视的是约束强势一方，对于购买理财产品的弱势一方，更多的是“保护”，而非“监管”。

然而，在代购模式出现后，代购者与普通投资者是存有差异的，若监管层仍依照传统的监管思路一味保护这些代购者，那些藏于阴影中的、真正弱势的实际出资人的合法利益，反而得不到保护。

（二）转变监管思路，有无必要限制或禁止代购？

实践中，投资者不亲自去银行购买理财产品的现象并不少。若非首次购买则无须面签，投资者委托代理人去银行代为购买银行理财产品，代理人以投资者的名义、用投资者的账户进行购买，这种委托理财关系应是有效的，风险的承担者也应是投资者本人。还有部分投资者，将资金交由某自然人——也许是考虑到该自然人的风险承受能力高，可以参与高风险、高收益投资——由其去银行进行面签和购买银行理财产品。在这种“代购”关系中，实际出资人与银行无任何关系，投资出问题后，资金流失的风险事实上由他们承担。这固然不合理，但如果实际出资人的人数十分少，且仅是小范围的、非公开的、熟人之间的代购行为，这些出资人知悉风险、自愿承担风险的，也无须监管者介入或特意加以限制。

其一，多盈网等平台提供的代购服务，已超出上述范围，其未经批准面向公众投资者吸收资金，利用网络、媒体公开宣传。虽多盈网直言不能保证还本付息、风险由出资人自担，但其与非法集资仅一线之隔。其二，这种代购行为与未经授权的代销行为过于相似，用户在多盈网上直接点击就可以选购由网页筛选出来的银行理财产品，付款时才会发现一个不起眼的委托协议的链接，部分用户甚至不会意识到在这种代购模式下自己与银行无任何关系，还以为该平台是银行的“代言者”。其三，这些代购平台并非真正意义上的弱势投资者，它们具备一定的专业性，通过自己的“专家”筛选出理财产品推荐给出资人——哪怕它们并不确切了解这些出资人，继而吸收出资人的资金。它们不属于监管者想保护的投资者的范畴，也不是符合银监会规定的代销者，在现行运营模式下，它们会导致银行在销售理财产品时无法做到风险揭示与风险匹配，让用户承担不可预料的风险。因此，监管者不能仅打击非法代销者，而对代购平台区别对待。相反，应从代购的表象看其本质，禁止第三方平台汇集公众投资者的资金后再以个人名义购买银行理财产品。否则，在代销之路被封住后，会有大量机构或平台开始做代购，进而导致诸多乱象出现，银监会的“限销令”将形同虚设。

当然，必须承认在银行理财领域这些平台有其价值，它们打破了银行理财产品的孤岛状态，而这正是传统银行长期苦恼的问题之一；便捷化的交易方式也符合年轻用户的需求。若对现有的涉嫌违规的运营方式加以改造，多盈网等平台有可能成为银行销售理财产品的新通道。

（三）如何转变经营模式？

1. 回归为独立的信息平台

这种理财类门户网站，本质上是一个汇集了大量理财产品信息的平台，旨在打破由于地域限制、宣传限制而导致的银行理财产品信息的封闭性。这些平台并不参与交易，是独立的第三方，除了汇集信息，至多可以为用户分析当前的财务状况和理财需求，或者提供综合理财规划服务，用户有最终决定权，自己去和银行交易。实例之一是“融360”，它提供了眼下热门的、预期收益率高的或者新推出的银行理财产品的信息，也提供发行银行的产品走势图，但它仅是信息的甄选者，而非代销或代购者。投资者愿意通过这一平台获取全面、专业的信息，许多中小银行也乐于与其合作，由此支撑起这一类平台的盈利模式：广告费及通过带给发行银行一定用户量和交易量收取相应的推荐费。至于监管，2015年7月18日由央行牵头制定的《关于促进互联网金融健康发展的指导意见》正式发布后，第十三点中写明：“国家互联网信息办公室负责对金融信息服务、互联网信息内容等业务进行监管。”虽仍不够具体化，但至少明确了监管者及监管范围，同时也有利于此类平台实现规范化运营。

多盈网在《风险告知书》中写明“多盈理财作为金融信息及顾问服务平台”，[1]代购业务使它失去了独立性，若回归为一个独立的提供理财信息和理

---

〔1〕 参见《认购／申购风险告知书》，载多盈理财网：http://licai.51duoying.com/file/RiskInform-51duying.pdf，最后访问日期：2015年7月30日。

财规划服务的第三方平台——至少是在银行理财领域，它的经营模式应与“融360”相似。

2. 成为沟通投资者与发行银行的“通道”

在广泛收集、深度分析银行理财产品信息的基础上，不妨假设第三方平台还可以前进一小步，成为连接银行发行的理财产品与想购买这些理财产品的投资者的“便捷通道”——仅限于中介、桥梁的角色，合同双方当事人是银行与投资者。即使第三方平台成为投资者的代理人，以被代理人的名义与银行交易，产生的法律后果直接归于被代理人。此时，存在三个问题：其一，网签能否替代面签？其二，能否充分揭示风险、正确匹配风险？其三，投资者的资金转向银行时安全吗？

（1）网签能否替代面签？

“亲见亲签”是银行坚持的投资者首次购买银行理财产品时的原则。如果是网点广布的大银行，第三方平台可以帮助那些需面签的投资者预约面签的网点与时间，实现“线上登记，线下面签”。而对于那些网点不够多的中小银行，亲见亲签的要求会给外地投资者购买理财产品带来许多麻烦。直销银行兴起后，电子账户出现，在线开户逐渐被放开，在线销售理财产品也必然是未来的一种趋势，银行不可避免地要面对这样一个问题：亲见亲签能否由线上网签替代？如前所述，面签一方面是为了确认客户身份和行为的真实性，另一方面是为了测试风险承受能力。此前，京东与招行合作时已尝试过用网签代替面签，为准确核实和确认客户身份，京东主要通过快捷方式认证客户实名信息，核实客户身份。〔1〕而客户使用银行储蓄卡支付时，招商银行也会通过银行间交叉身份认证，再次确认客户身份。核实客户身份后，京东会要求客户在线进行风险承受能力评估，评估内容完全依照线下的银行风险评估模板，为客户在线做评测，并根据在线评估的结果，向客户推荐和销售合适的理财产品。〔2〕

〔1〕 京东快捷支付及认证的具体信息参见网银在线网：http://www.chinabank.com.cn/product/payment_plus.jsp，最后访问日期：2015 年 7 月 29 日。

〔2〕 参见黄倩蔚、叶丹：《银行理财触网难过面签关，招行理财京东网售被叫停》，载和讯网：http://bank.hexun.com/2014-09-25/168836472.html，最后访问日期：2015 年 7 月 29 日。

可见，理论上网签是可行的。

多盈网等平台如果成为银行销售理财产品的便捷通道，也需考虑网签的可行性。鉴于购买理财产品需要拥有相应发行银行的账户，投资者即使通过第三方平台获取了银行理财产品的信息并且想购买，他们也应首先注册成为该银行的客户——第三方平台不做代购时，用于购买理财产品的资金的流出方是投资者自己的账户，因此交易双方也应是投资者和银行。如果该银行开通了直销银行，投资者只需身份证号、手机号和一张银行卡，就能开通该银行的电子账户，银行可以利用身份证信息和银行间交叉身份认证核实投资者的身份；如果该银行支持远程开户，投资者可以在线申请，银行利用政府部门数据库、银行间交叉身份认证、邮寄资料等方式识别客户身份；如果投资者已持有实体银行卡，还可以去网点开通网银。总之，识别身份不是难事。那么，如何实现在线评测风险承受能力？统一的风险承受能力的评估标准和评估方法出现之前，各银行的评估模板可能不尽相同。第三方平台可以与银行合作，大量存储并定期更新各银行的线下风险评估模板，并向有意购买理财产品的投资者提供在线评测，将评估结果反馈给银行，由此免去投资者必须到网点做线下评估的麻烦，经由第三方平台这一通道，投资者直接线上与银行建立合同关系。当然，第三方平台还要采取措施确保参与评估的人与购买人一致，例如采用人脸识别技术。

（2）能否充分揭示风险、正确匹配风险？

监管者对在线销售理财产品态度谨慎，一个重要原因是担心不能充分做好风险揭示、风险匹配工作。在投资者心目中，银行理财产品是稳健保本的，一旦产品未达到预期收益率或亏损，投资者就会投诉银行。正因投资者风险意识不足，银行需要通过销售人员对客户进行风险揭示和风险意识教育，引导其购买合适的理财产品，以免未来出现纠纷。这些工作，其实在线上也可以做好，而不必非要面对面。例如，第三方平台以显著方式向投资者展示《产品说明书》《风险揭示书》等文件；具有专业资质的服务人员主动向投资者揭示风险、披露信息等。为增强服务人员的专业素养，第三方平台还可以与银行合作，由银行进行培训。为了更谨慎地控制风险，那些风险等级过高的理财产品，平台可以不再促成在线交易，而是由投资者去银行网点购买。

(3)投资者的资金转向银行时安全吗?

第三方平台成为交易通道之后，投资者的资金就不需要存放在第三方平台了，资金的流动直接在银行账户之间进行——如果是购买多家直销银行的银行理财产品，投资者在注册直销银行的电子账户时，可以使用和捆绑同一张银行卡来注册，便于之后的转账入账；如果是非直销银行，未来远程开户得到普及后，投资者不必去银行网点也能在线开户，网上转账将变得十分便利，资金的流转很便捷。如此一来，资金直接在银行账户间流动，安全性提高，投资者也不用再担心第三方平台形成资金池后或卷款跑路或挪用资金。第三方平台成为纯粹的通道之后，其违法风险也会降低。

然而，这种运营方式在现在看来过于理想化，第三方平台与银行之间的关系并不如设想中那样和乐融融，网签、远程开户、人脸识别技术等重要前提也均未合法化或普及化，还会牵涉到如何监管的问题。因此，在监管者喊停之前，多盈网等平台作为代购者的规范化似乎更值得思考。

3. 改进现状之后的代购者

如前文所述，多盈网等平台作为代购者时，用户事实上要承担许多其并不明知的风险。监管者未表态之前，这些代购者所能做的改进包括：其一，增加在线风险承受能力评估环节，采用银行线下评估使用的专业程度高的评估模板；其二，由专业的服务人员主动为点击“购买”选项的用户提供免费服务，如明确告知用户代购模式下的利弊、该理财产品是否适合、充分披露产品信息及投资风险，在此基础上确保用户愿意选择代购，并自愿承担风险；其三，披露资金流向，通过第三方支付平台的资金托管服务或设立信托，明确向用户表示资金未被挪用。这样，在知情、自愿、有效监督的条件下，让用户承担风险，才是合理的。

四、小结

互联网金融的流行使商业银行诸多传统业务受到冲击，银行理财产品的销售就是其中之一。当然，对于大银行而言，它们网点广布且有固定客户群，客户习惯的变迁需要时间，加上作为拥有社会财富主体的大量中老年投资者对于银行的信任、对银行服务的享受，在银行理财领域，很长一段时间内，多盈网等第三方平台是不足以威胁到这些大银行的。恰如淘宝的出现，也不过加速零售业的行业内结构调整，百货商场永远都屹立在一个城市最繁华的地方。只有经过一段时日，网络渠道的销售量占到理财产品总销售量的很大比例时，大银行才会开始惊慌。但是，中小银行的处境不同。现今面签红线与代销均不放开，销售银行理财产品受限于银行网点，那些网点数量不够多、客户群有限的中小银行的理财产品，极容易陷入孤岛效应。多盈网等平台随金融创新而出现，另辟蹊径，以代购理财产品的模式吸引众多理财需求得不到大银行满足的小投资者，以及那些喜欢尝试新事物、喜爱便捷化理财方式的年轻投资者，也让小银行看到突破理财产品孤岛的一条可能的路径。然而，第三方平台的代购模式存在违法违规风险，不仅和非法集资一线之隔，且不能为投资者匹配适当的产品和充分揭示风险，因而银行急于与它们撇清关系或不做出回应，担心出问题后实际出资人投诉银行，而实际出资人也担心资金的安全问题，因为在监管缺位时资金流向是不透明的。

总而言之，第三方平台代购理财确实为投资者和中小银行带来了美味的“馅饼”，银行借此还能发现自己的短板，让传统银行业务在互联网金融背景下也能紧随大潮，督促大银行们早日进行有益调整；但同时，这种代购理财背后有隐性风险和巨大的“陷阱”，如果第三方平台不及时转变经营模式，或监管者消极地放任不管，银行也不敢就是否与其合作进行表态，一旦投资出现问题，投资者很容易陷入孤立无援的境地。

虚幻的财产转让与资产证券化的风险

王　涌*

摘　要

中国目前的资产证券化交易中产生了诸多让法律人感到很困惑的现象，比如在未来收益或应收账款证券化的项目中，许多核心资产事实上无法转让，没有做到真正的风险隔离。笔者建议，必须通过立法使未来收益、应收账款，以登记、公示或者特定账户等形式，使其特定化、确定化，保证其具有破产隔离的效果。

关键词

资产证券化　应收账款　信托财产　破产隔离

资产证券化产品，可以说是由法律人和金融人共同创造的。

各位来宾，大家好，非常荣幸今天来到这里，和大家交流关于资产证券化的心得。

我是学法律的，资产证券化产品可以说是由法律人和金融人共同创造的，不过实际上金融人起了主导作用。但是法律人和金融人思维方法并不完全相同，比如说我们在谈到资产这个概念的时候，法律人思维的角度是侧重于看它

---

* 作者单位：中国政法大学民商经济法学院。本文为中国政法大学民商法学院的王涌教授在 2015 年 3 月下旬召开的"2015 中国资产证券化论坛年会"上的演讲。本书得到王涌教授的授权，将经王涌教授审定的演讲全文发表。

构不构成法律上的一种法律权利，它的法律关系形式是什么；金融人看这个问题更多是看它是不是一种利益，这种利益未来是否可以获得。

一、应判断资产证券化中的基础资产是否符合《信托法》一般原则的要求

严格地说，资产证券化是在《信托法》的基础上设计的，对于它的本质，我们必须回到《信托法》来加以分析。我们首先必须回顾《信托法》的核心原则，并且利用这些原则来对照分析目前资产证券化当中的基础资产，它符合不符合《信托法》的一般原则性要求。如果不符合，某些表面上轰轰烈烈正在运转的项目，一旦出现法律纠纷，我们就会清晰地预见，由于它在设立之初就不符合信托法的基本原则，所以当危机发生时，它就不会具有风险隔离的功能，不会具有保护投资者利益的法律屏障。

在《信托法》中，信托财产至少有两个基本的原则：第一个是信托财产的确定性（certainties），当然在《信托法》上，信托财产的确定性有很多含义，如概念上的确定性（conceptual certainty）、证据上的确定性（evidential certainty）等，这些概念我们都很少用来分析中国资产证券化当中的基础资产；第二个重要的原则是信托财产的可转让性，这个概念含义就更多了，实际上很多财产在法律上是不具有可转让性的。

二、具体业务模式辨析

下面我想举几个例子。

（一）未来收益或应收账款作为基础资产的法律问题

第一个例子，我们在资产证券化当中常见的一种基础资产是未来收益或者是应收账款。从法律上分析，一般包含两个层面。

第一个层面就是这种应收账款的未来收益，它所依附的核心资产是什么。比如高速公路收费这样一种产生丰富现金流的应收账款，它所依附的法律上的权利，是一种收费的行政许可权。再如未来10年某一栋写字楼的租金，作为一种应收账款的未来收益，它所依附的核心资产是权利人对于写字楼所拥有的所有权或者是一种使用权。如果对于这种应收账款要设立资产证券化，要进行信托，严格地说，所转让的应该是它所依附的核心资产，比如高速公路收费权，那就应该转让收费的行政许可权；如果转让写字楼的未来租赁收益，应该转让的是对这个大厦的所有权或者是使用权。但是在实践当中由于多种原因，这种核心资产是无法转让的，比如行政许可权的转让就受到行政法的限制。

在第二个层面上，如果我们仅仅只转让收益权，这种转让就不符合《信托法》上的信托财产“可转让性”的要求，因为它无法转让。但在实践中我们轰轰烈烈地做起来了，这个是让我们研究法律的人感到特别困惑的一个现象，也是法律人跟金融人思维不太一样的地方。

可以预测，一旦出现危机的话，我们会发现在法律上这类收益权是不可能和委托人的债务风险完全隔离的。如果委托人、发起人一旦陷入债务危机，他们的其他债权人肯定可以追索到所谓“已经转让出去了”的资产证券化中的基础资产，也就是我们所谓的信托资产。

（二）股权当中的利润分配请求权作为基础资产的法律问题

第二个例子，是用股权中的利润分配请求权作信托财产，可以有两种理解和设计：一种方式，就是我们刚才所说的应收账款的方式，它是未来的一种收益；另一种方式，是法律人提出来的，我们可以转让股权当中的利润分配请求权，只转让股权中的这个权能，那转让之后不就可以设立信托了吗？这个也是一种幻觉。为什么呢？因为这个权能是包含在股权里的，如果法律上没有把这种权能独立起来，进行法律的类型化，它在法律上就不具有独立转让性，这就是我们法律上所说的“财产权法定主义”的一个重要含义。其实很简单，我们用日常思维也可以理解它，因为你虽然把所谓的一个权能转让过去了，但是，如果作为基础的股权又转让或者被执行给第三方的话，那个所谓的股权中的利润分配请求权就立刻会被收回来，所以它只是一个幻觉，无法对抗第三人，实际上，这时没有任何信托财产在信托设立时进行了转让。与不动产收益权信托一样，股权中的利润分配请求权的转让，完全就是在发起人和SPV（特殊目的机构，Special Purpose Vehicle，SPV）之间形成了一种债的关系，它是极不牢靠的。

总而言之，这是财产法理论中所谓类型化权利中的权能能否独立转让的问题。在商业领域，特别是资产证券化融资中，此类设计虽有争议，但越来越普遍。

从纯粹法理来看，此类转让是无效的。或者说，此类转让不构成权能的独立有效的转让，所谓独立转让只是幻觉。权利被法定类型化之后，如股权，其内部权能将无法分离，无法成为各自独立的单元，独立转让也是不可能的，除非法律将该权能再类型化，这也是财产权法定主义的一个重要的含义。

当然，在结构融资中，因为股权信托存在信托登记上的障碍，以股权收益权（利润分配请求权）的转让替代股权转让，此做法能解决实践问题，但无法定的转让效力。股权收益权不构成一项独立的财产权，不具有可转让性，因此，不构成信托财产，所谓“转让”只是幻觉而已，这里的“转让”只具有债的效力，它不构成“真实出售”。

（三）知识产权作为基础资产的法律问题

第三个例子，在实践当中不是特别普遍，知识产权当中有一些财产本质上不是财产，比如说商业秘密，如果以此设立信托的话，它也会产生一种虚幻的转让，它也不产生信托法上信托财产独立和破产隔离的效果。

商业秘密本质上不是严格意义上的财产权，商业秘密持有人对他人的所谓转让不是严格法律意义上的转让，它的本质是信息传授行为，或者是以传授行为为给付内容的合同行为，而非财产法意义上的转让，所以，也无法成为信托财产。

（四）以合同中的某一权利作为基础资产的法律问题

第四个例子，在一个合同中，比如BOT（项目特许经营权，Build-Operate-Transfer，BOT）的合同中，有的地方政府把合同中的某一个权利单独进行转让，这个问题就稍微复杂一点。如果在一个合同当中有一种权利已经完全确定化了，金额也确定，也到期了，有可能会成为合同当中的一个独立的债权，当然可以转让。但是如果该权利还没有达到成熟和独立的地步的话，也面临同样的不可转让问题。

总之，以上述四类在法律上不具有可转让性的财产作为信托财产来实施资产证券化的，不产生信托的财产法上的效力，即不产生信托财产独立和破产隔离的效力，当然，该资产证券化在纯粹合同法上还是有效力的，但对于投资人的保护就大大的减弱了。

三、《美国统一商法典》的破题启示

现在我们面临的法律和资产证券化实践的矛盾，它的核心就在于有很多在法律上无法转让的不能作为信托财产的财产，在实践当中却作为信托财产了，我们应该怎么办?

这里我想举一个例子，应收账款在法律上要作为质押标的，其实原来也不符合法律的条件。但是由于《美国统一商法典》(Uniform Commercial Code)对应收账款作出了一些法律上的强制性规定，使应收账款可以明确化、确定化，并且可以在实现债权人利益的时候具有优先性，这样一下子就使这个本来在法律上不具有法律形式的财产，通过《美国统一商法典》的特别规定，就获得了法律上的确定形式了。我国的物权法对应收账款的规定也在一定程度上解决了这个问题。

(一)必须立法，使未来收益、应收账款特定化、确定化，并保证其具有隔离性

说到这里，我的结论非常明确，中国如果要按照现在的模式发展资产证券化，将本质上不具有信托财产特点的基础财产作为资产证券化的标的，我们就必须要立法。

这种立法不是空喊，而是结构融资、资产证券化以及其他商事实践所需要的一种立法，将未来收益、应收账款等，通过一种法律规定，以登记、公示或者是特定账户的形式，使它特定化、确定化、类型化，并且能够保证它具有可转让性、隔离性。通过立法，可以使不具有转让条件的财产获得可转让性，进而成为信托资产。通过法律的介入，把它改造成一种确定的财产形式。

(二)可通过民法典和商事单行法解决，民法典应设“财产法总则”

在民法典的制订中，可考虑设立财产法总则，对财产权法定主义和财产的可转让性作出系统规定，为商事单行法留下接口，商事单行法可对结构融资等特殊的商事活动中的财产权可转让性作出特别规定。关于这一问题，《荷兰民法典》的规定可谓先进，其第三编财产法总则第 83 条明确规定：除被法律或权利性质所排除外，所有权、分享权利和债权均可以转让。这值得我国立法学习。

这就是我今天与大家分享的一个初步的研究结论，谢谢各位!

建立全国性信托登记平台研究

周颖博*

摘　要

2014年10月，银监会批准全国信托登记中心落户上海自贸区。作为全国性的信托登记平台，全国信托登记中心应当有准确的功能定位。然而实践证明，该平台无法实现信托财产登记制度的作用，应将其建立成为信托产品信息统一登记平台和信托受益权转让平台。为实现这些功能，该中心首先需要联合中央国债登记结算有限责任公司，建立统一的信托登记结算系统。经研究，全国信托登记中心能够依托中央国债登记结算有限责任公司建立信托登记结算系统，采用合适的交易模式，实现信托产品的交易流转功能。

关键词

信托登记　信托交易　交易模式　登记结算系统

2014年10月，银监会正式批准全国信托登记中心落户上海自贸区。此前，公认的"全国第一家信托登记机构"是上海信托登记中心，上海信托登记中心于2006年6月在上海成立，是由银监会批准、上海浦东新区政府设立的事业性、非金融中介服务机构。[1]截至2015年5月，在上海信托登记中心登记

---

* 作者单位：北京大学金融法研究中心。

〔1〕 载上海信托登记中心网：http://www.strc.org.cn/commix/first/index.jsp，最后访问日期：2015年5月18日。

的信托资产规模达到34264.61亿元；而中国信托业协会数据显示，截至2014年末，全国信托资产规模约为13.98万亿元，仅有不到1/4资产规模的信托产品在信托中心办理了登记；2014年全年仅有8个信托产品申请转让，其中已成功转让的只有5个。可见，运行至今，上海信托登记中心既没有起到全国信托登记机构的作用，也没有有效地促进信托受益权流转。[1]

由于现有的信托登记平台无法解决国内信托发展存在的登记难、转让难等问题，银监会批准上海自贸区建立全国性信托登记平台的消息一经报道，便引起了广泛讨论。有业内人士认为："全国性信托登记中心的成立，对盘活信托市场资产，扩大信托受益权的流转平台提供了积极作用，有效缓解了信托因流动性不足产生的风险。"[2]还有报道认为，全国信托登记中心能够推进长久以来制约信托业发展的信托登记制度的建立，甚至提出了具体的建立路径——"在信托登记环节，拟先引入信托产品登记制度，再择机启动信托财产登记制度"。[3]总体来说，无论监管层还是信托业内，对全国信托中心的功能定位主要有两方面：成为全国性的信托登记机构和成为全国性信托受益权流转平台。[4]因此，本文从全国信托登记中心能否实现这两个功能出发，探讨全国信托登记中心的功能定位和建设路径。

一、功能定位分析：全国信托登记机构

在银监会批准全国信托登记中心落户上海自贸区后，引发的讨论之一是银监会是否希望将全国信托登记中心建成统一的信托登记机构。理论上，信

〔1〕 载上海信托登记中心网：http://www.strc.org.cn/commix/first/index.jsp，最后访问日期：2015年5月18日。

〔2〕 杜丽娟：《全国信托登记中心落地上海、欲解13万亿资产流动难题》，载中国经营网：http://www.cb.com.cn/economy/2014_1108/1094073.html，最后访问日期：2015年5月5日。

〔3〕 《银监会正式批准全国信托登记中心落户上海自贸区》，载金投网：http://forex.cngold.org/c/2015-01-21/c3013627.html，最后访问日期：2015年5月5日。

〔4〕 我国《信托法》将信托分为民事信托、营业信托和公益信托，但没有明确区分标准。营业信托是信托机构以营业为目的所经营的信托业务。信托机构从事营业信托，不仅需要遵守《信托法》规定的基本法律准则，同样要符合监管部门（银监会）对该类信托做出的特别监管规定。本文的讨论范围仅限于营业信托，即受到监管部门特别监管的，由信托公司经营的信托业务。参见周小明：《信托制度：法理与实务》，中国法制出版社2012年版，第421页。

托登记机构的建立存在究竟是建立统一的信托登记机构还是依托于现有财产登记机构的争论。本部分主要分析全国信托登记中心能否实现信托登记的作用。

信托登记应当包括信托财产的转移登记及信托有关事项登记，一般包括以下内容：①委托人、受托人、受益人的姓名（名称）、住所和联系方式；②信托财产，包括财产的范围、数量及其转移情况；③信托目的；④信托财产的管理方式，尤其是受托人处分信托财产的权利及限制；⑤信托期限；⑥其他需要登记的内容。[1]考虑到信托登记的核心功能是公示，为了充分体现公示功能，最重要的登记事项是信托财产登记。[2]

目前，信托财产以外的其他信托有关事项登记依托信托公司内部自建的登记系统能够实现。但对于这部分登记内容来说，难点在于如何将各个信托公司自有的登记系统统一对接，实现信息共享。对于信托财产登记，我国《信托法》第10条规定“设立信托，对于信托财产，有关法律、行政法规规定应当办理登记手续的，应当依法办理信托登记。未依照前款规定办理信托登记的，应当补办登记手续；不补办的，该信托不产生效力。”根据法律规定，对于“有关法律、行政法规规定应当办理登记手续”的信托财产，应当依法办理信托财产登记。虽然我国《信托法》规定了严格的信托登记生效主义，但法律只进行了原则上的规定，并未明确由哪个机关负责信托登记，也没有具体的操作规则，这造成了实务操作上的困扰。

对比日本、我国台湾地区等地的信托财产登记制度，不动产信托财产登记与因信托而产生的财产权登记是同时进行的，其没有统一信托登记机构，信托登记的主体通常为财产权登记或注册的登记机构。[3]有价证券只需要在有价证

---

〔1〕 参见何宝玉:《信托登记：现实困境与理想选择》，载刘俊海主编:《中国资本市场法治评论》(第2卷)，法律出版社2009年版，第180～182页。

〔2〕 参见何宝玉:《信托登记：现实困境与理想选择》，载刘俊海主编:《中国资本市场法治评论》(第2卷)，法律出版社2009年版，第167～170页。

〔3〕 参见[日]能见善久:《现代信托法》，赵廉慧译，中国法制出版社2011年版，第27～28页。

券上标明其为信托财产；股票和公司债券则需要在股东名册簿和公司债券簿上标明其为信托财产。[1]参照以上信托财产登记制度，我国的信托财产登记制度完全可以参照上述登记制度，依托现有的财产权登记机构实现信托财产登记。

在不动产登记方面，《不动产登记暂行条例》规定国家实行不动产统一登记制度，规定集体土地所有权和地役权等不动产由国务院国土资源主管部门统一登记，且应当尽量采用电子介质的不动产登记簿。应登记的动产主要是价值较大的交通工具及其他财产权的登记，登记机构为海事局、国务院相关主管部门和交通管理部门等。在有价证券方面，有限责任公司的股权转让由公司签发出资证明书并记载于公司的股东名册，并向登记机关登记以对抗第三人；股份有限公司的股票能够通过直接在有价证券上标注实现信托登记；上市公司的股票由证券登记结算机构进行电子登记；公开发行的各类债券需要到债券登记结算机构办理登记。对于知识产权，专利权由专利行政部门、商标权由商标局登记。[2]这些已经存在明确登记机关的财产权利，只需要在现有的财产权属凭证上注明“信托”字样即可。因此，依托于现有的财产权登记机构已经能够实现信托财产登记，专门建立一个全国性信托登记机构实现信托财产登记略显多余。

并且，全国信托登记机构在现实中也无法实现信托财产登记的作用。全国信托登记中心要想成为统一的信托财产登记机构，需要对信托财产进行实质性审查，承担信托财产登记确权的责任。对于《信托法》第 10 条中规定的信托财产登记，由于法律规定了严格的登记生效主义，信托登记需要具备较强的强制力，且如果登记错误，登记机关需要承担相应的赔偿责任。然而问题在于，全国信托登记中心能否对申请登记事项进行实质性审查？对于不涉及信托财产转移登记的事项，全国信托登记中心能否通过审查信托文件是否齐全、投资人是否适格等形式审查来实现？但对于依法需要登记的信托财产，如不动产、有价证券，仅由银监会批准建立的全国性的信托登记平台没有足够的法

---

〔1〕 参见文杰：《信托法专题研究》，中国社会科学出版社 2012 年版，第 41 页。

〔2〕 参见周小明：《信托制度：法理与实务》，中国法制出版社 2012 年版，第 149～152 页。

律地位和权限对信托财产进行实质审查。所以，全国信托登记中心无法实现统一的信托财产登记的功能。

早在上海信托登记中心建立后，就有人对“全国第一家信托登记机构”抱有很大期望，认为上海信托登记中心能够通过对信托产品的统一登记，使信托公司自觉接受公众监督，起到信托登记公示的效果，然而其实际效果却令人大失所望。全国信托登记中心被批准建立后，也曾被认为可能成为统一的信托登记机构——借助该信托登记平台先实现信托产品登记，再逐步实现信托财产登记。但通过上述分析，我们认为全国信托登记中心在信托登记方面无法成为包括登记信托财产在内的统一信托登记机构，仅能够将其定位为统一的信托产品信息登记机构，而无法实现信托财产登记的功能。

二、功能定位分析：全国性信托受益权流转平台

相对于将全国信托登记中心建立成为全国性的信托登记机构，信托公司对将其建立成全国性信托转让平台，即信托产品二级市场的呼声更高。根据《信托法》规定，信托产品的受益权可以被用来清偿债务和对外转让。虽然信托公司、投资人对产品转让需求迫切，但目前信托产品尚未形成规模化的交易市场。缺乏信托产品流通市场已经成为信托产品扩大规模的制约因素，因此全国信托登记中心建立的目的之一是提高信托产品的流动性。

目前，国内的信托转让平台主要有两类：一类是信托公司自建的内部转让平台，如华宝信托的“流通宝”、中信信托的“信惠财富”等。以华宝信托“流通宝”为例，其于2013年6月推出，转让的信托产品均为华宝信托正在运行的产品，转、受让双方为信托公司内部客户；在定价估算和交易方面，华宝信托内部构建了一套定价模型——结合信托产品投资方向、市场热点、产品剩余期限、投资者持有时间等因素综合定价，设定一定的价格区间提供给买卖双方，让买卖双方从中协商得到最终成交价，再由华宝信托确认交易并完成资金交割。[1]另一类是第三方信托登记转让平台，如上海信托登记中心、北京金融

---

〔1〕 参见陈植：《信托自建受益权转让平台之华宝样本》，载《21世纪经济报道》2015年1月16日，第11版。

资产交易所、天津金融资产交易所等，主要作为中介平台提供交易撮合服务。此类平台多采用会员制，投资者在交易平台上发布信托受益权转让信息，信托平台收到信息并进行撮合，后由转、受让双方自主线下谈判，最后由平台帮助完成相关登记变更。

信托公司自建的内部转让平台能够在信托公司内部实现信托产品的流通，但无法实现各信托公司之间信托产品的转让；第三方平台仅停留于信息服务平台层面，为信托产品的转、受让提供信息，最终的法律关系变更还需要信托公司和转、受让方线下完成，在受益权转让方面没有起到实际作用。如果全国信托登记中心想成为全国性的信托产品交易平台，就必须先建立统一的信托信息登记系统和信托受益权转让的登记、结算、管理系统，而后才有可能实现信托产品流转的功能。

三、全国信托产品交易平台阻碍原因分析

（一）缺乏统一的登记结算系统

统一的、电子化的登记结算系统，是实现信托产品统一登记和提高信托流动性的前提，它能够实现当事人进行信托产品信息的登记和交易相对方的查询，也方便未来与信托财产登记制度的对接，其实现需要建立如中国证券登记结算有限责任公司（以下简称中证登）、中央国债登记结算有限责任公司（以下简称中债登）等统一登记结算机构。

目前，信托产品的登记结算工作由信托公司承担，信托产品的登记结算局限于各信托公司内部系统。现阶段，信托产品只能通过面签的交易方式进行线下交易，没有电子化的登记结算系统，即使信托产品实现了线上交易，交易双方还需要通过线下合同的签订来确认信托交易的法律效力，不利于交易的便捷和效率的提升。实际上，信托公司自建的登记结算平台能够在信托公司内部实现信托产品的信息登记与流通转让，但由于缺乏统一的信托登记结算系统，各信托公司系统之间无法对接，全国性的信托产品登记和转让市场无法实现。

（二）信托产品非标准化特性的制约

实现信托产品信息的统一登记，信托产品非标准化特征是阻碍因素之一。

信托产品无论在信托资产的来源、资金的运用方式还是资金投向上都非常多元化：信托资产按来源可分为集合资金信托、单一资金信托和财产管理信托；按照资金的运用方式可分为贷款、交易性金融资产投资、可供出售及持有至到期投资、长期股权投资、租赁等方式；按资金投向划分有基础产业、房地产、证券市场等投资流向。信托产品在交易机构的设计上非常灵活，如结构化信托业务和信贷资产证券化业务，且各类信托的监管方式也不相同。[1]信托产品的非标准化特征使其难以按照统一的标准进行信息登记和估值定价，这增加了信托产品流转的难度，也是制约信托产品统一登记实现的因素之一。

实践中，2014年10月，央行发布《信托业务分类及编码》（以下简称"业务分类"）和《集合资金信托计划文件示范文本》（以下简称"示范文本"），提供了统一的规范样本。其中，"业务分类"规定了信托业务分类标准、分类的编码方法、代码结构以及分类代码等内容；"示范文本"则提供了集合资金信托计划认购风险申明书、集合资金信托计划说明书、集合资金信托计划信托合同的标准化样本。[2]但信托产品的标准化仍然是建立统一信托登记结算系统亟待解决的问题之一。

（三）信托受益权转让的法律障碍

《信托法》第44条规定，受益人自信托生效之日起享有信托受益权；第51条规定，在经受益人同意的情况下，委托人可以变更受益人或处分受益人的信托受益权。这为信托受益权的转让提供了法律依据，信托公司可在信托产品受益人同意的情况下，转让信托产品的受益权。但《信托公司集合资金信托计划管理办法》（以下简称《计划办法》）第29条规定："信托受益权进行拆分转让的，受让人不得为自然人。机构所持有的信托受益权，不得向自然人转让或拆分转让。"这无疑提高了信托受益权拆分转让的门槛。

由于该项法规的限制，目前现有的信托产品受益人转让仅限于机构投资

---

〔1〕 参见周小明：《信托制度：法理与实务》，中国法制出版社2012年版，第421~524页。整理自此书第十三章"营业信托的法律规制"。

〔2〕 参见中国信托业协会：《建立信托受益权流通机制与平台探索研究》，载《2014年信托业专题研究报告》，中国信托业协会2014年版，第115页。

者之间，自然人无法参与，这严重制约了转让平台的活力。现实中，上海信托登记中心采取的办法是，在开展信托受益权转让服务方面，要求机构实名制参与交易，个人必须委托机构才能参与交易。具体做法是，将参与二级市场的机构分为交易类会员、经纪类会员和综合类会员三类：交易类会员可以进行信托受益权的交易，资质必须为机构；经纪类会员可以接受个人委托参与交易，资质为第三方财富公司；综合类会员既可从事交易，也可进行经纪业务。但第三方财富公司接受个人委托参与交易，第三方财富公司与个人之间的受益权又如何转让？实际上，在上海信托登记中心的信托产品转让服务寥寥无几的信托受益权转让实例中，受让方都是机构。即使建立了完善的信托交易平台，法律的不合理要求也会使信托受益权的转让面临合规性风险。

从法律角度分析，信托受益权的转让是《信托法》赋予受益人的权利，受益人有权转让其全部或者部分受益权；从现实中看，《计划办法》第 5 条规定，单个信托计划的自然人人数不得超过 50 人，但单笔委托金额在 300 万元以上的自然人投资者和合格的机构投资者数量不受限制，在现实中自然人认购参加信托计划的情况非常普遍。将受让人限定为合格投资者，是为了保护不具有风险识别能力和承受能力的投资者，但只要受让人是合格投资者，就没有必要做出比信托计划成立时更严格的规定，再对受让人是机构还是自然人加以限制。[1]

四、建立全国信托产品交易平台

根据前文分析，全国信托登记中心无法成为集信托财产登记与信托产品登记、信托受益权转让为一体的全国性平台，仅能成为统一的信托产品信息登记平台和信托产品转让平台。实际上，建立全国信托登记中心的真正价值在于促进信托受益权的流转。在信托产品登记方面，由于信托公司自有平台已经涵盖了所有信托产品的信息登记，目前缺乏的仅仅是标准化的、统一的信托产品登记系统。如何建立信托产品二级转让市场是目前全国信托登记中心建立面临的难题。为了实现信托产品的统一登记，首先需要有一个电子化的、统

---

〔1〕 参见周小明：《信托制度：法理与实务》，中国法制出版社 2012 年版，第 442 页。

一的登记结算系统；在此基础之上，全国信托登记中心为建立成为信托产品转让的二级市场，有类似于证券交易所的场内交易模式和类似于银行间交易市场的场外交易模式这两种模式可供选择。

（一）建立统一的登记结算系统

建立统一的信托登记交易平台，不论是采用场内交易市场模式还是场外交易市场模式，统一的登记结算系统必不可少。例如，银行间债券市场的交易由中国外汇交易中心进行，信用债在上海清算所托管结算，其余则在中债登登记、由上海清算所清算、交易商协会负责产品的注册。想要建立信托登记结算系统，仅依托信托公司内部不可能完成，需要公权力的顶层设计和资源投入。[1]信托产品登记结算服务应当由统一的登记结算机构采取电子化形式来提供，如已经完成信托合同登记业务数据蓝本编制的中债登，目前的资管计划转让平台所采取的电子结算方式也可以提供借鉴。

类比其他登记结算机构，信托登记结算系统应当实现以下功能：①账户的设立，符合条件的自然人和机构能够向信托登记结算机构申请账户；②信托产品的存管和过户；③信托产品交易的清算和交收；④提供相应的查询业务。

目前看来，银监会似乎希望中债登承担建立信托登记结算系统的任务：2012年5月，中债登开始启动信托产品的合同登记业务工作，目前已经完成了数据蓝本的编制，用470个要素实现对所有信托产品的标准化定义，把非标准化的信托产品转化成标准化的数据和信息，登记范围既包括产品信息的登记、受益权信息的登记，也包括监管要素的登记。[2]但在实践中，中债登的信托产品登记系统并没有起到实际的效果，据笔者走访了解，一些信托公司的工作人员甚至不知道有这样一个登记系统的存在。

（二）可采用的交易模式分析

对于平台的交易模式，有场内交易和场外交易两种交易模式的探索。场

〔1〕 参见中国信托业协会：《建立信托受益权流通机制与平台探索研究》，载《2014年信托业专题研究报告》，中国信托业协会2014年版，第118页。

〔2〕 参见中国信托业协会：《建立信托受益权流通机制与平台探索研究》，载《2014年信托业专题研究报告》，中国信托业协会2014年版，第115页。

内交易依托统一的、封闭运作的交易场所，场外交易则是在交易所外进行的交易。场内市场采取集中交易的方式，由多个买者和卖者进行价格磋商，一个时点一般只有一个最佳价格；场内市场对交易品种的标准化程度要求相对较高；目前股票、上市交易型基金、期货及部分标准化的期货合约等都采取场内交易，最典型的场内交易市场是进行股票流通转让交易的证券交易所。[1]场外交易市场采取一对一的交易磋商机制，不依赖于统一的交易场所，交易的品种类型丰富，投资者之间能够直接交易，适合机构之间的大宗交易，现实中的场外交易市场有银行间债券交易市场。两种交易模式特点的比较如表1所示：

表1　场内交易模式和场外交易模式比较

—	场内交易模式	场外交易模式
产品标准化要求	较高	较低，交易品种类型丰富
信息披露要求	较高	不需要完全公开的信息披露，可进行定向信息披露
集中化程度	高度组织性、集中性	市场参与方的组织较分散
竞价方式	集中竞价原则[2]	协议交易和挂牌交易[3]
交易成本	投资者承担更多开支并向中介机构支付各项费用；对基础设施、管理人员投入高，并要求较严格的监管	相对较低
对投资者要求	广泛的投资者基础，适合符合条件的自然人和机构投资者	对投资者定价、风险识别能力要求较高，更适合机构投资者
产品流转效率	较高	较低
是否利于创新	否	是

在信托受益权场内交易模式下，投资者委托经纪商（信托公司）将拟转让的信托受益权挂牌并报价，交易所的电子系统进行交易撮合，生成电子交易合同，线上进行资金交付结算，之后转、受让双方完成线上或者线下信托合同的

〔1〕 彭冰：《中国证券法学》，高等教育出版社2007年版，第147页。

〔2〕 目前证券交易所依照集中定价原则确定交易价格，各符合条件的买方和卖方通过集合竞价和连续竞价的方式，依据“时间优先、价格优先”的原则确定交易价格。

〔3〕 由交易各方协商确定交易价格：或由交易双方反复协商议价确定（协议交易），或由一方挂牌出价，再根据现实情况加以调整（挂牌交易）。

签订（见图1）。在信托受益权场外交易模式下，假设引进做市商，信托受益权转让方直接或者委托信托公司向做市商询价，做市商提供双边报价，转、受让方根据做市商的报价做出投资决策，并向做市商提出交易申请，做市商在其报价范围内履行成交义务，并反馈信息至交易中心，最终由统一的登记结算机构结算（见图2）；假设不引进做市商，由客户委托信托公司发布拟转让产品报价信息，信托公司帮助客户撮合交易，由投资者进行价格协商，之后由交易中心送达至登记结算机构，完成交易（见图3）。

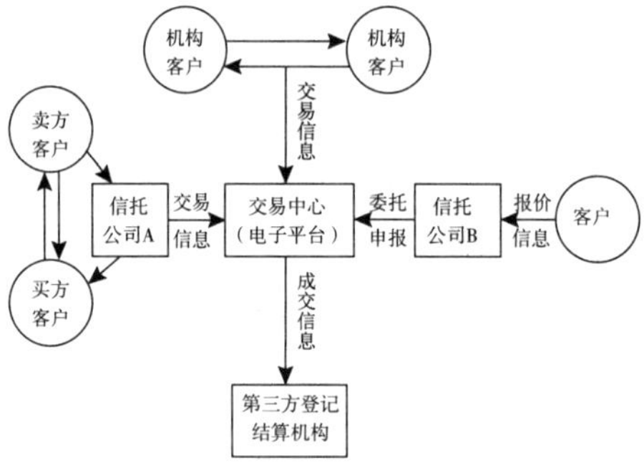

图1　信托受益权场内交易模式[1]

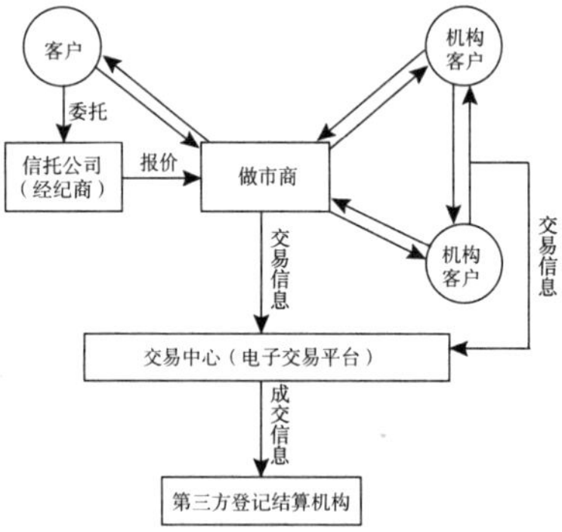

图2　信托受益权场外交易模式（有做市商）[2]

〔1〕图片摘自中国信托业协会：《建立信托受益权流通机制与平台探索研究》，载《2014年信托业专题研究报告》，中国信托业协会2014年版，第125页。

〔2〕图片摘自中国信托业协会：《建立信托受益权流通机制与平台探索研究》，载《2014年信托业专题研究报告》，中国信托业协会2014年版，第129页。

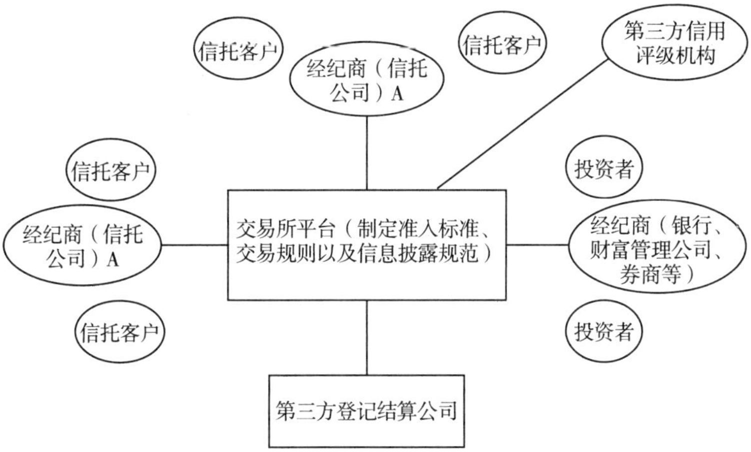

图 3　信托受益权场外交易模式（无做市商）[1]

对于信托这类非标准化的投资产品，采用场内交易模式还是场外交易模式，若采用场外交易模式是否引进做市商制度等问题都有待讨论。早在 2012 年 5 月，中债登就开始启动信托产品的合同登记工作；2012 年 11 月，中债登建立的全国信托数据库一期暨信托产品登记系统上线；之后，中债登要求国内所有信托公司按时递交所有信托产品信息；2014 年年初，银监会启动了信托产品登记系统二期升级暨信托非现场系统整合工作，要求信托公司新发产品在成立后的 7 个工作日内，在该登记系统进行登记，并向监管部门进行数据报送。[2]鉴于中债登对信托产品标准化登记方面的努力和银监会批准建立全国信托登记中心的现实，信托产品二级市场很可能依托中债登，依托全国信托交易平台，以场内交易市场模式运行。

（三）交易所“资管份额计划转让”平台模式的借鉴

目前，市场上存在的标准化投资产品如股票、债券和基金已经有了完善的、能够与一级市场形成有效互动的二级市场。信托产品之外的其他非标准

---

〔1〕 中国信托业协会：《建立信托受益权流通机制与平台探索研究》，载《2014 年信托业专题研究报告》，中国信托业协会 2014 年版，第 130 页。

〔2〕 参见陈植：《信托登记平台筹备追踪：财产登记缓行，整合难题待解》，载《21 世纪经济报道》2015 年 2 月 6 日，第 11 版。

化投资产品如包括基金子公司的资产管理计划与券商集合资产管理计划在内的资产管理产品，也可通过上海证券交易所（以下简称上交所）或深圳证券交易所（以下简称深交所）提供的平台转让。资产管理计划与集合资金信托计划的运营模式大体相似，两者的重要区别在于信托公司的监管机构为银监会，资产管理计划的监管机构为证监会；并且相较于信托产品的严格监管，资产管理计划监管要求相对较低。

以深交所为例，点击深交所页面“业务专栏”中的“资管份额计划转让”，即可进入深交所的资管产品转让平台。平台的交易规则受深交所在2014年8月12日发布的《深圳证券交易所资产管理计划份额转让业务指引》（2014年修订），以及2014年12月29日发布的《深圳证券交易所资产管理计划份额转让业务操作指南》和《资管计划份额转让业务常见问题及解答》规范，规定主要内容如下：

“在交易规则方面，对于符合要求的申请，交易所向管理人分配交易代码，每只产品申领一个交易代码，资管计划份额的转让时间为每个交易日的9：15至11：30以及13：00至15：30；单笔申报的最小数量和转让基数均为1000份；参考价格和转让区间依据资管计划说明书或合同约定，例如转让价格参考价格的上下10%。”[1]

在交易结算方面，根据清算机构的不同分为不同模式：（1）份额登记托管在中证登的，投资者可以使用开放式基金账户进行转让，成交确认后，由中国结算总公司负责清算交收（目前暂限于现金管理产品）；投资者也可以将份额转托管至深市证券账户，然后使用证券账户进行转让，成交确认后，由中国结算深圳分公司负责清算交收。（2）份额登记托管在自建TA（Trade Agent，交易代理）的，如果使用电子化接口进行交易申报，管理人需按照深交所《资产管理计划份额转让业务之券商技术系统变更指南》进行改造，改造后管理人可使用投资者自建的TA账户进行转让申报，由交易所确认后由份额登记托管机构

〔1〕 摘自深交所《深圳证券交易所资产管理计划份额转让业务指引》（2014年修订）。

办理清算交收；如果使用综合协议交易终端进行申报，[1]管理人可直接使用投资者自建 TA 账户进行转让申报，交易所成交确认后由份额登记托管机构办理清算交收。[2]

在信息披露方面，深交所要求管理人按照证监会有关资产管理业务的相关规定，履行信息披露义务；具体操作方面，交易所可以通过该平台披露提供转让服务的资管计划的产品名称、证券代码、证券简称、转让开始日、转让到期日、管理人、转让范围等基本信息，以及意向报价信息和转让成交统计信息；管理人可以通过交易所披露资管计划重大事项的提示性信息。[3]

上交所和深交所的资管计划份额转让平台有着很好的活跃度，至 2015 年 4 月，深交所已转让资管产品计划份额转让交易额达 509 亿元，上交所交易额为 68 亿元。[4]两大交易所在交易所内开辟出供资管份额转让的交易平台，这对信托产品交易平台的建立有一定借鉴意义。资管计划份额转让平台的活跃有赖于其所依托的交易结算系统的相对完善。实际上，中证登承担了包括资产管理计划份额转让和全国股权转让系统在内的金融产品交易市场的登记结算功能，股东为上交所和深交所；两大交易所由证监会垂直管理，而信托公司的监管机构为银监会。相比于资管产品，信托产品登记和受益权流转一直无法有效实行，这可能与信托产品与资管产品“分属”两大不同的监管机构，信托登记结算系统无法被纳入证券登记结算系统有关。

五、结论

准确的功能定位和有效的模式选择有利于全国信托登记中心的建立与运作。银监会批准建立的全国信托登记中心虽然在信托财产登记公示方面不能

---

〔1〕 综合协议交易平台指深交所为会员和合格投资者进行各类证券大宗交易或协议交易提供的交易系统，参见深交所《深圳证券交易所综合协议交易平台业务实施细则》。

〔2〕 摘自深交所《资产管理计划份额转让业务常见问题及解答》。

〔3〕 摘自深交所《深圳证券交易所资产管理计划份额转发业务操作指南》。

〔4〕 数据分别参见上海证券交易所网：http://www.sse.com.cn/aboutus/innovation/zcgljhfezr/，最后访问日期：2015 年 4 月 17 日；深证证券交易所网：http://www.szse.cn/main/aboutus/xywjs/fezr/，最后访问日期：2015 年 4 月 17 日。

替代财产登记机构的作用，但对促进信托产品二级市场交易，提高信托产品流动性意义重大。全国信托登记中心能够依托中债登建立的信托登记结算系统，为信托产品查询和转让提供平台，共同实现信托产品的交易流转功能。然而信托产品统一交易平台的建立有着诸多制约，详细的构建还需要进一步深入研究。

循环贸易的商业逻辑、交易形式与合同效力

——以最高人民法院(2014)民二终字第56号判决为例

旷涵潇*

摘　要

最高人民法院最近作出的关于循环贸易的终审判决中,一改以往合同无效的裁判路径,认定合同有效。这一转变的原因有具体个案的差异,更体现了最高人民法院在商事案件裁判中对合理商业逻辑、交易形式的尊重。本文从具有代表性的案件出发,通过深入剖析循环贸易背后的各项商业目的以及交易形式,论证循环贸易合同的有效性,明确尊重商业形式和意思自治的商事审判应然路径。

关键词

循环贸易　商业目的　民间借贷　交易形式　合同效力

在大宗商品贸易活动中,有的企业为了融通资金、增加业绩或者其他目的,选择了循环贸易的形式。循环贸易法律关系中至少有三方当事人,如A、B、C三个企业,A和C之间订立(代理)买卖合同。理论上卖方(代理人)A应直接把货物交付给买方C,合同即履行完毕。但实际上,当C无法直接及时

* 作者单位:北京大学金融法研究中心。

向A支付货款时，A会先将“货物”转卖给B，B承诺收货，再将“货物”转卖给C并获得更高对价，最终由C提货。C作为最终的买方，对货物和资金都有真实需求；A作为供货方，也有回笼资金的需求；而B则是A、C之间的资金提供方，代C先向A付款。以上过程中，资金流向是：C→B→A，提货通知、货物凭证或实际货物流向是：A→B→C，形成各方循环承诺确认收货以及资金循环流转的关系，这就是本文所称的“循环贸易”。[1]

因商品价格波动、企业经营困难等问题，最终的买方向供货方违约之后，也拒绝向资金提供方付款的情况屡有发生，产生连环违约，引起诉讼。该类案件的核心争议在于，供货方和资金提供方之间转售“货物”合同的性质是买卖还是借贷，合同是否有效，对此的不同认定直接决定了当事人是否需要继续履行合同。

最高人民法院近年来多次就涉及循环贸易的上诉或再审案件进行裁判。《人民法院报》于2015年4月15日刊登了一篇关于“最高人民法院（2014）民二终字第56号判决书”[2]的分析，并对该案所代表的一类循环贸易纠纷的裁判路径进行研究。[3]该案引起社会关注，主要由于其判决结果与此前循环贸易纠纷的判决结果截然不同。本文将从此案出发，结合2015年8月颁布的《最高人民法院关于审理民间借贷案件适用法律若干问题的规定》[4]（以下简称《民间借贷司法解释》），深入剖析该案背后的商业逻辑及交易形式，在此基础

---

〔1〕 在具体的商事交易中，循环贸易的形式有很多变化：有的伴随货物实际转移；有的仅有货物凭证转移；有的仅是当事人之间循环承诺收货，没有物权凭证转移，比如本案。各方之间转卖的可能不是实际货物，而是提货证明，甚至是确认收货承诺。此外，当事人的数量、合同类型以及合同目的也可能存在区别。但是，这些案件的共同之处在于承诺确认收货和资金的循环，这可以被认为是循环贸易的基本特征。

〔2〕 参见最高人民法院（2014）民二终字第00056号《中设国际贸易有限责任公司与中国航油集团上海石油有限公司一般买卖合同纠纷二审民事判决书》，载最高人民法院网：http://www.court.gov.cn/wenshu/xiangqing-5219.html，最后访问日期：2015年5月4日。

〔3〕 参见石金平、宋硕：《循环贸易纠纷裁判路径探析》，载《人民法院报》2015年4月15日，第7版。

〔4〕 参见《最高人民法院关于审理民间借贷案件适用法律若干问题的规定》，载最高人民法院网：http://www.court.gov.cn/fabu-xiangqing-15146.html，最后访问日期：2015年8月6日。

上分析循环贸易的合同效力以及相关案件的裁判路径。

一、案件基本情况

（一）案件事实

本案所涉循环贸易有三方当事人，分别是中设国际贸易有限责任公司（以下简称中设贸易），大港公司和三兴加腾（两公司由同一自然人实际控制，统称大港公司），以及中国航油集团上海石油有限公司（以下简称中航油）。三方当事人之间存在三个合同：中设贸易与大港公司之间的《进口代理协议》、中设贸易和中航油之间的《框架合同》以及中航油和大港公司之间的《采购合同》。

中设贸易代理大港公司通过案外人山东海润（进口货物代理商）从外国进口燃料油。《进口代理协议》中约定：中设贸易先向境外供货商支付货款，如果大港公司接收货物后尚未向中设贸易付款，中设贸易可以保留货物所有权，并在保持和大港公司原有债权债务关系不变的情况下处置货物。此后，中设贸易在大港公司迟延付款的情况下，与中航油签订的燃料油供应《框架合同》约定：由中设贸易向中航油发出提货通知，中航油承诺确认收货，货物所有权在中设贸易收到中航油支付的全部货款和费用后转移。中设贸易向中航油开具增值税发票 1.65 亿元，并指示大港公司在燃料油存放地向中航油交货。中航油提货同日，再向大港公司发出提货通知，开具增值税发票 1.653 亿元。大港公司向中航油出具收货证明并付款后，即可取得货物完整的所有权，大港公司和中设贸易在《进口代理协议》项下的付款、交单义务均不必实际履行。境内整个交易活动中，燃料油一直存放于大港公司控制的仓库中，空间上未发生移转，只是各方循环承诺收货，以及资金和增值税发票发生流转。

因油价下跌，大港公司向中航油出具《收货证明》后立即发出《终止协议》和《告知函》，拒绝履行接收货物以及付款义务。中航油因此也拖欠了中设贸易的货款，引发诉讼纠纷。一审原告中设贸易以中航油违反《框架合同》约定为由起诉，并追加大港公司为第三人。一审被告中航油主张：《框架合同》是“走单、走票、不走货”的虚假合同，目的在于增加产值，完成业绩考核，并无真实交易目的，该合同没有法律效力，不受法律保护。

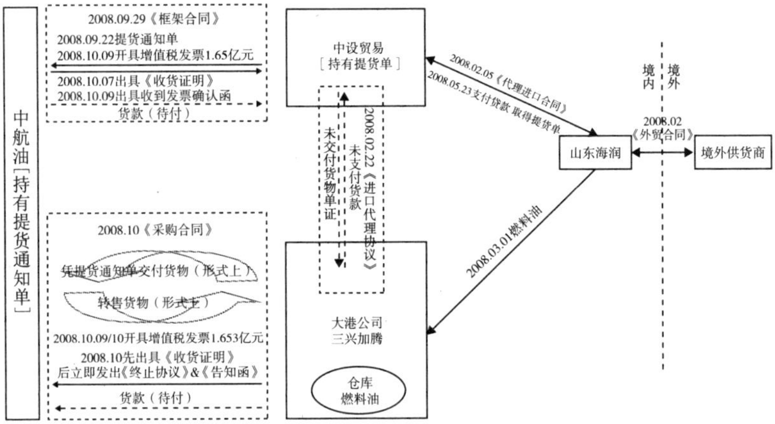

图 1　中设贸易、中航油（上海）、大港公司循环贸易纠纷示意

（二）判决结果

北京市高级人民法院一审判决认定，《框架合同》是双方当事人真实意思表示，不违反法律、行政法规强制性规定，合法有效。

判决理由如下：中设贸易提供了一系列证据，能够形成证据链，证明中设贸易拥有涉案标的物物权及已实际向中航油交付，并证明了中航油已"确认收货"，故中设贸易依法享有货款债权。中航油在诉讼中认可其出具《收货证明》的真实性，无法提供充分、有效的证据证明合同系"走单、走票、不走货"的主张，且其亦自认已再行向大港公司出售涉案标的物并开具增值税发票，赚取差价，其主张未能得到支持。因此，中航油未依约付款构成违约，应当按照《框架合同》约定支付货款，并承担逾期付款的违约责任。判决中未要求第三人大港公司承担民事责任。

最高人民法院在二审中认定一审法院查明的事实和各项证据，认为一审法院认定的《框架合同》合法有效并无不当，对一审法院的判决结果予以维持。最高院最终判决驳回上诉，维持原判。

（三）研究路径

本案争议焦点暨本文分析的重点是《框架合同》的法律效力。判决书中已经认定了当事人为证明合同成立、生效而提交的证据材料，所以本文将基于《合同法》第 52 条关于合同无效的法定情形来分析影响合同效力的秩序因素，包括目的和形式两个层面。[1]因此，循环贸易的商业目的以及交易形式，将是分析合同效力时需要重点关注的问题。

二、循环贸易的商业逻辑与合同效力

研究循环贸易的商业逻辑是为了说明商事主体为何要采取这一商业模式。循环贸易能实现的商业目的和潜在的商业风险是参与循环贸易的当事人需要考虑的问题，而其中的商业目的与法律对合同效力的认定有密切联系。因此，对循环贸易商业逻辑的分析将着重于增加业绩、融资和保障债权这三个商业目的，附带分析商业风险。

（一）循环贸易的增加业绩目的

1. 本案中增加业绩的具体表现

根据各方当事人的陈述，中航油签订《框架合同》、参与循环贸易仅为了增加产值，完成业绩考核，法院对此也予以认可。中航油（上海）是央企中国航油集团石油有限公司的全资子公司，像这样的大型国有企业，主管部门对其每年的业务量、净利润等方面有业绩要求。企业通过循环贸易，凭借合同、发票等形式要素，可将所涉交易数量、金额计入业绩之中，完成主管部门下达的业绩指标。

2. 增加业绩对合同效力的影响

从法律层面上看，没有哪一部现行法律明确禁止以循环贸易的形式增加业绩。如果今后某些部门颁布文件禁止某个行业领域内采取循环贸易这种增加业绩的模式，那么继续从事循环贸易的企业将会违反行政管理上的具体规定，企业及相关责任人员可能受到行政主管部门的处罚，这也会给新的管制条件下的公司治理、公司决策带来新的挑战。根据2009年颁布的《最高人民法院关于当前形势下审理民商事合同纠纷案件若干问题的指导意见》第15条的规定"违反管理性强制规定的，人民法院应当根据具体情形认定其效力"，企

---

〔1〕"损害国家利益""损害国家、集体或者第三人利益""非法目的""损害社会公共利益"等表述则是目的（法律后果）层面导致合同无效的因素，"欺诈、胁迫的手段"、"恶意串通"、（掩盖非法目的的）"合法形式"等表述都是形式（手段）层面导致合同无效的因素，"违反法律、行政法规的（效力性）强制性规定"则既包括形式也包括目的上的强制性规定。

业即使违反了主管部门设置的管理性强制规定，其对外签订的合同效力不一定会受到影响，这要看立法者是否有意将该管理性强制规定上升为效力性规定。

（二）循环贸易的融资目的

按常理，中航油通过循环贸易实现增加业绩目的的同时应当支出一定的成本。但是，中航油向大港公司开具的增值税发票与接受中设贸易开具的增值税发票相比增加了30万元，中航油也自认其不仅增加了业绩，还能净挣30万元。由此可见，本案中循环贸易模式除了能增加中航油的业绩，可能还存在其他商业目的。

在最高人民法院2010年审结的“查某莉与杭州天恒实业有限公司、上海豫玉都钢铁贸易有限公司、常熟科弘材料科技有限公司企业借贷纠纷案”和2011年审结的“河北中储物流中心与河北金鲲商贸有限公司票据追索权纠纷案”[1]这两个再审案件中，都有当事人主张循环贸易目的在于融资。最高人民法院对此都表示认同，进而认定循环贸易合同无效，判决返还已经支付的货款，免除待付部分的付款义务。判决理由是，循环贸易名为买卖合同，实质是企业间借贷，而相关涉案企业不具有贷款资质，因此违反了《非法金融机构和非法金融业务活动取缔办法》《贷款通则》以及《最高人民法院关于对企业借贷合同借款方逾期不归还借款的应如何处理的批复》（以下简称《企业借贷合

〔1〕 参见最高人民法院（2010）民提字第110号《查某莉与杭州天恒实业有限公司、上海豫玉都钢铁贸易有限公司、常熟科弘材料科技有限公司企业借贷纠纷案》，载最高人民法院网：http://www.pkulaw.cn/case/pfnl_119212473.html?keywords=%EF%BC%882010%EF%BC%89%E6%B0%91%E6%8F%90%E5%AD%97%E7%AC%AC110%E5%8F%B7&match=Exact%2C%20Piece，最后访问日期：2015年5月4日；另见最高人民法院（2011）民提字第227号《河北中储物流中心与河北金鲲商贸有限公司票据追索权纠纷案》，载最高人民法院网：http://www.pkulaw.cn/case/pfnl_119212482.html?keywords=%EF%BC%882011%EF%BC%89%E6%B0%91%E6%8F%90%E5%AD%97%E7%AC%AC227%E5%8F%B7&match=Exact%2C%20Piece，最后访问日期：2015年5月4日。

同批复》)[1]等国家相关金融法规的禁止性规定，属于以合法形式掩盖非法目的，合同无效。[2]

1. 本案中融资的具体表现

从本案判决书来看，各方当事人均未主张融资目的，尤其是在中航油主张合同无效的理由中也不包括企业间借贷。那么最高人民法院根据约束性辩论原则[3]的要求，自然也没有将本案中的循环贸易像以往的案件一样认定为企业间融资，没有以违反国家金融法规的禁止性规定为由判决合同无效，而是肯定了合同的有效性。然而，当事人没有提出企业间借贷的事实作为支持诉讼请求的理由，法院没有在判决中认定这一目的，并不意味着这一客观目的不存在。

对于大港公司而言，如果其及时履行《代理进口协议》中的付款义务，也就不存在中设贸易行使所有权保留，向中航油转售货物。大港公司作为买方，当然希望能够尽快实现货物的所有权移转，以便将货物投入实际的生产经营活动中，避免大宗商品的价格风险和生产经营停滞带来的损失。但事实上，大港公司流动资金不足，未能及时向中设贸易付款。由此可见，大港公司是本案中最主要的资金需求方。大港公司将中航油引入燃料油贸易，是希望中航油代其先行支付货款，以延长大港公司的最终付款期限。大港公司为此付出的代价是比原货款多支付 30 万元；中航油能从中获得这一笔差价（利息）收入，自然也愿意提供资金。

---

〔1〕《最高人民法院关于对企业借贷合同借款方逾期不归还借款的应如何处理的批复》（法复〔1996〕15 号）于 1996 年 9 月 23 日颁布实施，其中规定“企业借贷合同违反有关金融法规，属无效合同”。这里的“有关金融法规”是指 1996 年中国人民银行颁布实施的《贷款通则》（中国人民银行令 1996 年 2 号）第 61 条“各级行政部门和企事业单位、供销合作社等合作经济组织、农村合作基金会和其他基金会，不得经营存贷款等金融业务。企业之间不得违反国家规定办理借贷或者变相借贷融资业务”，也包括在该司法解释之后颁布实施的行政法规《非法金融机构和非法金融业务活动取缔办法》第 3 条、第 4 条。

〔2〕 在《民间借贷司法解释》颁布后，对这类案件的判决结果可能会产生变化，但对融资目的存在的认定没有影响。

〔3〕 法院在作出判决时，应限于当事人在诉讼请求中主张的范围；当事人没有主张的事项，法院不得判决。根据这一原则，只有当事人在诉讼中主张循环贸易的融资实质，法院才会考察案件是否属于企业间借贷，进而决定是否存在“以合法形式掩盖非法目的”；如果当事人都没有主张循环贸易属于企业间借贷，法院不得径行作出认定。

中设贸易对外代垫了货款，自然也希望能及时回款，降低经营过程中的流动性风险。其在要求大港公司及时付款无法实现的情况下，只能行使合同中约定的处置货物的权利，以求尽快变现，获得现金流。中设贸易基于《代理进口协议》享有的请求权实质上是由两部分组成，其一是货款的债权请求权；其二是当货款债权不能兑现时，中设贸易基于提货单享有的，向大港公司所控制的仓库行使的提货权，该项权利属于物上请求权。但是，《代理进口协议》约定，中设贸易保留货物所有权、处置货物的前提是保持和大港公司原有债权债务关系不变。那么中设贸易基于《框架合同》向中航油转售货物的行为不是货款债权让与，变更对大港公司货款债权的债权人，而是准备将货物所有权转移。虽然中设贸易向中航油发出了提货通知，但无论中航油是否确认收货并提货，其只有按约定付款后才能取得货物所有权。中设贸易通过转让提货权回笼资金，从而取得了对中航油的货款债权，这也是本案引发诉讼的请求权基础所在。

2. 循环贸易融资的优势

第一，循环贸易融资与无担保信用贷款、一般抵押贷款相比，担保效果更强。虽然不同的循环贸易案件中，有的案件实际转移了货物，[1]有的案件仅交付了货物相关凭证，[2]还有的仅是当事人之间循环承诺确认收货，物权凭证尚未转移，比如本案。但资金提供方都获得了提货权，其在担保效力上比抵押权的效力更强，更有利于保障资金提供方的权利。一旦资金需求方违约，资金提供方可以直接提取、控制货物。而在抵押权的实现过程中，如果当事人未能达成协议，则要按照《民事诉讼法》特别程序的规定向法院提出申请。[3]如果合同中赋予了资金提供方处置货物的权利，其处置货物后可以获得完整的价值，

〔1〕 参见最高人民法院（2011）民提字第227号《河北中储物流中心与河北金鲲商贸有限公司票据追索权纠纷案》，载北大法宝网：http://www.pkulaw.cn/case/Payz_119212482.html，最后访问日期：2015年5月5日。

〔2〕 参见最高人民法院（2010）民提字第110号《查某莉与杭州天恒实业有限公司、上海豫玉都钢铁贸易有限公司、常熟科弘材料科技有限公司企业借贷纠纷案》，载北大法宝网：http://caseshare.cn/full/119212473.html，最后访问日期：2015年5月5日。

〔3〕 参见《物权法》第195条第2款，《民事诉讼法》第196条、第197条。

避免在发生实现未登记的或登记顺位相同的动产抵押权时，只能由多个抵押权人按债权比例受偿的情况。[1]

第二，循环贸易融资有利于盘活存量，不增加资金需求方的总体负债规模。从资产负债表的角度来看，银行贷款、企业间借贷，以及发行股票、债券等传统的融资方式，都是通过扩大资产负债表右边负债端规模而进行的融资。本案中，中设贸易保持和大港公司原有债权债务关系不变，说明大港公司的负债端总体规模不因循环贸易开展而产生变化。中设贸易向中航油转卖货物获取对价，实际上是通过买卖合同的形式在企业资产负债表的资产端进行置换，实现盘活存量。一旦中航油提货并付款，则中设贸易资产端“存货（原材料）”项目数额减少，“现金 / 存款”项目增加，从而完成融资变现。在大港公司与中航油的《采购合同》生效后，中航油通知大港公司提货，大港公司资产端“存货（原材料）”项目相应数额增加，而负债端“应付账款”项目相应数额不变，只是最终的付款对象由中设贸易变成了中航油。由此可见，资金需求方通过循环贸易能够在不扩大负债规模的情况下，完成资金的周转。

3. 循环贸易融资的本质——法律规避行为

最高人民法院在本案之前的判决书中，对循环贸易合同多使用“名为买卖、实为借贷”“变相借贷”“以合法形式掩盖非法目的”之类的表述。在判决结果中将循环贸易融资认定为“虚伪表示”“虚假合同”，有两层含义：一方面，认定当事人的意思表示不真实，即买卖合同的形式是假象；另一方面，基于当事人融资的真实意图，将合同归类、定性为企业间借贷，进而援引以往相关金融法规中对企业间借贷严格的限制性规定，判决合同无效。这也是本案当事人中航油的表述方式以及所追求的认定结果。这样的认定结果和裁判方式实际上混淆了“虚伪表示”与“法律规避行为”。

在虚伪表示中，意思表示所指向的法律后果并非双方当事人所欲求。[2]如

---

〔1〕《物权法》第 199 条规定：“同一财产向两个以上债权人抵押的，拍卖、变卖抵押财产所得的价款依照下列规定清偿：（一）抵押权已登记的，按照登记的先后顺序清偿；顺序相同的，按照债权比例清偿……（三）抵押权未登记的，按照债权比例清偿。”

〔2〕参见朱庆育：《民法总论》，北京大学出版社 2013 年版，第 256 页。

果本案中的情况是虚伪表示，那么当事人仅是以买卖之名行融资之实，买卖并非当事人的真实意思表示，那这显然与前面分析的循环贸易融资模式的独特优势，以及中航油的增加业绩目的不符。

法律规避行为是指当事人为避开或排除特定法律规范适用而采取的各种策略行为。对于法律规避行为，应承认其价值上是中性的，不应一律认定无效，应由法官依事实和法律解释分类处理。[1]本案中，采取贸易的形式是当事人的真实意思表示。当事人通过买卖的形式来实现融资目的，主要在于规避涉及企业间借贷的相关司法解释、部门规章的适用。因此，循环贸易这种交易形式并不存在虚伪表示，其本质是法律规避行为。[2]

4. 循环贸易融资与企业间借贷的关系

如果将循环贸易认定为虚伪表示，那么法院就会按照真实的融资意图将循环贸易认定为企业间借贷。但本案中循环贸易只是为了规避法律，不存在虚伪表示，其裁判路径主要有两种：一是承认当事人选择的这种交易形式；二是对这种交易形式重新定性，适用其他类型合同的法律规范。[3]采取何种路径，法官通常会判断该案争议的合同是否属于某种典型合同，包括司法解释创设的合同类型。如果属于，则对合同重新定性；如果不属于，则承认这种新的合同模式。

由于循环贸易具有融资目的，而且是企业之间的融资，法官通常会将这种买卖合同重新定性为“企业间借贷合同”。企业间借贷合同通常是指企业之间[4]所订立的，由一方向另一方给付一定数量的货币，并要求接受给付的一方在约定的期间内归还相同数量的货币，同时支付一定数量的利息的合同。

---

〔1〕 参见王军：《法律规避行为及其裁判方法》，载《中外法学》2015年第3期。

〔2〕 循环贸易融资在本案以及此前的案件中都可以被认定为法律规避行为。但在《民间借贷司法解释》颁布实施之后，企业间借贷的效力在一定情况下被认可，企业循环贸易融资行为的法律规避意图也不再明显。

〔3〕 参见王军：《法律规避行为及其裁判方法》，载《中外法学》2015年第3期。

〔4〕 企业间是指金融机构之外的企业法人相互之间，或者企业法人与非法人其他组织之间，以及非法人其他组织相互之间。

有学者对此作出进一步解释，认为带有融资目的的循环贸易属于《贷款通则》第61条中规定的变相借贷融资业务，甚至还总结出了“虚拟回购式”变相借贷与之相匹配。[1]然而，变相借贷有哪些形式，并无法律法规、司法解释明确规定。学者和法官总结的变相借贷类型只是基于其对这些合同目的的经验判断而形成的，没有法律效力。所谓的变相借贷行为应该通过法规规章、规范性文件以及司法解释加以明确，不宜将带有融资目的的循环贸易宽泛地理解为变相借贷。

因此，将循环贸易重新定性为企业间借贷合同应当慎重。如果二者并不能完全契合，循环贸易还有企业间借贷之外的独立价值，那么，尊重商事主体对合法交易形式的自由选择，比“削足适履”套用企业间借贷规则认定合同效力更有利于推动商事交易的发展、投融资模式的创新。

5. 融资对合同效力的影响

即使将带有融资目的的循环贸易视同（变相）企业间借贷，也不能将企业间借贷认定为非法目的。在法律层面，企业间借贷在以前仅违反部门规章和司法解释，并不触犯法律、行政法规的效力性强制规定，将其认定为“非法目的”显然缺乏法律基础。[2]而从社会现实层面看，社会发展与商事主体的金融需求正在不断地冲击与对抗监管者对企业间借贷的态度，只有放松管制，盘活社会闲置资本，才能缓解民营企业融资难的问题，避免企业走向高利贷、地下

---

〔1〕 具体的变相借贷形式包括：联营、投资、存单、票据、融资租赁、补偿贸易、委托理财、买卖赊欠、空买空卖和虚拟回购等。所谓虚拟回购式的变相借贷，是指双方在签订买卖合同后，卖方从买方取得货币，但并不把标的物交给对方，或者根本没有标的物；但到了合同约定的期限，卖方又以更高价格把并不存在的标的物从买方模拟“买回”。双方给付和收回的只有货币，严格来讲这是“空买空卖”的一种特殊情形。参见朱海年：《企业之间相互借贷法律问题探讨》，载《人民司法》2003年第4期；龙翼飞、杨建文：《企业间借贷合同的效力认定及责任承担》，载《现代法学》2008年第2期。

〔2〕 根据《合同法》实施后颁布的《最高人民法院关于适用〈中华人民共和国合同法〉若干问题的解释（一）》第4条的规定，“合同法实施以后，人民法院确认合同无效，应当以全国人大及其常委会制定的法律和国务院制定的行政法规为依据，不得以地方性法规、行政规章为依据”。因此，最高人民法院在此前的判决中，即使认定了循环贸易合同属于企业间借贷，也没有直接依据中国人民银行颁布的《贷款通则》和最高人民法院颁布的《关于审理联营合同纠纷案件若干问题的解答》《企业借贷合同批复》来认定企业间借贷合同无效。

钱庄融资的深渊。

最高人民法院对于企业间借贷的认识有一个发展的过程。以往最高人民法院大多依据《合同法》第 52 条第(三)项“以合法形式掩盖非法目的”间接认定合同无效。[1]而在“2013 年全国法院商事审判工作座谈会”之后,最高人民法院对企业间借贷目的以及合同效力的认定发生了重大转变,对于为生产经营需要所进行的、非常业的企业间借贷,不应认定合同无效。[2]现在《民间借贷司法解释》已经正式颁布实施,第 11 条规定:“法人之间、其他组织之间以及它们相互之间为生产、经营需要订立的民间借贷合同,除存在合同法第五十二条、本规定第十四条规定的情形外,当事人主张民间借贷合同有效的,人民法院应予支持。”按照该司法解释以及最高人民法院大法官的解读,此次对企业间借贷的放开是有限度的,要限定在合同为生产和经营需要而订立。因此,合同有效的核心条件就是“符合生产经营需要”。如果作为一个生产经营性企业不搞生产经营,变成一个专业放贷人,甚至从银行套取现金再去放贷,合同无效。如果企业向其他企业借贷,或者从本单位职工集资,本来是为本单位的生产经营需要,但却用于放贷,也会被认定无效。[3]

最高人民法院 2014 年在对本案进行裁判时,《民间借贷司法解释》尚未颁

---

〔1〕 最高人民法院以及各地方法院还存在根据《贷款通则》和《关于审理联营合同纠纷案件若干问题的解答》、《企业借贷合同批复》直接认定企业间借贷合同无效的判决,前面已经分析了,这样的裁判路径与《合同法》及其后颁布的司法解释中确定合同效力的原则是相违背的。

〔2〕 “对不具备从事金融业务资质的企业之间,为生产经营需要所进行的临时性资金拆借行为,如提供资金的一方并非以资金融通为常业,不属于违反国家金融管制的强制性规定的情形,不应当认定借款合同无效。”参见黄晓云、曹永斌:《不断拓展服务经济社会发展的广度和深度——全国法院商事审判工作座谈会在南昌召开》,载《中国审判》2013 年第 10 期;最高人民法院民二庭:《当前商事审判中需要注意的几个法律问题》,载“审判研究”公众号:http://mp.weixin.qq.com/s?__biz=MzA4MjIzOTIzMg==&mid=206303026&idx=2&sn=37bc25f3684e1b69dce5163bda5143c2&scene=1&key=1936e2bc22c2ceb5160812d77463b3395426d43a0ee018b2d018600396d032bc4337c2cb08e6ef9b21979e82386aad58&ascene=1&uin=MzEyMTI0MjQw&devicetype=Windows+7&version=61000721&pass_ticket=usF5feX8RPAkxY73hODJeGEkEBz4%2B2j96BGz6LRl8lngam%2Fx3ENIvQPtQF1MaFDY ,最后访问日期:2015 年 6 月 15 日。

〔3〕 参见《最高人民法院关于审理民间借贷案件适用法律若干问题的规定》第 14 条;罗书臻:《规范民间借贷统一裁判标准——杜万华就〈最高人民法院关于审理民间借贷案件适用法律若干问题的规定〉答记者问》,载《人民法院报》2015 年 8 月 8 日,第 1 版。

布实施，但其裁判理念已经反映在本案判决中。最高人民法院正是看到了本案循环贸易背后的实际生产经营需要，而且资金提供方中航油也不是以资金融通为常业，才没有认定《框架合同》无效。但当时还没有成文的法律法规、司法解释确认这一规则，且《企业借贷合同批复》《贷款通则》依旧具有法律效力。因此，最高人民法院才没有将本案中的循环贸易认定为企业间借贷，避开了对原有司法解释和部门规章的适用，直接以增加业绩目的和合同形式本身不违反法律、行政法规的效力性强制性规定为由，肯定了合同的法律效力。

（三）循环贸易的债权保障目的

1. 本案中债权保障的具体表现

中设贸易与中航油签订《框架合同》，从表面上看是融通资金、降低流动性风险，其本质目的在于保障债权。

由于大港公司无法在约定期间内付款，需要资金提供方，中设贸易也希望尽快回笼资金，因此引入了中航油参与循环贸易。中航油依据《框架合同》有权提货的同时，要向中设贸易支付对价，这实际是为中设贸易最终回笼资金、保障债权实现提供了担保。中航油作为央企全资子公司，其履约能力远强于像大港公司这样的普通民营企业，这样一来，中设贸易最终收回货款的可能性大幅度提高。

2. 债权保障对合同效力的影响

大宗商品交易中，先货后款的情况比较常见。卖方通过专门订立合同或者在合同中设计某些条款，以保障交易安全、降低无法收回货款的商业风险。国际贸易活动中的商事主体为了降低商业风险，通常会引入有较好信誉的第三方机构参与，采取信用证、托收、保理等形式来保障债权实现。卖方有动力开展循环贸易，正是因为这一模式可以让信誉更好、经济实力更雄厚的第三方来承担支付货款的义务，有助于债权的实现，起到了担保的功能。对于循环贸易这样新类型的债权性担保，在没有特别法对其规制的情况下，应当根据《民法通则》和《合同法》中关于合同之债的一般性规定认定其效力。[1]债权保障

〔1〕 参见陈本寒：《新类型担保的法律定位》，载《清华法学》2014 年第 2 期。

目的是民商事活动中的债权人在意思自治支配下的本能，并不违反《合同法》第52条的规定，没有理由认定相关合同或具体条款无效。

（四）循环贸易的商业风险

循环贸易模式潜在的风险包括法律风险和商业风险，其法律风险主要是前文分析的合同目的对合同效力的影响，而其商业风险也不能忽视。正如本案中发生的情况，一旦大宗商品价格下跌，市场价远低于合同约定的价格，当事人可能会选择违约。但是，这一风险并非是不可控制和预防的。循环贸易主要是大宗商品现货贸易，最终的买受人如果担心价格下跌完全可以在期货市场上卖出同品种的期货进行套期保值，循环贸易的其他参与方也可以在合同中要求最终的货物买受人进行套期保值的操作，避免出现买方违约的情况。除了用对冲的方法控制风险，当事人还可以在合同中约定较为严格的违约责任。如果违约成本高于投资风险带来的损失，当事人往往不会选择违约。

三、循环贸易的交易形式与合同效力

循环贸易有多种表现形式，根据货物是否发生空间上的实际移转，可以划分出不同的循环贸易形式。本案中货物没有发生实际移转，因此中航油认为“走单、走票、不走货”的交易形式应导致《框架合同》无效。然而中航油的主张没有充分的证据支持，最高人民法院最终肯定了合同的效力。即使其能够充分证明“走单、走票、不走货”的客观事实存在，这种交易形式也不会导致合同无效。

第一，“走单、走票”并非“不走货”。根据国际货物贸易实践以及我国《合同法》《海商法》和相关司法解释的规定，提单、仓单通常被认为具有“物权凭证”的效力，交付提单、仓单的行为通常被视为标的物控制权变更。不过，仅转移增值税专用发票及税款抵扣资料，通常不被视为标的物的交付。[1]因此，交付提单、仓单即发生物权变动，“走单、走票”也能产生“走货”的法

〔1〕 参见《合同法》第387条、《海商法》第71条、《最高人民法院关于审理买卖合同纠纷案件适用法律问题的解释》第8条；郭瑜：《海商法教程》(第2版)，北京大学出版社2012年版，第154～157页。

律效果。

第二,"不走货"是合同双方意思自治的结果。中设贸易依《框架合同》向中航油发出提货通知单,但这并非交付提单、仓单,中航油提货后必须支付货款才能取得所有权。所以燃料油所有权在中航油付款前并未发生移转,这也就是中航油所称"不走货"、合同虚假之所在。然而,《框架合同》中这种"不走货"的贸易形式是中设贸易和中航油真实意思表示一致的结果,在合同订立的过程中不存在一方对另一方的欺诈、胁迫等情形。而且前面分析商业目的时也明确了,中航油作为资金提供方参与循环贸易,其目的并不在于获得燃料油的所有权,而在于增加业绩和赚取差价。当循环贸易中的商品价格波动风险发生之后,如果中航油已经向中设贸易提供资金,中航油仍可以提货,并获得货物所有权,实现业绩增长;而不能在面对商业风险时,以合同事先约定的特殊交易形式为由,否定合同本身的效力,从而达到不履行合同相关义务的目的。

第三,合同义务不履行不能导致合同无效。契约的全部意义和终极目的在于履行,人们在合同中设定各种义务就是为了实现履行这一目标。[1]循环贸易的当事人为了合同顺利履行,会在合同中明确约定相关义务,包括特定的交货方式,比如交付实物或者交付提单,以及交货时间、地点、数量等内容。供货方如果没有按约定形式履行交货义务,即本案中航油所说"不走货",或者发生了延迟交货、地点错误、数量不足等情况,都属于典型的债务不履行。[2]按照《合同法》赋予的权利,如果合同要求同时履行,资金提供方在供货方不履行债务时享有同时履行抗辩权;如果该合同要求先货后款,则资金提供方享有先履行抗辩权。[3]基于此,如果中航油主张的"不走货"实际发生,而且其尚未付款,完全可以主张行使相应的抗辩权,拒绝向中设贸易付款,甚至可以追究债务不履行一方的违约责任,不能仅以"不走货"为由,否定双方业已形成的

---

〔1〕 参见李永军:《合同法》(第3版),法律出版社2010年版,第506页。

〔2〕 债务不履行具体包括不能履行、延迟履行、拒绝履行(预期违约)、不完全履行(瑕疵履行、加害给付)等形式。参见崔建远主编:《合同法》(第5版),法律出版社2010年版,第286~292页。

〔3〕 参见《合同法》第66条、第67条。

买卖法律关系。以上措施作为合同(债务)不履行的法律效果,对“不走货”的合同当事人已经能起到震慑作用,无须通过否定合同效力的方式来解决。如果认定合同无效,那么法律赋予资金提供方的救济权利无法实施,也不利于商事交易的安全与稳定。

合同的效力是履行合同的依据,[1]生效的合同对当事人有约束力,而无效的合同则无需再履行。但这一推论反过来并不成立,不能因为合同一方当事人不履行合同而认定合同无效。因此,在循环贸易中,即使供货方“不走货”,也不能否定货物买卖合同的效力。

四、结论

循环贸易的产生、发展,不仅反映了当事人增加业绩、保障债权等现实需求,其融资目的更是与传统企业间借贷受到限制、中小企业融资困难有着密切的关系。从循环贸易的商业目的和交易形式来看,都不足以否定相关合同的法律效力。最高人民法院将本案的《框架合同》认定为合法有效是值得肯定的,这表明最高人民法院在裁判思维和裁判路径上与以往相比发生了显著转变。

司法裁判者在今后涉及循环贸易的商事案件审判中,应当注意以下几点:第一,裁判者需要正视循环贸易的商业逻辑与交易形式,应当充分尊重当事人意思自治之下的合同目的和形式。第二,裁判者应当减少对循环贸易活动的干预,改变“削足适履”的裁判思维,避免将带有法律规避色彩的创新商业模式机械地归类到以往确立的商业类型之中,依据自己对合同的定性或者当事人对合同名称的选择来否定合同效力。[2]第三,裁判者在判定商事合同的法律效力时,应当以《合同法》第52条为核心,尽可能适用最新颁布施行的、符合商事金融活动发展趋势的裁判规则,不宜援引部门规章和过时的裁判规则来否定商事合同的法律效力,阻碍商业目的的实现。做到以上几点,才能为循环贸易各方的纠纷解决提供最优方案。

---

〔1〕 参见江平主编:《民法学》(第2版),中国政法大学出版社2011年版,第609页。

〔2〕 参见彭冰:《“对赌协议”第一案分析》,载《北京仲裁》2012年第3期。

中美银行业信息技术安全之争

——棱镜门后的信息安全与WTO规则

姜丽勇　张　博*

摘　要

中国银监会于2014年发布的两项文件,提出银行业网络安全和信息化建设中的信息技术要安全可控,要求随机软件拥有自主知识产权,并且软件源代码要报银监会备案,但美国政府认为中国的这些要求可能违反WTO协定的相关规定。本文对银监会这两部文件中包含的争议措施与相关WTO规则结合进行分析,尝试阐释两部文件中所含争议措施可能造成的法律风险,包括违反国民待遇原则和当地成分要求的风险,以及在合法目标上的不明确表述。因此,各级政府部门在制定相关政策时,应当进行WTO合规性评估。

关键词

银行业信息技术安全　国民待遇原则　当地成分要求

2015年3月31日,美国现任财政部长雅各布·卢风尘仆仆地结束了两天访华行程。针对进口科技产品的信息安全规定取代亚投行成为美财长该次访华的重点议题。美国就中国限制银行业使用外国信息技术设备的相关规定向

* 作者单位:北京市高朋律师事务所。

中国施压，认为中国政府最近发布的关于银行业使用信息技术设备的自主创新要求可能涉及当地含量要求，违反 WTO 协定的相关规定。美方要求中方将这些规定予以取消，并在 4 月 16 日的 WTO 的 TRIMs 委员会会议上联合日本就当地含量要求提出关切。

事件缘起于中国银监会于 2014 年发布的两项文件：《关于应用安全可控信息技术加强银行业网络安全和信息化建设的指导意见》（以下简称《指导意见》）和《银行业信息技术资产分类目录和安全可控指标》（以下简称《目录》）。《指导意见》提出“优先应用安全可控信息技术”和“积极尝试应用安全可靠、自主创新的信息技术”。而在《目录》中，对银行金融机构使用的信息技术设备和服务提出了具体的安全可控要求。其中对大部分的技术设备，要求随机软件拥有自主知识产权，而且软件源代码需报银监会备案，并且对新增设备和软件符合安全可控要求的比例也做出了较高的要求。

这两项文件是在“棱镜门”后，全球范围内信息技术安全形势日益严峻的大背景下提出的。由于银行业牵涉到国家最重要的金融安全领域，加强银行业的信息安全保障已成为金融安全领域最核心的工作。在这两项文件中明确规定要加强“安全可控技术”的使用，可谓这项工作的核心要求。

但是，美国认为此类要求将严重限制中国银行业使用外国的信息技术产品、服务和技术，同时认为，《目录》中对自主知识产权的要求以及要求供应商提供源代码等核心资料的做法，也会使中国的设备和软件供应商在竞争中获得优势，并阻碍外国供应商参与市场竞争。美国认为，中国颁布的措施涉嫌违反 GATT1994 中的国民待遇原则，以及构成《与贸易有关的投资措施协定》（TRIMs）中所禁止的关于当地成分的要求，并违反了中国在入世时作出的“所有国有企业和国家投资企业完全基于商业考量进行采购”的承诺。

面对质疑，银监会于 2015 年 2 月 12 日在其官网上发布了关于《目录》的相关说明，澄清三点事项：

第一，源代码备案具体工作还在研究中，备案方式和流程将在充分听取各方意见后实施。

第二，在银行业范畴以内，关于随机软件拥有自主知识产权，现阶段只要求供应商提供软件的知识产权证明或合法来源证明。

第三，相关要求不存在国别差别。

银监会作出的澄清在一定程度上有利于缓和对《指导意见》和《目录》中有争议问题的质疑，但是依然不能完全打消对违反WTO规则的疑虑。本文将对两部文件中包含的争议措施与相关WTO规则相结合进行分析，尝试阐释两部文件中所含争议措施可能造成的法律风险，最后对采取此类措施所带来的影响进行简要论述。

一、《指导意见》和《目录》中的主要争议内容

此次挑动美方神经的就是《指导意见》和《目录》中包含的三个“敏感词”——“安全可控技术”、“自主知识产权”和“源代码”。正是针对这三个技术名词所采取的措施，给两部文件带来了违反WTO规则的法律风险。

（一）“安全”与“可控”的含义

在《指导意见》的任务要求中明确提出“优先应用安全可控信息技术”，并且对“安全可控技术”的应用程度做出了具体要求：“从2015年起，各银行业金融机构对安全可控信息技术的应用以不低于15%的比例逐年增加，直至2019年达到不低于75%的总体占比。”

“安全可控”是一对对立统一的概念，“安全”要求“可控”，也只有“可控”才能更加“安全”。但两者又有不同。信息技术的“安全”，是包括银行业金融机构在内的，所有信息技术用户的基本要求。人们绝不会愿意使用一项“不安全”的信息技术。但《指导意见》中对“安全可控技术”应用程度的要求是在2019年达到75%，而在《目录》中对不同信息技术和设备的“安全可控技术”应用程度要求也不尽相同。那么，除了符合“安全”要求的信息技术和设备，其余的难道可以是“不安全”的吗？当然不是。由此可见，“安全可控技术”的要害在于“可控”。

根据2014年年底由银监会、工信部联合印发的《关于印发银行业应用安全可控信息技术推进指南（2014—2015）年度的通知》（以下简称《推进指南》）中的定义，“安全可控信息技术”是指能够满足银行业信息安全需求，且技术风险、外包风险和供应链风险可控的信息技术。其中，技术风险泛指与银行业

金融机构信息资产相关的固有风险和操作风险。外包风险是指因信息科技外包而产生的科技能力丧失、业务中断、信息泄露等风险。供应链风险是指因技术、产品或服务供应渠道中断、知识产权限制而造成银行业金融机构无法获得必要的维修、支持、升级等服务，进而导致系统运行中断的风险。

为了达到规避这三种风险的目的，在作为《推进指南》附件的《目录》中对“安全可控”作出了具体要求，主要有以下四点：

（1）整机技术风险、供应链风险可控；

（2）技术提供方在中国境内拥有技术研发与服务中心；

（3）拥有自主知识产权；

（4）源代码需交银监会备案。

可以说，这四点都直接指向的是“可控”要求。对于外国企业来说，前两项要求迫使其加大在华投入，以建立完善的技术保障和售后服务体系。自主知识产权则有赖于对何为“自主”进行解释，而源代码备案制也会引起外国企业对自身商业秘密能否得到保障的担忧。可见较之国内企业，“安全可控”的要求在事实上对外国企业是更难满足的，而在《指导意见》和《目录》中明确对“安全可控技术”的应用程度要求，则必然影响到这些外国企业在华的市场销售。

毫无疑问，这些“安全可控”的要求，已足以使外国企业如坐针毡，况且其中还包含了接下来要讨论的两个“敏感词”——“自主知识产权”和“源代码”。

（二）“自主知识产权”的含义

对于“自主知识产权”可以有两种理解，一是任何企业自己合法拥有的知识产权，二是仅为中国企业所拥有的知识产权。在最初的《目录》说明中规定，“自主知识产权”是指“我国”的公民、企业法人或非法人机构具有独立支配权或相对控制权的知识产权。这明显符合第二种理解。但是，银监会考虑到 WTO 规则的合规问题，在随后针对《目录》的相关说明中试图澄清：“关于随机软件拥有自主知识产权，现阶段只要求供应商提供软件的知识产权证明或合法来源证明。”并且说明“相关要求不存在国别差别”。似乎又将“自主知识产权”的定义拉回到了第一种理解。

然而，“相关要求不存在国别差别”这样一句宽泛又语焉不详的说明并不能充分打消疑虑，它也并不是针对“自主知识产权”这一条作出的。而且相关说明中提到“现阶段”，那么在未来的阶段是否还要提供其他证明？是何种证明？是否会是“原产”中国的证明？

尽管“安全可控”中的“自主知识产权”要求并不适用于所有技术和设备，但是考虑到金融部门涉及的信息技术市场巨大，无论软件硬件，几乎任何细分领域都可以支撑起多家上市公司或者跨国公司。因此，即便在个别细分领域有通过知识产权限制外国企业进入中国市场的行为，都将造成巨大的市场影响，从而引起外国政府的关注，甚至不惜通过 WTO 争端解决机制加以解决。

(三)“源代码备案制”的意义

源代码中包含着软件的基本信息，任何程序员获得一款软件的源代码后，都可以任意对该软件进行修改。如果银监会获得了软件的源代码，就可以更有效地避免软件技术风险，甚至在外国服务商无法提供软件产品维护的极端情况下，银监会可以通过产品源代码自行处理技术故障，有效降低外包和供应链断裂的风险，维护银行信息系统正常运转，保障金融信息技术安全。

但对于信息技术领域处于领先地位的欧美国家企业而言，它们并不情愿将自己产品的主要信息交给其他国家。这既是保护商业秘密的需要，更是一种政治上的国家信息技术安全考虑。美国奥巴马总统曾公开指责中国《反恐怖主义法》草案中要求互联网服务提供者预设技术接口、将密码方案报送审查、将相关设备和境内用户数据留存在中国境内，从中可以看出欧美国家对把数据信息置于中国政府的管控下是非常在意的。“源代码备案制”的实施必将极大影响外国信息技术企业对中国银行业客户的销售意愿，客观上制造了市场中的障碍。

正是基于这种考虑，在对《目录》的相关说明中，银监会表示已实际上暂停了源代码备案工作，以待进一步研究和充分听取各方意见后实施。如何有效调和金融信息安全和企业产品信息安全之间的矛盾，还有待进一步研究观察。

二、争议主要涉及的相关 WTO 规则

如本文开头所提，美国对上文所涉及的要求和措施在 WTO 向中国施压。指责中国违反了相关 WTO 规则。在具体分析银监会颁布的要求和措施是否触犯 WTO 规则前，先简要介绍一下所涉规则的内容。

（一）国民待遇原则（National Treatment）

国民待遇原则是 WTO 规则最重要的基石之一，体现在诸多 WTO 协定中。其基本含义就是确保进口的产品和服务能够在进口国享受到不低于进口国本国产品和服务的待遇。本次争议涉及的 WTO 规则条款主要有以下几款：

1.《1994 年关税与贸易总协定》（以下简称 GATT1994）第 3.4 条规定："任何缔约方领土的产品进口至任何其他缔约方领土时，在有关影响其国内销售、标价出售、购买、运输、分销或使用的所有法律、法规和规定方面，所享受的待遇不得低于同类国产品所享受的待遇。本款的规定不得阻止国内差别运输费的实施，此类运输费仅根据运输工具的经济客运，而不根据产品的国别。"

本条款是 WTO 规则中关于国民待遇最核心的条款，起到总纲的作用。其他各协定中关于国民待遇的规定均是由 GATT1994 第 3.4 条引申而来。本条款的适用标准是最低的，如果一项措施被认为在进口产品与本国产品的竞争中对进口产品有不利影响，即认定为违反本条款。

2.《技术性贸易壁垒协定》（以下简称 TBT 协定）第 2.1 条规定："各成员应保证在技术法规方面，给予源自任何成员领土进口的产品不低于其给予本国同类产品或来自任何其他国家同类产品的待遇。"

本条款是专门针对进口产品采取的"技术法规"。TBT 协定附件对技术法规的定义为："规定强制执行的产品特性或其相关工艺和生产方法、包括适用的管理规定在内的文件。该文件还可包括或专门关于适用于产品、工艺或生产方法的专门术语、符号、包装、标志或标签要求。"

在判定某一措施是否违反第 2.1 条时应考虑以下三个因素：涉案措施是否属于"技术法规"；相关进口产品是否为"同类产品"；措施是否给予进口产品的待遇低于本国同类产品的待遇。在墨西哥、加拿大诉美国 COOL 措施案中，

专家组还指出，在分析第三个因素时还应着重分析“技术法规是否对进口产品产生了‘不利影响’”以及“证明此不利影响是否并不仅仅是由‘合法的管理区分’造成的”。

3.《与贸易有关的投资措施协定》（以下简称 TRIMs 协定）第 2.1 条规定：“在不损害 GATT1994 项下其他权利和义务的情况下，各成员不得实施任何与 GATT1994 第 3 条或第 11 条规定不一致的 TRIM。”

“TRIM”的含义即是“与货物贸易有关的投资措施”。本条款的含义简单说就是只要一项与货物贸易有关的投资措施违反 GATT1994 中的国民待遇原则，就构成对本条的违反。

此外，在其他多部协定，如《服务贸易总协定》（以下简称 GATs）和《与贸易有关的知识产权协定》（TRIPs）中，也均规定了国民待遇原则。

（二）TRIMs 协议中的当地成分要求

TRIMs 协议《例示清单》第 1 条规定，与 GATT 1994 第 3.4 条不一致的投资措施包括根据国内法律或根据行政裁定属强制性或可执行的措施，或为获得一项利益而必须遵守的措施，并且该措施要求企业购买或使用国产品或自任何国内来源的产品，无论按照特定产品、产品数量或价值规定，还是按照其当地生产在数量或价值上所占比例规定。

根据 WTO 的判例，一项措施如果旨在鼓励设备的本地化和提高国产能力，则该措施很有可能被认定为投资措施，因为这一目的必然对这些产业部门的投资存在重大影响；并且，当地成分要求本身即“与贸易有关”。如果措施中包含当地成分要求，即被认定违反了 GATT1994 第 3.4 条中的国民待遇原则。

（三）TBT 协定第 2.2 条

TBT 协定第 2.2 条规定，各成员应保证技术法规的制定、采用或实施在目的或效果上均不对国际贸易造成不必要的障碍。基于此目的，技术法规对贸易的限制不得超过为实现合法目标所必需的限度，同时要考虑合法目标未能实现可能造成的风险。

根据争端解决机构之前一系列判例可以总结出，判定符合第 2.2 条的规定应分析以下四点要素：

（1）涉案措施可实现的合法目标的程度——实现的目标应合法，并且实现程度高；

（2）措施对贸易的限制——不得超过"必要"的限度，特别是对"竞争机会"的限制；

（3）目标无法实现所造成的风险——目标无法实现的风险低；

（4）与原告举证的替代措施进行比较。

（四）GATT1994 第 20 条和第 21 条所规定的例外条款

GATT1994 第 20 条和第 21 条规定了适用该协定的例外情形。第 20 条为一般例外，[1]第 21 条为安全例外。[2]这些例外条款的设立旨在为各成员国政

---

〔1〕（a）为保护公共道德所必需的措施；

（b）为保护人类、动物或植物的生命或健康所必需的措施；

（c）与黄金或白银进出口有关的措施；

（d）为保证与本协定规定不相抵触的法律或法规得到遵守所必需的措施，包括与海关执法、根据第 2 条第 4 款和第 17 条实行有关垄断、保护专利权、商标和版权以及防止欺诈行为有关的措施；

（e）与监狱囚犯产品有关的措施；

（f）为保护具有艺术、历史或考古价值的国宝所采取的措施；

（g）与保护可用尽的自然资源有关的措施，如此类措施与限制国内生产或消费一同实施；

（h）为履行任何政府间商品协定项下义务而实施的措施，该协定符合提交缔约方全体且缔约方全体不持异议的标准，或该协定本身提交缔约方全体且缔约方全体不持异议；

（i）在作为政府稳定计划的一部分将国内原料价格压至低于国际价格水平的时期内，为保证此类原料给予国内加工产业所必需的数量而涉及限制此种原料出口的措施；但是此类限制不得用于增加该国内产业的出口或增加对其提供的保护，也不得偏离本协定有关非歧视的规定；

（j）在普遍或局部供应短缺的情况下，为获取或分配产品所必需的措施；但是任何此类措施应符合以下原则：即所有缔约方在此类产品的国际供应中有权获得公平的份额，且任何此类与本协定其他规定不一致的措施，应在导致其实施的条件不复存在时即行停止。缔约方全体应不迟于 1960 年 6 月 30 日审议对本项的需要。

〔2〕 本协定的任何规定不得解释为：

（a）要求任何缔约方提供其认为如披露则会违背其基本安全利益的任何信息；或

（b）阻止任何缔约方采取其认为对保护其基本国家安全利益所必需的任何行动：

（i）与裂变和聚变物质或衍生这些物质的物质有关的行动；

（ii）与武器、弹药和作战物资的贸易有关的行动，及与此类贸易所运输的直接或间接供应军事机关的其他货物或物资有关的行动；

（iii）在战时或国际关系中的其他紧急情况下采取的行动；或

（c）阻止任何缔约方为履行其在《联合国宪章》项下的维护国际和平与安全的义务而采取的任何行动。

府保障本国安全、居民健康卫生、环境保护、文化保护，或在战争等紧急状态下行使公共职能留出空间。但是，第 20 条中并没有涉及金融或信息技术的例外，而银行业信息安全也并不包含在第 21 条所列的安全例外中。

三、主要争议规定与措施的 WTO 规则合规风险分析

尽管银监会已经就《目录》发布了相关澄清说明，并且有媒体报道银监会已经暂停实施《指导意见》和《目录》中的敏感措施，但是考虑到相关说明仍然使文件留有歧义，而且措施的执行往往在措施宣布停止后存在延续实施的惯性，美国也就这些敏感规定与措施一再向 WTO 提出关切，因此讨论争议规定与措施的 WTO 规则合规风险仍然具有现实意义。

（一）是否存在违反“国民待遇原则”的风险

首先如前文所述，在诸多涉及国民待遇原则的条款中，GATT1994 第 3.4 条是适用门槛最低的，仅需对进口产品有不利影响即可。综观《指导意见》和《目录》，并无仅限国产产品，或者仅限中国企业之类较扎眼的规定，但是仍然存在“积极尝试应用自主创新”“随机软件拥有自主知识产权”等规定。如前文所述，相关规定并未澄清在未来随机软件是否还需提供其他资料，甚至是来源“中国”的证明。如果未来实际操作中要求必须是“中国”自主知识产权，那么该措施就是明显地给予中国国产产品以优惠待遇，必将违反国民待遇原则。而如果提供资料的要求造成外国产品在与中国产品的竞争中处于不利地位，那么很可能也被认为违反了第 3.4 条的国民待遇原则。

同时，《目录》中要求在中国境内拥有技术研发服务中心和源代码备案制，从字面上看并不存在针对境内外产品的差别待遇。但是显然在中国境内建立研发服务中心是外国企业需要在提供产品以外开展的工作。与从研发、生产到服务都在国内的中国企业相比，这显然是一项额外的负担。尽管现在具有市场影响力的国际信息技术提供商都在国内拥有客服部门，但“技术研发与服务中心”的确切含义为何并不明确。众所周知，技术研发是信息技术企业最核心的部门，往往设立在某些具有丰富技术研发资源的信息技术发达国家，而且规模庞大。外国企业是否必须在中国设立一个庞大的研发中心，才能满足《目录》中“技术研发中心”的要求？倘若如此，则势必增加外国企业的负担，使

其有处于劣势地位的风险。从而可能在"事实上"(de facto)使外国企业处于竞争劣势。

源代码备案制违反国民待遇原则的风险则更为隐蔽。但是外国企业对保护产品商业秘密的关切以及衍生出的对本国信息技术安全的疑虑,很可能在实际上成为外国产品进入中国市场的障碍。这种障碍所造成的合规风险在涉及 TBT 协定第 2.2 条时表现得更为突出。

如果我们跳出《目录》中所规定的具体措施,将《指导意见》与《目录》结合审视,就会发现《目录》是银监会和工信部根据《指导意见》编制的。换句话说,《指导意见》是目标任务,《目录》是具体手段。银监会只是暂时停止或修改了具体手段,但《指导意见》中规定的"优先应用安全可控信息技术"和"积极推动自主创新"的目标并没有改变。在《指导意见》中规定的安全可控技术应用程度和自主创新产品应用要求还需要贯彻落实。尤其是"积极推动自主创新"这一目标在具体操作时往往与给予国内产品优惠待遇相联系,很容易触碰到违反国民待遇原则的"高压线"。而贯彻《指导意见》时制定的具体技术法规又存在违反 TBT 协定第 2.1 条和 TRIMs 协定第 2.1 条的风险。尽管适用 TBT 协定第 2.1 条的门槛较之 GATT1994 第 3.4 条要高,但违反一个第 3.4 条就足以迫使相关部门修改甚至废除违法规定和措施了。

(二)是否存在构成"当地成分要求"的风险

美国就 TRIMs 协定《例示清单》第 1 条"当地成分要求"反复提出关切,可见"当地成分要求"已被美国视为打击中国措施的突破口。在笔者看来,争议措施涉及"当地成分要求"的命门并不在看似更扎眼的"拥有自主知识产权",而在于"可控"要求会造成国内来源产品的独大地位。

如果一项措施仅要求国内企业采购的产品中一定比例的部分是由内资企业生产的,那该措施并不会属于与贸易有关的投资措施,因为外国企业无论是向中国出口还是在中国境内投资设厂,都不符合"内资企业生产"的要求,因此也就不会影响外国企业的投资决定。只有当该措施会影响外国企业在中国的投资行为时,才是与贸易有关的投资措施,才能适用《例示清单》第 1 条的规定。

正如本文在之前对“可控”含义的描述，外国企业的产品要想实现“可控”，需要对在华投资作出调整。首先为避免供应链风险中的技术、产品或服务供应渠道中断，外国企业需要在华建立完整的从技术支持到售后服务的供应链。其次，为避免知识产权限制风险，最好的方法就是使中国企业也享有外国企业产品的知识产权，比如与中国企业在国内设立合资公司共享知识产权，或者外国企业在华直接投资设立技术研发和服务中心，确保能够为国内银行金融机构及时解决各种问题。由此可见，“可控”要求将影响外国企业在华投资。包含“可控”要求在内的争议措施也就构成了与贸易有关的投资措施。

同时，“可控”要求避免因信息科技外包而产生的科技能力丧失、业务中断、信息泄露等外包风险。考虑到外国企业的经营管理机构和技术研发中心都在境外，外包风险自然比国内企业要高。而且一旦发生信息泄露，外国企业造成的危害也远大于国内企业。因此，从控制外包风险的角度来看，选择国内企业比外国企业风险要低。

综合以上的分析，不难看出，为了符合“可控”的要求，外国企业既要付出更多的成本，其产品的技术、供应链和外包风险也高于国内产品。这就在客观上促使国内银行为符合“可控”要求，更多地选择国内企业的产品。因而构成了《例示清单》第1条所说：“为获得一项‘利益’而必须遵守的措施”，而且该措施将在客观上“要求企业购买或使用国内产品”。

当然，因为经过澄清后的《目录》还没有强制规定国内银行必须采用国内企业的产品，所以是否真正构成“当地成分要求”还有许多可抗辩的余地。但是根据《指导意见》的精神，优先应用安全可控信息技术，在实践中演变为优先应用安全可控的“国产”信息技术的可能性还是存在的。这种演变不需要通过拥有“自主知识产权”或使用“自主创新产品”来推动，而仅仅是为规避“不可控”风险本身就可以完成。一旦如此，构成“当地成分要求”的风险就要大大增加了，这也是美国对此揪住不放的原因所在。

（三）是否存在违反TBT协定第2.2条的风险

根据TBT协定第2.2条的规定，技术法规对于贸易是可以造成限制的，但不得超过为实现合法目标所必需的限度，同时考虑合法目标未能实现可能造成的风险。例如，之前提到的“源代码备案制”，作为一项在技术法规中规定的措施，其很可能对外国企业产品进入中国市场造成一定的障碍。但这种障碍的造成是迫不得已的，因为将源代码备案可以有效地避免技术和供应链风险。但问题是采用源代码备案制是否超过了实现合法目标所必须的限度？TBT协定第2.2条同时告诉我们在考虑限度问题时应考虑目标未能实现可能造成的风险。从“棱镜门”事件暴露出的情况来看，世界各国存在的信息技术安全隐患是巨大的。而信息技术的高速发展，对信息系统的攻击与防护技术也日益成熟，可谓“魔高一尺，道高一丈”。因此目标未能实现的风险依然是不容忽视的。总体来说，TBT协定给予有关成员国较大的实施空间，原告承担较重的举证责任。因此要证明对贸易的限制超过为实现合法目标所必需的限度并非易事。

那么现在关键的问题就是，这个合法目标又是什么呢？通常来看，银监会可以考虑援引第2.2条中的合法目标应当是“国家安全要求”（确切地说是“国家金融安全要求”）。根据《银行业监督管理法》第3条的规定，“银行业监督管理的目标是促进银行业的合法、稳健运行，维护公众对银行业的信心”。因此，从字面上看银监会文件的目标是促进银行业的安全稳健运行。当然，银行业的安全也是金融安全的重要组成部分。只是令人遗憾的是，《指导意见》多处提及的却是自我创新。在总体目标中提出到2019年掌握银行业信息化的核心知识和关键技术，并且要求在技术选型中引入至少一家自主创新产品和技术。对提供设备或集成解决方案的供应商，要求其使用的软硬件中至少各应用一项自主创新产品和技术。这些规定使银监会看起来更像是一个渴望推动国内行业创新进步的产业部门，而非监管部门。银监会措施的目标与其说是维护金融安全，倒不如说更像是推动产业发展。这将为争议措施在WTO规则框架下寻找一个合适的“合法目标”带来一定难度。

四、总结与展望

美国“棱镜门”事件后，全球范围内信息安全形势日益严峻，在此背景下，加强对于信息安全的管理，特别是金融领域的信息安全管理也在意料之中。

在全球范围内，依靠自主力量，构建信息技术安全体系是一种普遍做法。但自主力量不是凭空而来的，需要通过长期的日积月累，建设扶持，甚至需要依靠本国政府的帮助。为了能够在短时间内使本国信息技术迎头赶上先进国家，摆脱对先进国家信息技术的依赖，本国政府往往会采取一些具有保护主义色彩的政策措施，这就为与 WTO 规则发生冲突埋下了伏笔。因此，相关文件的出台必须非常谨慎，否则将很容易授人以柄。可以预见在未来较长一段时间里，保护本国信息技术安全与遵守 WTO 规则之间的矛盾将成为 WTO 争端案件中新的热点。

2014 年国务院办公厅印发《关于进一步加强贸易政策合规工作的通知》，要求各级政府部门在制定相关政策时，应当进行 WTO 合规性评估，且应视情况征求商务部或者 WTO 专业律师的意见。而对企业而言，无论中国企业还是跨国公司，在扩大其市场准入时，也有必要将 WTO 规则放到战略位置，寻找 WTO 的法律意见也是其不可或缺的一环。

中国互联网征信发展与监管问题研究

李　真*

摘　要

信用交易是市场经济发展的枢纽，同时也蕴含着潜在风险。健全的征信体系能够显著提高信用风险管理能力。在我国，互联网征信作为新兴的信用征信方式与传统征信相比具有较大差异，未来发展空间巨大，但机遇与挑战并存。互联网征信的发展离不开强有力的监管，健全信息标准化体系，推进全国统一的信用信息共享机制的建设，强化互联网征信行业和信息安全监管，积极探索个人信息隐私权保护制度规范是弥合其潜在风险，实现稳健、有序发展的关键。

关键词

互联网征信　发展模式　潜在风险　监管路径

信息在金融市场特别是信贷市场上发挥着重要作用。信息的获取成本以及在交易对手方之间的对称程度在很大程度上决定了金融交易结构、资金信贷的风险与实现的结果。而“有限理性”和“机会主义”的存在则抬高了资金融通的交易成本，增加了金融交易的风险，在更大范围内造成了逆向选择

* 作者单位：北京大学金融法研究中心。

(Adverse Selection)和道德风险(Moral Hazard)的存在。[1]信用作为一国经济领域特别是金融市场的基础性要素,对经济和金融的发展起到至关重要的作用。信用交易是市场经济发展的枢纽,同时也蕴含着多元化的商业和金融风险。[2]健全的征信体系能够显著提高信用风险管理能力,因此,培育和发展征信市场对维护金融系统持续、稳定发展具有重要价值。现代金融学的经典理论亦认为信用是金融的核心,征信活动能显著提高金融中介机构的信用风险管理水平,是现代金融体系运行的基石。[3]

我国征信市场起步较晚,长期以来实行政府主导的信用征信体系,征信市场化发育不完善。互联网征信成为我国传统征信市场的"搅局者",倒逼我国征信体系深刻变革,推动征信市场向"政府主导+市场化结合"的多元化新格局发展。

一、互联网征信:新型征信的诞生与创新

随着以互联网技术和大数据为代表的新兴科技迅猛发展,互联网征信在我国应运而生。互联网征信是以开放式的互联网为载体,利用大数据、云计算等新兴高科技,通过抓取、采集和整理个人以及企业在使用互联网时所留下的数据信息,同时辅以其他渠道获取的数据信息而进行信用评估与服务的活动。[4]互联网征信与传统征信方式相比,具有显著的差异:

1. 征信渠道及信息数据来源不同。传统征信方式的渠道主要集中在线

[1] 2001年诺贝尔经济学奖得主乔治·阿克罗夫(George A. Akerlof)一直致力于对充满不对称信息市场进行分析与研究。其在《柠檬市场:质量的不确定性和市场机制》一文中,用通俗的语言和事例解释了在市场经济中信息不对称问题对商品质量以及市场机制失灵的问题。与此同时,另一位诺奖获得者约瑟夫·斯蒂格利茨(Joseph Eugene Joe Stiglitz)的研究成果也表明:由于信贷市场中存在经常性的跨期交易,即被授信方对授信方的价值回报存在一定的迟滞,两者之间的信息不对称将引致逆向选择和道德风险。

[2] George A Akerlof, "The Market for Lemons", *Quarterly Journal of Economics 84* , 1970, p.488.

[3] Joseph E Stiglitz and Andrew Weiss, "Credit Rationing in Markets with Imperfect Information", *American Economic Review71*, 1981, p.390.

[4] 参见零壹财经、零壹数据:《中国P2P借贷服务行业白皮书(2014)》,中国经济出版社2014年版。

下，征信主体需要花费较大的人力、物力和时间成本完成征信活动。而互联网征信的渠道主要是互联网，因此，信用数据信息获取的成本，特别是边际成本相对较低。[1]

2. 征信主体不同。在我国，不同于英美等国家和地区以商业征信机构为主的征信体系，我国实行的是中央银行主导的征信体系。2003年，国务院赋予中国人民银行“管理信贷征信业，推动建立社会信用体系”职责，批准设立征信管理局。目前，我国央行征信系统已经与大部分商业银行，部分小额贷款公司以及融资性担保公司实现互联互通，数据来源广泛，沉淀数据量大，在我国征信体系中处于绝对主导的地位。互联网征信的主体则相对市场化、多元化。互联网征信业务具有技术和数据信息方面的优势，深度挖掘、整合和分析海量互联网信息的能力是从业的基础性要件。在此方面，现有的市场化征信公司（如中诚信、上海资信）、新兴电子商务企业（如京东、苏宁）以及以百度、阿里巴巴、腾讯为代表的互联网公司无疑具有较大优势。上述多元化的市场主体构成了互联网征信的主力军。

3. 信用征信的数据构成不同。传统征信的数据主要来源于从事借贷业务、担保业务的金融从业机构，征信数据结构较为单一。而互联网征信的数据不仅涵盖传统的身份数据、社交数据，而且包括日常活动数据、特定场景下的行为数据等。互联网上的行为轨迹能在相当程度上反映出征信对象的性格、习惯、心理等更加内化、真实的数据信息，[2]可以用来对征信对象的信用状况进行“量评估”。[3]特别是大数据技术的应用为互联网征信的发展提供了坚实的技术基础。具体而言它不仅为互联网征信行业的发展提供了丰富的数据信息来源、完善了数据分析技术、拓展了征信渠道，同时也在一定程度上改变了

〔1〕 参见［英］维克托·迈尔－舍恩伯格、肯尼思·库克耶:《大数据时代——生活、工作与思维的大变革》，周涛译，浙江人民出版社2013年版。

〔2〕 参见张建华:《互联网征信发展与监管》，载《中国金融》2015年第1期。

〔3〕 例如，美国的Zest Finance信用评估公司认为信贷记录属于强变量，而当强变量缺失的时候，就可以参考多种弱变量（如网上的行为轨迹），将这些弱变量组合起来，可以服务于信用评估。

征信产品的设计、研发和应用观念。

4. 应用方式不同。传统征信的应用方式一般为事先采集数据信息，分类归档并在数据系统内加以贮存，待需要时再提取，简单而言是“数据采集—数据贮存—数据应用”的模式。而互联网征信一般是在信息主体发起服务要求并确认授权之后再开始征信调查，即征信具有特定性和唯一性。用户在首次使用大数据征信服务时，需要提交各种账户信息，大数据征信公司一般在较短的时间内就能完成信息的检索、过滤和有效整合。因此，互联网征信数据应用的路径为“用户申请—数据采集—数据评估—数据应用”，与传统征信的应用方式存在较大差异。

5. 应用领域和覆盖范围不同。就应用领域而言，以中国人民银行征信中心为代表的传统征信方式，其应用范围主要集中于借贷领域，表现为对申请贷款特别是对申请信用贷款的征信主体进行信用评估和还款能力预测。而互联网征信的应用领域较之传统征信则更加广阔。由于互联网呈现的个人数据更加分散，反馈的数据信息更加多元化，因此，互联网征信的应用场景也就更加多元，包括传统的信用借贷业务，以及赊账、租赁、预订酒店、办理会员卡、享受更高购物折扣等各种生活化的履约场景，这也生动地体现了“人人有信用，信用有价值”的信用理念在市场经济条件下的广泛普及和应用。

而在征信覆盖范围方面，两者也存在较大差异：受制于数据来源渠道狭窄（主要对接金融机构）、征信系统数据分散（例如，征信数据散布于司法、税务、质检、海关、公共事业缴费等部门）、征信数据信息更新较为缓慢以及征信成本较高等问题，传统征信的数据库覆盖范围相对有限。[1]互联网征信的载体是开放式的互联网，在信息容量、获取和共享成本等方面有一定优势，而且互联网征信能够将传统征信系统内没有信用记录的人囊括其中，利用他们留在互联网的信息数据作出信用评估和风险预测。因此，从理论上来说，相较传统征

〔1〕 以我国央行征信中心的征信数据为例，截至2012年年底，个人信用信息基础数据库累计接入机构629家，分别为8.2亿个自然人、1859.6户企业和其他组织建立了信用档案。虽然征信数据库的样本绝对数量较大，但是相较于我国13.5亿人口和数千万家企业与个体工商户而言，其覆盖面仍旧狭窄，远低于发达国家80%～85%的征信覆盖率。

信，互联网征信的覆盖范围会更广，征信主体的覆盖率也会更高。[1]

综上所述，互联网征信和传统征信在征信主体、征信渠道及信息数据来源、数据结构、数据应用以及覆盖率等维度存在诸多差异，两种不同的征信系统在未来很可能呈现彼此融合，相互补充的关系（见表1）。据此笔者预测，未来中国的信用征信领域将会出现“政府主导+市场化结合”的新格局。

表1　传统征信与互联网征信的差异

对比指标	传统征信	互联网征信
征信渠道、数据来源	主要是线下借贷和履约的信息数据	以线上信息数据为主
征信主体	央行征信系统、金融机构等	商业征信机构、电商公司、互联网公司
数据构成	结构化数据	非结构化数据
应用方式	数据采集—数据储存—数据应用	用户申请—数据采集—数据评估—数据应用
应用领域	主要是信用借贷	1.信用借贷 2.生活化、常态化的履约场景
覆盖群体	传统金融机构及有信用记录的个人	主要是互联网上留下特定信息数据的个人

二、我国互联网征信发展：背景、现状及典型模式

（一）互联网征信在我国发展的背景

1.互联网金融在中国迅速崛起，创造了大量的征信需求。长期以来存在的“金融抑制”为互联网金融的发展提供了丰富的本土资源。此外，中国金融改革的加速推进也为互联网金融的发展提供了制度空间。互联网金融行业的快速发展吸引了越来越多的市场主体参与其中。整个互联网金融行业中，风险管控是关键，而征信体系是风险管控的最核心的内容，健全的征信系统能够最大限度地消除信息不对称的状况，减少道德风险与逆向选择事件发生的概率。[2]因此，相关从业主体对信用风险管理有着强烈的需求，这也直接刺激和

〔1〕 然而，我们也必须客观理性地看待互联网征信覆盖面较广的问题。互联网征信的大部分数据来源于互联网，实际上也把较少使用或者不曾使用网络服务的群体排除在外，例如，偏远地区的人群以及年龄较大的人群等。因此，互联网征信覆盖率相对较广这一结论是相对的，并非绝对。

〔2〕 参见[美]玛格里特·米勒：《征信体系和国际经济》，王晓蕾、佟焱、穆长春译，中国金融出版社2004年版。

催生了有别于传统征信的创新式信用征信服务的诞生与发展。

2. 传统征信渠道短期内无法满足市场的基本需求，促使新兴征信模式诞生。目前为止，我国征信市场格局是以政府为主导，即大量的企业和个人征信数据被官方所掌握，尤以中国人民银行征信中心为代表。由央行主导的征信模式有显著的优越性，商业银行、小贷公司等传统金融机构能够以低成本从央行征信系统获取征信数据。但是新兴互联网金融从业机构短期内无法实现与央行征信系统的对接：[1]首先，互联网金融机构的法律地位和行业监管框架尚未明确；其次，互联网金融行业准入门槛较低，从业机构技术实力差异较大，很多机构与央行征信系统信息交互存在技术困难；最后，互联网金融行业尚处于初步发展阶段，标准业务模式还远未成形，部分从业机构的数据规范性、合规报数能力、数据安全机制以及对投资者隐私的保护制度还很难达到央行征信体系的基础性要求。因此，对于互联网金融从业机构而言，短期内很难使用央行征信系统的征信数据，这就促使互联网金融从业主体通过其他市场化的渠道获取亟需的征信数据资源，从而为互联网征信的应用提供了市场需求。此外，央行征信系统本身所固有的征信数据来源较窄、覆盖率较低，征信数据具有一定滞后性以及数据结构与市场需求不相匹配等问题，很可能在一定程度上会影响互联网金融从业机构与之对接的积极性。

3. 监管机构所持的开放、包容和支持的态度，为互联网征信的发展提供了良好的外部环境。自互联网金融在我国诞生以来，中国人民银行、银监会、证监会、保监会等行业监管机构一直在坚持“原则监管”和“底线式监管”的宽松监管原则，在坚守不发生系统性金融风险的边界基础上，以开放、包容的姿态，最大限度地维护新金融业态的创新与发展。监管机构所创造的较为宽松的行业环境也为互联网征信的发展奠定了良好基础。

---

〔1〕 根据中国人民银行颁布的《个人信用信息基础数据库管理暂行办法》，个人信用报告目前仅限于我国境内设立的商业银行、城市信用合作社等金融机构、中国人民银行及消费者使用，网络借贷中介等互联网金融服务提供商并非法定使用者。因此，即使在客户授权的情况下，目前互联网金融企业都难以获得有关客户在人民银行的征信数据，更难获得客户在其他领域的商业数据，这直接引发了互联网金融企业和客户之间的信息不对称，增加信用风险和道德风险。

（二）我国互联网征信发展现状及典型模式

我国信用征信体系建设相对落后的现实局面要求监管机构必须大胆创新征信体系，打破政府主导的征信系统与民间征信系统发展不均衡的状态，力求在金融信息化不断深入的时代背景下实现经济效益和社会效益的最大化，最终促进民间征信系统与政府主导的征信体系持续、协调、互补性共进。[1]中国人民银行作为征信行业的主管机关，也在努力顺应时代发展的趋势以及市场的需求和呼声，加快了向民间开放征信市场的步伐。2014年年底和2015年年初，中国人民银行相继公布了企业征信（北京地区）和个人征信（全国范围）首批从业机构名单。[2]企业征信方面宜信公司和网信金融集团等互联网金融企业旗下的公司获得了北京地区从事企业征信的牌照；个人征信方面，阿里巴巴集团旗下的芝麻信用管理有限公司、腾讯集团旗下的腾讯征信有限公司以及拉卡拉旗下的拉卡拉信用管理有限公司获得了个人征信牌照。[3]从首批获得征信牌照的机构名单中不难看出，互联网金融从业机构和互联网公司占据了相当的比例，一定程度上说明监管机关对于互联网公司和互联网金融从业机构从事征信行业持支持和肯定的态度，这也预示着我国互联网征信业的发展即将步入快车道。

概括而言，目前我国互联网征信机构发展模式，按照其征信数据来源进行划分，大致可划分为自征信机构和第三方征信机构两类。

1. 第三方征信机构。第三方征信机构的征信数据和信息主要来自与其合作的相关机构。它们通过开发、建设征信信息共享系统，将相关从业机构的客

---

〔1〕 参见钟曜璘、彭大衡：《阿里征信模式对我国金融征信体系建设的启示》，载《征信》2014年第2期。

〔2〕 2015年1月5日，中国人民银行印发《关于做好个人征信业务准备工作的通知》，公布了开展个人征信业务准备工作的机构名单，八家机构上榜：芝麻信用管理有限公司、腾讯征信有限公司、深圳前海征信中心股份有限公司、鹏元征信有限公司、中诚信征信有限公司、中智诚征信有限公司、拉卡拉信用管理有限公司、北京华道征信有限公司。

〔3〕 参见《中国人民银行营业管理部关于公布北京地区完成备案办理的企业征信机构名单的公告》，载北大法宝网：http://law.chinalawinfo.com/fulltext_form.aspx?Db=chl&Gid=265155，最后访问日期：2014年12月11日。

户数据信息进行有效整合和归类，以标准化征信产品的形式提供给市场。该类型机构主要有上海资信公司、中诚信征信公司和北京安融惠众公司。其中，以上海资信有限公司独立开发的网络金融信息共享系统（NFCS）和北京安融惠众征信有限公司创建的“小额信贷行业信用信息共享服务平台”（MSP）为代表。截至 2014 年 7 月底，上海资信旗下的网络金融征信系统（NFCS）共接入 P2P 网贷平台 203 家，日均查询量达到约 2000 次。而截至 2014 年 9 月底，MSP 征信平台会员机构已经达到 405 家，会员间信用信息共享查询量已达日均 9000 余件，有信用交易信息记录的自然人信息主体数量突破 100 万人。第三方征信机构会及时从相关合作机构获取借贷两端客户的个人基本信息、贷款申请信息、贷款开立信息、贷款还款信息和特殊交易信息，通过有效的信息共享，协助相关从业机构全面了解授信对象行为特征和信用记录，有效防范借款人可能存在的恶意欺诈、从不同借贷平台重复贷款等信用风险。第三方征信机构的发展有利于实现互联网金融从业机构之间的信息共享，打通线上线下、新型金融与传统金融的信息壁垒。从互联网金融行业发展的维度审视，第三方征信机构是行业健康发展的必要基础设施，是我国互联网金融发展的重要推动力量。

2. 自征信机构。自征信机构的征信数据主要来源于政府、社会已经公开的数据信息以及机构自身系统、账户所掌握的资源和信息。具体来说，自征信机构的数据源主要分为三个方面：第一，政府及事业单位、金融机构、社交平台、搜索引擎等对外公布的数据源；第二，社会保障账户信息、缴纳公共事业费用平台、交通运输信息平台等较为隐性的数据源；第三，移动支付、网上银行、社交平台中用户消费、交易记录等数据源。从业机构通过数据模型将上述信息进行归类整合并进行系统分析，以此作为评定个人、小微企业信用等级的依据。这些信用评估共同构成较为完整的信用评价体系。因此，自征信机构开展互联网征信业务的前置性条件是掌握体量庞大的数据信息以及先进的数据挖掘、分析技术。循此逻辑，新兴的电子商务公司以及互联网公司具有较大的业务优势。对于自征信机构而言，其征信数据主要应用于两个方面：

第一，用作自身业务拓展（包括与其他机构合作）中的风险控制、信用评估。比如，阿里巴巴充分利用其庞大的客户群体资源，跟踪、采集和整合客户在网上交易的行为数据，按照一定信用评级系统和数据模型作出综合信用评估，将评估结果提供给旗下的阿里小贷，成为其作出信贷决策的重要参考系数。又如，拍拍贷、宜信公司、网信理财等成立时间较长、锁定客户的规模较大、技术较为成熟的 P2P 网贷机构也都设计、建成了具有自我特性的征信系统，利用数据评估模型以及大数据、云计算等先进的互联网技术开展征信工作，为其信贷业务的开展提供参考。此外，如京东商城、苏宁电器等电子商务平台以及百度等互联网巨头也纷纷与相关金融机构合作，向合作伙伴提供基于交易数据的信贷业务。第二，向其他公司、组织机构有偿提供系统内征信数据，即开展市场化的商业征信业务。这部分业务主要由已经取得央行征信牌照的公司机构开展，如芝麻信用、腾讯征信、拉卡拉以及深圳前海征信等八家首批获得央行（个人）征信牌照的公司。

互联网征信模式相较于传统征信模式具有不可忽视的金融和社会价值。首先，它可以促进互联网金融行业信息共享。通过商业征信机构组织信息共享，形成局部数据库，是解决目前征信数据分散、数据系统割裂、封闭等问题的现实性路径。其次，补充央行征信，提供差异化的信息覆盖度。央行征信中心承担的是金融基础性数据库的职能，商业征信报告并非简单重复央行征信报告的内容，而是对央行征信报告起到重要的补充作用。两者的差别主要体现在征信报告的内容上，商业征信报告对小额贷款公司、P2P 网贷平台、融资性担保公司等民间金融机构或其他具备金融服务功能的机构具有更好的覆盖度。

三、互联网征信发展与监管：结构性问题与困境

近年来，我国政府在征信领域采取了一系列的措施，颁布了相关法律法规，在一定程度上改善了我国信用征信的外部环境：

1.《征信业管理条例》和《征信机构管理办法》相继颁布并对征信机构的设立条件和程序、征信业务的基本规则、征信信息主体的权益，金融信用信息基础数据库的法律地位及运营规则等内容进行了规定，解决了征信业发展过程中无法可依的问题。

2. 建立金融信用信息基础数据库管理制度。管理制度特别对包括小额贷款公司、融资性担保公司等新型授信机构接入金融信用信息基础数据库进行了规范，规定了接入金融信用信息基础数据库的方式、条件、程序以及业务流程。

3. 信用征信的标准化工作取得一定进展。2005 年以来，央行相继发布了征信信息系统开发建设的基本标准规范，并制定和发布了《征信数据元　数据元设计与管理》等 5 项金融行业标准，促进了信息跨部门、跨行业共享和应用。但与此同时，我们也必须看到，互联网征信行业自身以及我国现行的征信制度体系和法律监管都还存在很多亟待解决的现实问题。

（一）互联网征信行业自身存在的问题

1. 信息安全领域存在隐患和风险。相比较传统征信方式，互联网征信更加依赖于开放式的互联网及相关高新技术，技术链条和环节复杂，涉及数据检索、权限控制、身份认证、活动跟踪、数据传输加压加密等内容。因此，互联网征信所面临的信息安全领域的技术风险也更加突出。信息安全风险主要表现为在征信数据的抓取、身份认证、信息传输及数据互储等环节容易受到来自黑客和计算机病毒的攻击，可能导致征信数据泄露，造成不可逆的破坏，损害客户的隐私权益甚至影响公共安全。

2. 互联网征信自身特点可能导致在实务操作中违法违规。《征信业管理条例》（以下简称《条例》）对征信机构的征信活动划定了较为严格的边界并规定了具体的操作秩序、流程。但互联网征信很重要的一个特征就是数据信息采集的成本很低，特别是在互联网全开放、信息共享的模式下，征信的边际成本非常低，几乎接近于无边际成本状态。因此征信从业机构在征信活动中是否能够严格遵循相关法律规范就得打上一个大大的问号。例如，互联网征信机构一般具有庞大的客户群，机构利用其现有账户体系及锁定的客户资源，可以在客户不知悉的情形下轻易地获取其数据信息。这就违反了《条例》第 13 条的规定："采集个人信息应当经信息主体本人同意，未经本人同意不得采集。"又如，互联网征信机构基于新兴的大数据技术可以对互联网信息进行深度挖掘和整合，这不可避免地会采集到一部分人群的敏感信息（如病史、指纹、基因）和个人隐私（如不动产登记信息、缴纳税款记录及金融账户交易信息）。征信机构很可能在没有履行事先告知义务或者征得被征信者同意的情况下将这部分信息纳入征信数据库，或者提供给相关合作方，作为其信用评估的重要依据。而《条例》第14条明确规定："禁止征信机构采集个人的宗教信仰、基因、指纹、血型、疾病和病史信息以及法律、行政法规规定禁止采集的其他个人信息。征信机构不得采集个人的收入、存款、有价证券、商业保险、不动产的信息和纳税数额信息。"同时，《条例》第15条规定："信息提供者向征信机构提供个人不良信息，应当事先告知信息主体本人。"总之，便捷的信息获取渠道、较低的信息获取及违法违规成本导致互联网征信领域的道德风险事件易发，同时也可能损害金融消费者和征信用户的合法权益。

（二）我国征信行业运行机制及监管存在缺失

1. 征信行业标准化工作滞后，一定程度上阻碍了征信业的发展。自2005年以来，央行相继制定和发布了《征信数据元　信用评级数据元》和《征信数据交换格式　信用评级违约率数据采集格式》等5项金融行业标准，促进了征信评级机构的规范执业。但现实中仍存在较多问题。第一，缺乏统一的信息统筹协调机构，信息的跨区域、跨系统调配与交流较为混乱；第二，征信业标准体系还不尽完善，特别是在具体操作层面上，还缺乏量化、标准化的要求与规范。例如，征信工作缺乏接口交换标准、征信服务标准等核心标准，这直接增加了征信机构信息采集、整合和利用的时间成本，降低了运作效率，同时也为传统金融与互联网金融、线上与线下之间信息的共享、传播制造了无形的壁垒。[1]

2. 征信数据共享机制不健全。随着互联网带来的广泛数字化的潮流，整个社会的基础信息搜集和信息共享机制有所改进，但仍不足以支撑真正意义上的互联网征信和大数据征信的需求和应用。从我国征信体系开放性和统一性的维度来说，我国现有的信用体系呈现高度分割与封闭的特点。比如，企业和个人的征信数据散布于以商业银行为代表的金融机构、公安、海关、质检、

〔1〕 参见黄玺：《互联网金融背景下我国征信业发展的思考》，载《征信》2014年第5期。

税务、司法、人力资源和社会保障、教育、医疗、财政等职能部门，底层数据缺乏，信息条块分割和部门垄断问题突出。反映到信用征信上，则难以达到数据共享、互通有无的状态，对构建完整统一、覆盖面广的征信体系制造了障碍。[1]需要指出的是，在我国政府主导的征信模式下，央行征信系统对征信业的发展起到巨大的支撑作用。但按照现有的相关规定和运行模式，央行征信系统的企业和个人信用信息基础数据库只是将商业银行、信用合作社、(部分)融资性担保公司、(部分)小额贷款公司等金融机构的征信数据信息收入其中，而并没有囊括企业和个人在金融系统以外的信用信息，信息源较为狭窄。同时，允许接入央行征信系统的机构也相对有限，目前并没有向互联网金融机构开放，系统相对封闭，这就给互联网征信制造了不小的体制机制障碍。[2]

3.信用征信监管水平亟待提高。随着信息技术的逐步成熟与广泛应用，我国征信业也将面临深刻变革，这就对我国征信业的日常监管体系、监管策略与水平等提出了更高的要求。可以肯定的是，我国传统征信监管策略和技术管理手段难以适应新形势下对征信行业监管的要求。现场检查和非现场监管是对征信业监管的最传统的两种方式。在互联网征信的条件下，虚拟化的信息搜索和整合以及数据库的生成使现场检查这一具体监管手段似乎缺乏着力点。[3]另外一种非现场监管手段主要是要求征信机构定期汇报、呈送相关数据和文件，通过对数据和文件的形式性或实质性审查，达到监测、监管的目的。但在以大数据征信为代表的互联网征信条件下，这种监管方式缺乏时效性和连续性，监管难度较大，可能难以达到监管机构预期效果。同时，互联网征信

---

〔1〕 参见吴国平:《中国征信市场监管立法研究》，载《法学杂志》2007年第4期。

〔2〕 参见黄玺:《互联网金融背景下我国征信业发展的思考》，载《征信》2014年第5期。

〔3〕 根据我国《征信业管理条例》第33条规定，征信业监督管理机构可以采取下列监督检查措施:(1)进入征信机构、金融信用信息基础数据库运行机构进行现场检查，对向金融信用信息基础数据库提供或者查询信息的机构遵守本条例有关规定的情况进行检查;(2)询问当事人和与被调查事件有关的单位和个人，要求其对与被调查事件有关的事项作出说明;(3)查阅、复制与被调查事件有关的文件、资料，对可能被转移、销毁、隐匿或者篡改的文件、资料予以封存;(4)检查相关信息系统。

对监管队伍的人才结构和技术业务水平也提出了更高的要求。[1]中国人民银行作为征信行业主管机构，需要紧跟互联网时代的发展潮流，洞察新时代背景下征信的常态与基本规律，密切跟踪发展趋向，对以互联网征信为代表的新兴征信模式实行审慎的动态监管和有效规范。但就目前来看，监管机构尚未出台专门针对互联网征信的监督管理办法。

4. 征信行业自律性组织及规范缺失。行业自律性组织是协助有关部门监管，保障行业主体合法合规经营，加强信息沟通、共享，推动行业稳健、有序发展的重要支撑。但目前，我国信用征信行业并没有相关的行业自律性组织，导致监管机构与市场从业主体之间沟通不畅，不利于征信行业的监管及法律法规的贯彻落实。因此，未来应当着力建设统一的征信行业自律性组织，充分发挥其协调、沟通与整合的行业价值，推动征信监管体系进一步完善。

（三）信息共享与个人隐私权保护平衡问题有待立法规范

互联网征信的重要特征是信息开放与共享。以合法合规的方式获取信用信息并加以整合、改造、利用，使之成为有价值的商品是市场化条件下个人和机构的基本财产权利。但与此同时如何保证信息的获取、共享不以侵害他人的隐私权为代价，即实现一方财产权与另一方人格权的平衡是重要的基础性的规范问题。在互联网征信迅速发展的时代背景下，如何有效保护个人隐私权是摆在立法机构、监管者面前的重要命题。目前，我国法律体系已经有以间接方式保护个人隐私权的框架，比如《宪法》和《民法总则》对公民隐私权的保护，《未成年人保护法》和《妇女权益保障法》中也有保护未成年人和妇女隐私权的条款。但间接保护隐私权的方式不利于对隐私权损害的救济，特别是寻求司法保护方面存在障碍。而且，从实体法角度考量，如果隐私权的损害没有可资参照的法律规范，则无从进行权利救济。但是，目前我国相关法律规范对于征信机构在运营中收集、掌握的大量个人信用信息的行为如何进行必要的规范，对于侵犯个人信息权益时如何承担法律责任等问题，并没有作出严格且翔实的规定。例如，修订后的《消费者权益保护法》并没有进行规定和约

〔1〕 参见张建华:《互联网征信发展与监管》，载《中国金融》2015年第1期。

束，我国目前也没有颁布单独的《个人信息保护法》。故在互联网征信活动中如何实现数据信息共享和个人隐私权保护之间的平衡是我们必须致力审视和探索解决的棘手问题。从保护个人隐私权的角度来讲，必须完善隐私权保护的法律体系建设，明确个人征信体系中各方主体的权利义务配置，为征信市场的规范运行提供法律保障。[1]

四、探索互联网征信发展与有效监管新路径

（一）建立健全信息标准化体系，为征信行业发展扫除技术性障碍

中国人民银行作为征信业的主管部门，应当制定金融信用信息基础数据库的用户管理规范和征信业的信息安全规范标准，加强对信息主体权益的保护，保障征信机构运行中的信息安全；建立统一的信息主体标识规范、征信基本术语规范，为扩大信息采集范围，促进信用信息共享和应用提供统一的信息技术参考；研究层级清晰、结构完善的征信业总体标准和基础类标体系，提高征信标准化工作的适用性与科学性。

（二）加强互联网征信行业监管

第一，中国人民银行应当依法履行监管职责，完善征信监管体系，重点加强对个人征信机构的管理，充分体现对信息主体权益和个人隐私的保护，要切实采取有力措施清理、打击以"征信"为名非法采集信用信息的行为。第二，积极探索建立符合互联网征信特性的监管方式，建议监管机构由以往的机构监管转变为行为监管，动态监测征信机构信息采集手段、方式、范围以及信用评估指标；[2]强化对征信规范与合法合规性等维度的监管，监管的重点要放在防范个人征信信息泄露风险，确保信息采集、提供行为的合法性。第三，推进常规性监管的技术升级（如应用云计算和大数据技术）和人才队伍建设，引进具备计算机、通信技术和金融工程学等知识的复合型人才，充实监管力量，提高监管效能。

---

〔1〕 参见《征信前沿问题研究》编写组：《征信前沿问题研究》，中国经济出版社 2010 年版。

〔2〕 参见李清池、郭雳：《信用征信法律框架研究》，经济日报出版社 2008 年版。

(三)强化信息安全监管,切实保护信息主体合法权益

我国《征信机构管理办法》(以下简称《办法》)第30条中明确规定:"征信机构应当按照国家信息安全保护等级测评标准,对信用信息系统的安全情况进行测评。"互联网征信机构应当严格按照《办法》的要求落实信息安全等级测评制度:第一,推进电子签名、数字认证以及网站认证等安全认证体系,守好信息安全边界,切实保障征信系统的安全、可控。第二,征信机构应当完善企业和个人信用信息基础数据库的用户管理制度,对用户实行分级管理、权限控制、身份认证、活动跟踪,并对数据传输加压、加密;对系统及数据进行安全备份与恢复;聘请网络安全管理专家对系统安全进行评估,有效防止计算机病毒和黑客攻击等,真正建设全面有效的安全保障体系。第三,加强对金融机构、征信机构的宣传教育和业务培训,提高其对征信信息主体权益保护工作的认识,增强其业务能力和守法规范经营的意识;开展面向征信信息主体的权益保护教育,引导其通过合法手段维护自身权益。[1]

(四)积极探索个人信息隐私权保护的制度规范,完善法律保障体系

互联网采集和传递信息的低边际成本以及计算机技术的广泛应用,使个人信用信息立法日益迫切。笔者认为,立法机关应当考虑制定专门性的个人信息隐私权保护法律规范。个人信息主体的基本权利包括但不限于个人信息支配权、个人信息保密权、个人信息知情权、个人信息维护权以及个人信息不受非法传播和侵害的权利等。法律规范应当列明信息主体的基本权利和义务,个人信息受到不法侵害时的法律保护措施以及违法主体应当承担的侵权责任等。在个人信息隐私权保护方面,我国可以适当借鉴英美等国家的立法经验和法律规制手段。例如,美国于1970年制定的《公平信用报告法》(Fair Credit Reporting Act)是美国保护个人信用信息最重要的法律之一,该法规制的对象是个人征信机构以及使用信用报告和提供原始数据的机构和个人,它的立法原则是准确性、公平性以及对隐私的尊重与保护。《公平信用报告法》

〔1〕 参见中国人民银行:《中国征信业发展报告(2003—2013)》,载中央人民政府网:http://www.gov.cn/gzdt/2013-12/12/content_2546739.htm,最后访问日期:2014年12月18日。

以上述三项基本原则为指导，合理确定了征信的范围、信用报告的使用范围及对个人商业信用信息共享的限制。同时，还明确禁止采取欺骗、侵扰、不公正的方式采集信用信息，禁止以私人访问的形式取得对当事人不利的信用信息，上述规范有效地保护了金融消费者的个人信息隐私权。[1]又如，英国于1974年颁布的《消费信者用法》(Consumption Credit Act)和1998颁布的《数据保护法》(Data Protection Act)也都体现了保护消费者个人信息隐私权的立法原则，充分维护消费者的个人信息知情权，减少征信机构与消费者个人之间的信息不对称。特别是《数据保护法》还确立了个人数据保护的八项基本原则。[2]总之，通过立法加强对个人信息隐私权的保护，并规定个人对自身信息所专有的各项权利，对征信机构进行适当约束和规制，可在一定程度上限制征信机构对个人征信主体信用信息的垄断以及合法权益的侵害，规范征信机构的规范经营，[3]保护个人信息隐私权，从而保障我国信用征信行业的稳健、有序发展。

五、结论

任何新事物的诞生，利弊、机遇与挑战都是并存的，互联网征信亦是如此。缺乏完善的法律规范框架、信息安全风险突出等是互联网征信所面临的重大问题。互联网征信行业的稳健有序发展离不开适度、有效的法律规范和监管措施。在当下及未来，应当着力研究和制定信用信息基础数据库管理制度，建立健全信息标准化体系，推进全国统一的信用信息共享机制的建设，加强互联网征信行业监管和信息安全监管，积极探索个人信息隐私权保护的制度规范。

---

〔1〕 参见林铁钢：《征信概论》，中国金融出版社2012年版。

〔2〕 八项基本原则分别是：(1)必须公平合理地取得个人信息，不允许以欺骗的手段从数据主体获取信息，取得信息必须要征得个人同意；(2)只为合法的、特定的目的才能使用个人数据；(3)使用或者披露个人数据的方式不能与使用或者披露个人数据的目的相违背；(4)使用个人数据的目的本身也必须是合适的，有说服力的；(5)个人数据必须准确，并应当及时更新；(6)如果使用个人数据的目的有期限，则使用期限必须在规定的期限内；(7)任何个人均有全在支付了合理费用后向征信机构查询本人信用报告，并可以在适当的情形下要求征信机构修改；(8)必须采取安全措施防止个人数据未经授权被更改、披露及销毁。

〔3〕 参见《征信前沿问题研究》编写组：《征信前沿问题研究》，中国经济出版社2010年版。

总体而言，健全行业监管宏观框架，完善具体可操作的监管措施，是我国互联网征信这一新兴行业发展的基础性支撑，也是我国社会信用体系建设过程中的迫切任务。

第二部分

资本市场新发展

蚂蚁金服与内蒙君正增资纠纷案分析

——浅谈有限责任公司增资的法律问题

张双根 *

摘 要

2014 年年底，蚂蚁金服提起仲裁申请，要求内蒙君正履行对天弘基金的增资协议。尽管内蒙君正违约，舆论上处于下风，但蚂蚁金服的仲裁申请能否在法律上成立尚有疑问。中国现行《公司法》对于股东在增资过程中何时获得股权并无明确规定。从法理角度分析，公司增资应当和公司设立一样，外部认购人在工商登记之后才能获得股东资格，而认购人依认购协议所生的增资缴纳义务，也不具有可强制执行性。因此，尽管蚂蚁金服已经全额缴纳出资，并取得了天弘基金的出资证明书和股东名册，但因未完成工商登记而不具有股东资格，也无权要求内蒙君正实际履行增资协议。

关键词

增资扩股　增资程序　股东资格

该文成文时，该案的仲裁程序尚未开始审理。不过，事情的发展颇出乎大家的预料，又似在意料之中：2015 年 2 月 16 日，内蒙君正发布公告，宣称蚂

*　作者单位：北京大学法学院。

蚁金服已经同意撤销对内蒙君正的仲裁申请，不参与2013年7月至2014年年底的利润分配，并减少向天弘基金收取的“余额宝”产品技术服务费；而内蒙君正方面则配合增资，使天弘基金原定的增资扩股计划得以完成。虽然蚂蚁金服认购天弘基金51%股权事件，以和解方式得以尘埃落定，但该案所涉及的公司增资扩股程序、股东资格取得等核心公司法问题，在现行《公司法》上并没有清晰明确的答案，相关的学理讨论也不充分。该文虽已不具“时事性”，但所针对的问题仍存在，故本书仍予收录，希能引起学界与实务界的进一步讨论。

——编者按

一、引子

在现如今热闹的互联网金融领域，阿里的一举一动，无疑都能制造话题。这不，2015年刚过新年，就曝出有阿里背景的蚂蚁金服，在天弘基金的增资扩股问题上，以内蒙君正为被申请人，向中国国际经济贸易仲裁委员会提起仲裁，掀起所谓的“天弘基金股东大战”。这不仅引来各路媒体的围观，法学教授及各专业人士也不甘寂寞，各种发声、“支招”，不亦乐乎。案子还未开审，内蒙君正似乎就已处于舆论上的下风，因为在媒体口吻中，内蒙君正签了协议却拒不履约出资，显然是不遵守契约精神的表现；被提起仲裁后，其在正式公告中又闪烁其词，未能正面给予解释，用蚂蚁金服的话来讲就是“当大家都是傻瓜”——这官司，内蒙君正似乎没法打了！

果真这样？笔者倒觉得未必尽然！列位看官或许在猜疑：你是拿了某一方的好处，还是故意标新立异以博眼球？非也！只是觉得凡事扛不过一个“理”字——少安毋躁，且容笔者摆摆这“事理”与“法理”。

二、纠纷的由来

先梳理下该案纠纷的由来。同大家一样，笔者对该案事实的了解，均取自媒体公开信息。故对该案的分析，在前提上，也同样假定这些信息为真：

2013年10月，内蒙君正及天弘基金（全称为天弘基金管理有限公司）的其他股东（天津信托、芜湖高新等），与蚂蚁金服（当时名称为浙江阿里巴巴电子商务有限公司）以及天弘基金管理层，就天弘基金增资扩股和全面业务合作，达成框架协议。其中，原大股东天津信托（持股 48%）为国有企业，于 2013 年 12 月 2 日，取得天津市国资委就天弘基金增资扩股事宜的书面批复同意。

2014 年 1 月 20 日，参与增资的各方以及天弘基金，签署正式的《增资与认购协议》，其中具体的增资金额、增资后各方的持股比例等内容，与框架协议的约定完全一致。天弘基金于 2014 年 2 月向中国证监会递交股东变更的申请，并于 2014 年 5 月 28 日获得中国证监会的核准。同时，公司也完成了公司章程的修改。根据协议，增资扩股的交易需要在各项条件满足后的第十个工作日进行交割。天弘基金于 2014 年 6 月向蚂蚁金服、内蒙君正和四家天弘基金员工持股主体，发出《天弘基金管理有限公司股东认缴出资通知书》，要求各方付款。到 2014 年 6 月 27 日，蚂蚁金服和天弘基金四家员工持股法人主体，分别向天弘基金全额缴纳增资款、完整履行协议约定，并取得《天弘基金管理有限公司出资证明书》和《天弘基金管理有限公司股东名册（截至 2014 年 6 月 27 日）》。

但内蒙君正一直未缴纳其认缴的 69,430,500 元出资，其后内蒙君正所给出的理由有两项：一是就增资扩股前天弘基金未分配利润的归属，提出异议；二是天弘基金国有控股股东所持的国有资产，面临需要重新评估的不确定性。

至此，天弘基金在此次增资扩股交易中，未能最终完成相应的工商变更登记手续。

2014 年年底，蚂蚁金服作为申请人，以内蒙君正为被申请人，向中国国际经济贸易仲裁委员会提起仲裁［（2014）中国贸仲京字第 035536 号］。其仲裁请求大大小小共有七项，核心请求为：第一，要求内蒙君正缴纳出资；第二，限制内蒙君正未履行义务前在天弘基金中相应的股东权；第三，确认自己已依法持有天弘基金 51% 的股权；第四，要求内蒙君正配合天弘基金办理相应的工商变更登记手续。

顺便提一句，蚂蚁金服所列的第 5 项仲裁请求“裁决如果被申请人在生效裁决所确定的给付日不履行缴纳出资义务，解除被申请人的增资权及增资资格”，因不符合诉讼法上“可保护利益”或“法律保护必要性”原理，故现在即可判断，应该不大可能会获得支持。

三、仲裁请求获得支持的前提性问题

关于蚂蚁金服仲裁请求的事实依据，虽然没看到其仲裁申请书原文，但想来不外为：第一，有效的增资与认购协议（为分析之保守计，姑且假定其有效，且下文的分析也倾向于肯定其有效性；至于内蒙君正所提出的“国有资产重新评估”质疑，至少依现有材料来判断，似乎是不大靠谱的理由，应该不会影响该协议的效力）；第二，天弘基金于 2014 年 6 月向各方发出的认缴出资通知书；第三，蚂蚁金服（及天弘基金四家员工持股法人主体）已全额缴纳增资款，并取得相应的出资证明书；第四，在天弘基金管理有限公司股东名册（截至 2014 年 6 月 27 日）中的记载。

但问题在于，在有限责任公司之增资扩股程序中：第一，各股东与认购人（乃至加上目标公司即天弘基金）所签订的“增资与认购协议”，即使在其法律效力不受质疑的前提下，能不能作为某一认购人据以向其他股东或认购人主张履行缴纳增资款义务的法律依据？换句话说，依该协议所产生的认购人的增资款项缴纳义务，是否具有可强制执行性？第二，已缴纳认购款项的外部认购人即蚂蚁金服，能否根据已缴资事实、股东名册的记载以及公司章程的修改，主张已取得目标公司的股权以及股东资格？也就是说，在公司增资程序中，外部认购人取得公司股权与股东资格，到底应满足哪些要件与程序？或其最终的标志性要件应是什么？

这两个问题，恰恰决定着蚂蚁金服的仲裁请求能否成立，因此乃其前提性问题。就此先不妨根据现行法的规定，分析其在实证法上可能的答案。

四、现行法上所规定的增资程序要件及其疑问

（一）现行法规定的检索

就公司增资，现行《公司法》并未有集中的规定，只能从相关规定中归纳出其应有的程序与要件。据此，一个完整的增资程序，应包括如下六个步骤：

第一，在公司董事会制定公司增加注册资本方案（《公司法》第 46 条第 6 项）的基础上，公司就增资须形成股东大会决议（《公司法》第 37 条第 1 款第 7 项），且该项决议须经代表 2/3 以上表决权的股东通过（《公司法》第 43 条第 2

款）。

第二，由于公司注册资本是公司章程的必载事项（《公司法》第 25 条第 1 款第 3 项），因此须同时对公司章程进行修改（《公司法》第 37 条第 1 款第 10 项），且该项修改章程的股东大会决议，也须经代表 2/3 以上表决权的股东通过（《公司法》第 43 条第 2 款）。在操作实务中，这两个股东大会决议可以合并在一起进行，不过最终提交至公司登记机关的，应有一个独立的“由公司法定代表人签署的修改后的公司章程或者公司章程修正案”（《公司登记管理条例》第 27 条第 2 款）。

第三，可能的批准程序，如涉及国有股的须经相关国有资产管理部门的批准。

第四，公司与外部认购者签订“新股认购协议”。这一点虽未明确见于《公司法》的规定，但其必要性之道理，至为显然。因为增资入股为一种法律行为方式的股权取得，无协议也就无从谈起法律行为方式了。就此须特别指出的是，该协议之缔约当事人，应为认购人与目标公司，而非目标公司的股东。此外，在允许公司现有股东认购新增资本的情形下，由现有股东向公司作出认购的表示，且其认购额度须对应于其已实缴的出资比例（《公司法》第 34 条第 1 款）。

第五，认购人依约缴纳其认缴的出资（《公司法》第 178 条第 1 款），而公司则须向认购人签发出资证明书（《公司法》第 31 条），将其姓名记入股东名册（《公司法》第 32 条）。须注意的是，在公司注册资本制度改革后，在公司设立阶段的缴纳出资义务已大大放宽，但因增资所生的出资义务，是否也有同等的处理，不无疑问；不过在本案中，自现有材料可以推测，各认购人所负的应为全部认购出资的实缴义务。

第六，办理相应的公司登记的变更手续，包括公司注册资本增加的变更登记（《公司法》第 179 条第 2 款、《公司登记管理条例》第 31 条第 1 款）、因新增股东而变更股东登记事项（《公司登记管理条例》第 9 条第 8 款、第 34 条第 1 款）、修改后的公司章程或者公司章程修正案的提交（《公司登记管理条例》第 27 条第 2 款）。

对照这六个步骤，则在本案中：

第一，并未清晰地看到目标公司即天弘基金关于增资扩股的股东大会决议；与之相关联的，该案“增资与认购协议”的签署各方，不仅有各认购人，也包括公司原股东，更包括目标公司即天弘基金自己。股东大会决议本是各股东意思的体现，可不必拘泥于股东会形式（如《公司法》第73条第2句就股权转让后引发的公司章程修改，就属于其例外，允许不必进行股东会表决），况且天弘基金嗣后也确实公告了其相应的公司章程的修改，似乎也体现出各股东的决议意思；而“增资与认购协议”颇有“一揽子”协议的味道，似乎也不必由各认购人一一与目标公司来签约。因此，这两个程序要件的瑕疵，似乎可以通过意思表示的解释来予以补正。退一步说，在目前的公司实践中，公司内部治理不规范的现象极为普遍，如果严格地较真，恐怕大多数的交易行为都不够规范，其结果也不利于鼓励交易。

第二，这样一来，除最终的公司注册资本变更等登记手续，至目前尚未完成外，其他的增资步骤，均已一一走过——当然，这没有算上内蒙君正未缴纳增资款项。

（二）现行法规定上的疑问

但是，上述由现行法规定所归纳出的增资程序六步骤，每一步骤完成后能产生什么样的法律效力，在《公司法》中并不能找到明确的答案。具体到本案蚂蚁金服仲裁请求能获得支持的理论前提：

第一，本案的“增资与认购协议”，或者更为准确地说，公司与外部认购者签订“新股认购协议”，其在性质上能否完全等同于《合同法》上的“合同”，进而依照《合同法》第107条以下之规定，合同债权人可以要求乃至强制债务人“继续履行”？《公司法》的规定对此付之阙如。

第二，外部认购人在完成上述哪一步骤后，方能取得公司股权与股东资格，《公司法》的规定同样不明确。

五、理论分析

既然现行《公司法》无法提供明确的答案，那就看看相关理论书籍是如何阐述的。不过，检索手边国内的各种公司法教材，结果却很遗憾，因为在这些教科书中，公司增减资问题，极少作为专门的论题来处理，即使偶有涉猎，也是语焉不详。我提出的这两个问题，甭说找直接的答案，甚至连一丝的线索也是嗅不到的。增资本是公司实务中颇为常见的融资手段，为何在教材中得不到重视，笔者实在不明白。

情形既然如此，这就逼得笔者只好动用这实在拿不出手的公司法知识储备，来做一番推理。至于笔者推出的“理”是“在理”，还是强词夺“理”，这判断，就是列位看官尤其是各位方家的事了。

（一）增资程序与公司设立程序具有可比性

公司设立与公司增资相较，前者是公司从无到有，后者是公司从小到大、股东从少到多。这是两者的区别。比较两者的操作流程，却具有极相近的步骤。《公司法》第178条第1款（“有限责任公司增加注册资本时，股东认缴新增资本的出资，依照本法设立有限责任公司缴纳出资的有关规定执行”）所针对的虽仅是出资义务，但至少已揭示出两者间的可比性。更有进者，在笔者看来，两者不仅操作步骤之外形上具有近似性，甚至在内在的制度理念上，两者也是彼此共享的。不信？不妨先从股东资格取得这一关键点上来说说。

（二）在增资程序中，外部认购人之取得公司股东资格，也应以公司的工商登记为准

在公司设立中，公司仅在办理完毕公司登记后方取得公司法人之地位，其设立人也仅在此时方取得对公司的股权，以及相应的股东资格。对这一结论，想来不会有人提出质疑。从而《公司法》第32条第1款所规定的股东名册，虽有可能在公司设立过程就已置备，但股东依据股东名册来主张行使股东权利（即该条第2款），原则上只能在公司成立之后才应允许；换言之，股东名册的效力（是证据效力还是股东资格合法性推定效力，暂不论），只能发生在公司成立之后。一言以蔽之，在公司设立程序中，公司成立以及股东资格之取得，均以公司登记为其生效要件；欠缺公司登记，则无所谓的公司，更无所谓的股东。

类似的结论，也应体现于公司增资程序中。申言之，在公司注册资本未进行工商登记变更（外部认购人自然也未进行相应的工商登记、公司新章程也未

提交工商登记机关）时，即使在公司内部已经走完增资的所有其他步骤，但此时的公司仍为对应于原注册资本的原公司，从而其股东结构也只能保持原样。也就是说，公司因增资而由旧公司变为新公司，同样须以办理完毕工商登记为其生效要件；其结果必然导致外部认购人也只能以公司登记作为其取得股东资格的生效要件。

或有人说，公司增资与公司设立毕竟不同，因为此时公司已然成立，已享有法人资格，增资扩股只是增加新股东而已，对公司的法人地位并不产生影响。但在笔者看来，此论似是而非，因为与公司其他情形的变更不同，公司增资扩股已触及公司的基本结构，公司名称前后虽一，但其人员要素与资本要素却已今昔有别，故仍应以公司登记这一标志性程序，来界分公司的“旧我”与“新我”。

或又有人说，《公司法》第32条第3款明明规定，“公司应当将股东的姓名或者名称向公司登记机关登记；登记事项发生变更的，应当办理变更登记。未经登记或者变更登记的，不得对抗第三人”，公司增资扩股所引起的股东变更，应该属于该款规定的“变更登记”，从而未办理登记的后果，应仅产生“不得对抗第三人”的效力，似无将之解释为生效要件的理由。这一质疑在笔者看来，同样似是而非。因为该款所针对的只是单纯的股东事项变更问题，不涉及也不能适用于因增资扩股所引起的股东变更情形；退一步说，即使限缩至单纯的股东事项变更情形，该款规定在公司法理论上也是大有问题的——不过这已是题外话了。

顺着这一结论，则在未办理工商登记变更之前，外部认购人在目标公司内部，并不享有股东资格，从而也就不能主张基于股东地位才能享有的股东权利。这就意味着，即使在公司内部外部认购人已记载入新的股东名册，认购人也不得依《公司法》第32条第2款的规定，依据该股东名册来主张行使股东权。因为这一新的股东名册所体现的股东结构与股东权，无法对应于公司登记中所记载的注册资本。

（三）认购人依认购协议所生的增资缴纳义务，不具有可强制执行性

既然因增资程序所生的新股东之资格，以公司工商登记为其生效要件，那

么接下来关于认购协议的效力关系，也就能理顺：

符合相应程序与实质要件的认购协议，虽然已发生法律效力，认购人也因此负有相应的出资缴纳义务，但是这一义务在公司登记前，原则上不具有可强制执行性，即其权利人不得依《合同法》第 107 条来主张“继续履行”。仍不妨以公司设立情形来说明这一道理。在公司设立中，各设立发起人签订设立协议后，虽然负有依约缴纳出资的义务，但是在公司设立登记前，就某一发起人故意拖欠缴纳出资的行为，其他发起人实际上无法以起诉方式来强迫其缴纳出资，因为在公司法法理上，至少应践行不得强迫他人设立或参与公司组织的原则，也就是应尊重他人是否加入公司的意思自治，从而其他发起人只能主张拖缴人的违约责任，以及可能的导致公司设立失败的责任；只有在公司经登记而成立后，各发起人即股东的出资缴纳义务，才变为可强制执行的义务(《公司法》第 28 条)。这一道理，同样体现于公司增资扩股程序，从而目标公司以及其他认购人，不得对某一认购人出资义务强制执行，而只能通过其他的违约责任来获得救济。

认购协议对认购人不具有强制执行之效力，其对立面也就意味着，该协议对目标公司来说，同样也不具有相应的强制执行效力。这也就是说，目标公司虽然负有接受缴纳出资的义务，在接受出资后原则上也应按照约定，去办理相应的公司登记变更手续，但是在公司拖延不办理时，认购人也不得以起诉方式来强迫目标公司去办理公司登记变更手续。其道理与不得强迫他人加入某公司组织一样，也不得强迫公司接受外来的人加入自己。只不过在此时，目标公司要对认购人负返还已缴纳出资的责任，并承担违约责任或可能的缔约过失责任。

六、蚂蚁金服的事，有点麻烦—— 一点感慨

列位看官，照笔者这么分析，蚂蚁金服的事，是不是有点麻烦？

其仲裁请求的第一项即要求内蒙君正履行出资缴纳义务，照笔者的“法理”，是站不住脚的。其第二项与第三项请求，在逻辑上应颠倒一下，即先请求确认其股权，然后再依其股权所生的股东资格来主张限制内蒙君正的股东权(也就是《公司法解释(三)》第 16 条——不过由该条的反面解释可知，表决权应不在可限制之列)；饶是如此，其股东权取得，在笔者看来，并不是板上钉钉的事。其第四项请求，即请求办理完成本次交易的工商变更登记手续，同样也不具有可强制执行性。至于剩下的几项请求，哎，不说也罢。

再说点令蚂蚁金服更不高兴的话：就其第一至第五项仲裁请求，蚂蚁金服甚至不具有实体法上的请求权，从而其在程序法上，能不能当“原告”，也是大有可议的。

说了这许多的“无妄之理”，绝不是在颂扬内蒙君正的所作所为。笔者相信，以阿里这样的互联网金融巨头，如此的入股战略，一定有极高端的法律服务团队在从旁参与、设计。但最后为何会落得这般尴尬？——唉，现有的法律环境如此，你就为我国社会主义法律制度与体系的完善，交点学费吧。

直接规范发展第一步　但长征才刚刚开始

——评《区域性股权市场监督管理试行办法（征求意见稿）》

荣　浩*

摘　要

2015 年 6 月 26 日，中国证监会发布《区域性股权市场监督管理试行办法（征求意见稿）》，这酝酿已久的第一部直接规范区域性股权市场的监管办法终于出炉，首次明确了市场的基本定位、监管体制，划定监管底线，明确功能作用与支持措施，亮点颇多。但结合我国区域性股权市场的实践，其中，跨行政区域经营禁止与部分市场大刀阔斧积极开展全国业务明显冲突，人为地以行政区域强行分切市场是否违背了资本市场的发展规律有待探讨，对合格投资者标准问题的划定也显得模糊与暧昧，让人捉摸不定。本文结合中国和美国资本市场的相关实践，提出以经济性区域代替行政性区域，细化、分层建立合格投资者制度的建议。作为多层次资本市场塔基，场外市场在我国的发展一直严重滞后，加快建设刻不容缓，但法治是资本市场有效运行的根基，是市场长远发展与持续繁荣的保障。法治强，则市场兴。下定决心迈出第一步的确令人欣慰，但长征可能才刚刚开始。

* 作者单位：中关村股权交易服务集团。

关键词

区域性股权市场　场外市场　区域　合格投资者

2015年6月26日，中国证监会发布《区域性股权市场监督管理试行办法（征求意见稿）》（以下简称《试行办法》），正式向社会公开征求意见。这部酝酿已久的区域性股权市场（俗称“四板市场”）监管办法终于出炉。《试行办法》共列明24条原则性条款，明确了严格遵守“上位法”规定、保持政策连续及稳定性、划定底线突出市场自律、增强规则弹性包容创新等基本原则，对区域性股权市场的基本定位、功能作用、监管体制及底线、市场规则、支持措施等一系列问题也逐一明确，亮点颇多。《试行办法》公布之前，相关的成文规范只是从清理整顿交易所或监管证券公司角度进行规范，此次可谓是真正迈出了直接规范区域性股权市场发展的第一步。

《试行办法》公开后两天，6月28日上午，中原股权交易中心股份有限公司创立大会暨首届股东大会在郑州隆重召开；12天后，7月8日，哈尔滨股权交易中心敲响开市锣，标志着黑龙江省区域股权市场正式营业。至此，全国除港澳台地区和正在筹建中的云南外，先后共设立了34家区域性股权市场，基本覆盖我国所有省级行政区，大致形成了“一省一市场”的格局和“遍地开花”的盛况。但由于缺乏统一的法律规范，各地的区域性股权市场经历了很长一段时间的“野蛮生长”，如何正确引导和规范区域性股权市场的发展，发挥其完善我国多层次资本市场的作用，这段艰难的长征，可能才刚刚开始。

一、我国区域性股权市场的发展现状

在多层次资本市场建设中，我国一直以来的弱项是低层次场外市场，而这也恰恰是国际市场上规模最大、交易量最大、覆盖面最广的部分。[1]其实我国早在2003年中共十六届三中全会上就首次提出了要“建立多层次资本市场”，

---

〔1〕 以美国为例，美国的证券交易只有20%是在交易所市场进行，80%都在场外进行。在证券市场中，场内市场是证券市场的核心，但绝对不是证券市场的主体。证券市场真正的主体应该是范围更加广阔、容量更大的证券场外市场。

但相关实践却进展缓慢。直到2006年全国中小企业股份转让系统（以下简称新三板）出现，我国才有了现代意义上的场外市场。2008年9月天津股权交易所开业，在之后的4年里，区域性股权市场发展一直比较缓慢，只相继成立了重庆、上海、齐鲁几家市场（有些虽成立，但一直没有正式运行）。2012年以来，政府政策不断明朗。2013年国务院办公厅颁布《关于金融支持小微企业发展的实施意见》，明确提出“将区域性股权市场纳入多层次资本市场体系”。2013年，区域股权交易市场迎来了爆发式增长。2014年，辽宁、福建、山西、江苏、安徽、新疆、北京、青海等地的12家区域性股权市场相继成立并营业。截至2015年7月中原股权交易中心、哈尔滨股权交易中心成立后，全国已有34家区域性股权交易中心挂牌运营，已经涵盖了云南（正在筹建）、港澳台之外的我国所有省级行政区，基本形成了“一省一市场”的格局且成为多个地方金融改革的重点（见表1）。

表1　我国区域性股权市场建设情况统计[1]

直辖市	北京	北京股权交易中心	2013年1月
	天津	天津股权交易所	2008年9月
	上海	上海股权托管交易中心	2012年2月1日
	重庆	重庆股份转让中心	2009年7月
自治区	内蒙古	内蒙古股权交易中心	2014年5月22日
	新疆	新疆股权交易中心	2013年3月
	广西	广西北部湾股权交易所	2014年9月
	西藏	成都（川藏）股权交易中心	2013年7月
	宁夏	宁夏股权托管交易中心	2015年6月
省	河北	石家庄股权交易所	2013年10月29日
	山西	山西股权交易中心	2013年8月
	辽宁	辽宁股权交易中心	2013年3月
		大连股权交易中心	2013年2月

〔1〕资料来源：主要参考各区域性股权市场官方主页和相关新闻报道。

续表

省	吉林	吉林省股权交易所	2011年5月
	黑龙江	哈尔滨股权交易中心	2011年5月
	江苏	江苏股权交易中心	2013年9月
	浙江	浙江股权交易中心	2012年10月
	安徽	安徽省股权托管交易中心	2013年6月
	福建	海峡股权交易中心	2013年7月
		厦门两岸股权交易中心	2013年12月
	江西	江西省股权交易所	2011年6月
	山东	齐鲁股权交易中心	2010年12月
		青岛蓝海股权中心	2013年12月
	河南	中原股权交易中心	2015年7月
	湖北	武汉股权托管交易中心	2011年6月
	湖南	湖南股权交易所	2012年12月
	广东	广州金融高新区股权交易中心	2013年7月11日
		广州股权交易中心	2012年8月9日
		前海股权交易中心	2012年5月15日
	海南	海南股权交易中心	2014年10月
	四川	成都(川藏)股权交易中心	与西藏联建
	贵州	贵州股权托管交易中心	2011年2月
	云南	无	—
	陕西	陕西股权交易中心	2014年5月
	甘肃	甘肃股权交易中心	2013年12月
	青海	青海省股权交易中心	2013年7月
	台湾	无	—
特别行政区	香港	无	—
	澳门	无	—

2014年5月8日，国务院出台的《关于进一步促进资本市场健康发展的若干意见》(以下简称新国九条)进一步提出要“发展多层次的股票市场”，“在清理整顿的基础上，将区域性股权市场纳入多层次资本市场体系。完善集中统一的登记结算制度”，为新三板、区域性股权市场的定位、监管与发展带来

更大的利好，进而为解决中小微企业融资难的问题拓展更为广阔的途径。

根据本次证监会公布的数据，截至 2015 年 4 月底，全国已设立的 33 家区域性股权市场，共有挂牌股份公司 2597 家，展示企业 2.65 万家，累计为企业实现各类融资 2435 亿元。[1]从实践情况来看，区域性股权市场对中小微企业的吸引力日益增强，市场人气逐渐集聚，得到了社会各界越来越多的关心、重视和支持，很多地方政府都出台了鼓励本地企业进入市场挂牌的政策措施。目前，区域性股权市场总体上运行规范，风险基本可控，形成了一定的市场规模，在服务中小微企业进行私募融资和股权转让、帮助中小微企业获得银行信贷资金、引入专业投资机构、提升公司治理与规范运作水平等方面都发挥了积极的作用。并且，区域性股权市场具有较强的探索性和开拓性，近年来不断丰富满足中小微企业多元化融资需求的方式和途径，有的尝试和做法经实践检验后甚至可以为公开市场借鉴采用。

二、《试行办法》发布前区域性股权市场适用的政策法规体系

检索我国区域性股权市场的法律制度体系，在《试行办法》发布前，整体立法层次较低，缺乏统一的法律规范，还没有一部真正对区域性股权市场验明正身的法规出现，诸如区域性股权市场定位、监管的顶层设计等还处于彷徨期（见表 2 ）。

之前成文的规范只有部门规章、地方性规章或者是政策性文件，法律效力并不高。2008 年以来，为了破解中小微企业融资难题，各地陆续设立了一批区域性股权市场。2011 年 11 月和 2012 年 7 月，针对地方各类交易场所出现的违法违规行为和暴露出的风险，国务院和国务院办公厅先后出台《国务院关于清理整顿各类交易场所切实防范风险的决定》和《国务院办公厅关于清理整顿各类交易场所切实防范风险的决定》决定对包括区域性股权市场在内的各类交易场所进行清理整顿，并明确了各类交易场所运行的底线要求。2012 年 8 月，为推动区域性股权市场健康发展，证监会发布《关于规范证券公司参

---

〔1〕 参见《关于〈区域性股权市场监督管理试行办法（征求意见稿）〉的起草说明》，载中国证监会网：http://www.csrc.gov.cn/pub/zjhpublic/G00306201/201506/P020150626636051716183.pdf，最后访问日期：2015 年 7 月 20 日。

与区域性股权交易市场的指导意见（试行）》（证监会公告〔2012〕20号），从规范证券公司参与区域性股权市场的角度，对市场发展间接提出了规范要求。在这些规定的引导下，区域性股权市场逐步走上了规范的发展道路。

2013年8月，国务院办公厅出台《关于金融支持小微企业发展的实施意见》（国办发〔2013〕87号），首次提出要在清理整顿各类交易场所的基础上，将区域性股权市场纳入多层次资本市场体系。2013年11月，《中共中央关于全面深化改革若干重大问题的决定》提出了健全多层次资本市场体系，多渠道推动股权融资的要求。2014年2月，中央机构编制委员会办公室批准证监会有关部门“三定”方案，明确打击非法证券期货活动局（以下简称打非局）负责制定区域性股权市场的监管规则和实施细则。5月，“新国九条”再次重申，“在清理整顿的基础上，将区域性股权市场纳入多层次资本市场体系”。8月，国务院出台《关于界定中央和地方金融监管职责和风险处置责任的意见》的文件，规定省级人民政府依法对区域性股权市场实施监管，中央金融监管部门制定区域性股权市场的监管规则，并对跨区域市场实行备案管理。

表2　《试行办法》发布前区域性股权市场适用的政策法规体系

层次	颁发部门	颁发时间	法律、法规或政策名称
国家层面	全国人民代表大会常务委员会	1993年12月29日（1999年、2004年、2005年、2013年先后修订）	《中华人民共和国公司法》
	国务院	2011年11月11日	《国务院关于清理整顿各类交易场所切实防范风险的决定》（国发〔2011〕38号）
	国务院办公厅	2012年7月12日	《国务院办公厅关于清理整顿各类交易场所的实施意见》（国发〔2012〕37号）
部门规章	中国证监会	2012年8月23日	《关于规范证券公司参与区域性股权交易市场的指导意见（试行）》（证监会公告〔2012〕20号）
	中国证监会	2014年5月13日	《关于进一步推进证券经营机构创新发展的意见》（证监发〔2014〕37号）
行业组织自律规定	中国证券业协会	2013年	《证券公司参与区域性股权交易市场业务规范》

续表

层次	颁发部门	颁发时间	法律、法规或政策名称
地方政府各类政策、措施、规定等	各地方省级政府（以北京市为例）	2012年	《北京人民政府关于印发北京市交易场所管理办法（试行）的通知》（北京政府36号文）
		2013年	《北京市人民政府办公厅关于推进区域性股权交易市场规范发展的指导意见》（京政办发〔2013〕63号）
区域性股权交易市场自身制定的制度	各区域性股权交易市场自身（以北京市为例）	2013年	《北京市股权交易中心股份有限公司股份挂牌转让业务规则（试行）》
		2013年	《北京市股权交易中心股份有限责任公司股份报价转让业务规则（试行）》
		2013年	《北京市股权交易中心登记结算业务规则（试行）》
		2013年	《北京市股权交易中心会员管理规则（试行）》
		2013年	《北京市股权交易中心投资者适当性管理规则（试行）》

三、《试行办法》中的诸多亮点

（一）首次明确市场基本定位

《试行办法》首次明确了区域性股权市场的基本定位，明确区域性股权市场是"为其运营机构所在地省级行政区划内中小微企业私募证券的发行、转让及相关活动提供设施与服务的私募证券市场"。按照笔者的理解，区域性股权市场应是为一定区域内企业私募股票或其他私募证券的发行、转让及相关活动提供设施与服务的交易场所，是区域性私募证券市场。由于我国资本市场采用"拿来主义"，直接进行场内市场建设，[1]由上而下，其优势是"起点高、发

〔1〕 海外资本市场的发展是按照先场外、后场内，由下往上的模式逐步演进的。以美国为例，美国的多层次资本市场主要包括：第一，纽约证券交易所、纳斯达克和美国证券交易所（AMEX）是向企业提供股权融资的全国性市场；第二，是由波士顿股票交易所、芝加哥股票交易所、太平洋股票交易所等地方性股票交易所构成的区域性交易所市场；第三，是由OTCBB版块、粉红单版块等组成的美国场外市场。这3个组成部分内部也有不同的层级区分，以3个主要构架下包含的不同层级构筑了多层次美国资本市场。这个完善的多级层次资本市场体系使不同规模、不同需求的企业都可以利用资本市场进行融资、交易，获得发展机会。场外交易市场在美国多层次资本市场体系中不可或缺。特别是美国的OTC市场，成功地为几千家高科技企业上市融资并发展壮大，对于美国的经济保持稳定增长功不可没。

展快、规则先行、规范护航”。[1]但是，以交易所为主体的资本市场逐渐暴露出市场功能的严重缺陷，我国的资本市场体系目前主要由交易所市场和新三板等公开市场组成，私募市场发育非常不充分。

国务院 2014 年 5 月 9 日发布新国九条提出，要积极发挥有关市场组织的作用，建立健全私募产品发行监管制度，培育私募市场。区域性股权市场以服务中小微企业为使命，而绝大多数中小微企业并不需要股权频繁流转和大额融资，无须进入公开市场挂牌上市，往往也不具备在公开市场融资或获得银行贷款的条件，私募市场更适合其现实需求。因此，将区域性股权市场定位为私募证券市场，是落实新国九条的需求，是为最广大的中小微企业提供资本市场服务、从而切实加强对实体经济薄弱环节支持的必然要求，也有利于将区域性股权市场与其他资本市场体系组成部分区别开来，实现功能互补和错位发展，为区域性股权市场自身的发展提供广阔空间。

（二）首次明确监管体制

《试行办法》首次明确了区域性股权市场的监管体制，在之前国务院有关文件已有原则规定的基础上，对具体监管工作如地方政府有关监管部门的职责（区域性股权市场的运营机构由省级人民政府按照国务院规定批准设立）进行了进一步的细化规定。特别值得注意的是，《试行办法》明确了一省只批准一家运营机构的要求，规定“办法施行前省级行政区划内已经设立运营机构的，不再设立；尚未设立的，可以设立 1 家”。笔者认为，这对于严格执行 37 号文中地方交易场所“总量控制、合理布局、审慎审批”的原则非常必要。区域性股权市场的建设中，已经出现了地方政府出于经济发展以及区域间竞争攀比等考虑，在省一级已有股权交易中心的情况下，下属地市级还要申请设立的情况，如辽宁、山东、福建已经各建立 2 家、广东省更是建立了 3 家，盲目建设和重复建设等问题已经出现苗头。而这一问题在我国其实已有前车之鉴，

〔1〕 我国的证券市场有着很久的发展历史，但是我国证券市场有着独特的特点，即 1949 年前后的中国证券市场之间没有直接的继承和延续关系，其市场发展情况也有着很大差异。我国现有的证券市场体系主要是改革开放以后，以上海证券交易所和深圳证券交易所设立为标志开始的证券集中交易市场建立和发展而来的。

如产权交易所。1999年至2003年，一种融合了产权交易与技术市场，名为“技术产权交易所”的市场组织，如雨后春笋般迅猛发展，在一些经济中心城市，如上海、北京、深圳、成都、西安和武汉等，在各地政府倡导下先后成立了近20家技术产权交易所。这类“技术产权交易所”对资本、投资和技术创新进行了结合，积极推动我国中小企业融资和相关技术创新。2003年，我国产权交易市场因为国有产权必须强制进场交易的规定，[1]又迎来了一个快速发展期，全国各地从省级到市级，先后疯狂地建立产权交易所。比较大的上海联合产权交易所、北京产权交易所都于2003年前后问世。截至目前，全国仍有大大小小的产权交易所200多家。

（三）划定监管底线

区域性股权市场是近几年发展起来的新鲜事物，许多方面仍在探索之中，尚未形成成熟稳定的模式，比较可喜的是，《试行办法》采取负面清单管理的方式，除了着重划出防控金融风险、维护市场秩序、保护投资者利益所必需的基本行为底线要求之外，淡化监管色彩，突出市场自律。主要的监管底线有：其一，为落实证券法的规定，“不得采用广告、公开劝诱等公开或者变相公开方式发行证券”。其二，考虑到私募证券市场的风险较大，受到的监管较少，为保护投资者利益，规定了“市场投资者应当是合格投资者，不得向不具备合格投资者标准的投资者发行或转让证券”。其三，《国务院关于清理整顿各类交易场所切实防范风险的决定》及《国务院办公厅关于清理整顿各类交易场所的实施意见》从清理整顿的角度，对交易所的交易方式和时间间隔作了限制规定。其四，从维护市场秩序、保护投资者利益出发，强调了禁止内幕交易、操纵市场、欺诈误导等应当坚守的底线要求。

（四）明确功能作用和支持措施

2014年证监会主席肖钢密集调研了区域性股权市场：广州股权交易中心

〔1〕 2003年11月，党的十六届三中全会作出《中共中央关于完善社会主义市场经济体制若干问题的决定》，同年12月31日，国资委和财政部联合公布《企业国有产权转让管理暂行办法》，要求企业国有产权转让必须进场交易。

(2014年2月27日)、浙江股权交易中心(2014年5月15日)、石家庄股权交易所(2014年11月12日)。2015年3月7日,肖钢在接受媒体采访时表示,"区域性股权市场定位应该体现在四个方面:对小微企业培育和规范的园地;小微企业的融资中心;地方政府扶持小微企业发展综合政策运用的平台;资本市场中介服务的延伸。"《试行办法》坚持了肖钢对区域性股权市场这四项功能作用的认定。同时,《试行办法》也对区域性股权市场与新三板、证券业协会、证券公司的相关合作也进行了支持性规定。

四、现有区域性股权市场实践与《试行办法》的冲突及法律分析

(一)跨区域经营禁止

1. 现有区域性股权市场实践与市场基本定位的冲突

《试行办法》强调区域性股权市场是区域性私募证券市场,特别再次明确禁止区域性股权市场接纳非本地企业挂牌,有媒体评论称,"以釜底抽薪的方式结束了一直以来四板与三板为争夺企业资源进行的明争暗斗。此后,上帝的归上帝,凯撒的归凯撒,四板将进入全新的监管时代"。[1]但在实践中,部分区域性股权市场存在跨区域开展业务的实践,甚至有区域性股权市场大刀阔斧开展全国业务,公开与新三板叫板。有研究通过ChinaScope数据库获得的不完全统计数据显示,截至2015年7月15日,全国区域性股权市场跨区域挂牌的企业达到1456家,主要分布于前海股权交易中心(851家)、天津股权交易所(436家)、上海股权托管交易中心(151家)、重庆股份转让中心(17家)、武汉股权托管交易中心(1家)等区域性股权交易市场。[2]天津股权交易所在山西、广东、福建、江苏和天津等地成立了7大运营分中心,有来自全国29个省市的企业挂牌;上海股权托管交易中心则积极扩展长三角等地区的企业资源,截至2014年10月底,在各地方政府积极主动的支持下,在全国范围内迅速扩

〔1〕 谷枫:《四板监管新时代:三板的归三板,四板的归四板》,载《21世纪经济报道》2015年7月2日,第16版。

〔2〕 参见左永刚:《四板市场生存空间年内圈定　逾1400家企业或面临清退风险》,载《证券日报》2015年7月15日,第A1版。

张，先后设立了191个企业挂牌孵化基地。[1]

2. 跨行政“区域”经营禁止规定的来源

实际上《试行办法》中，对我国区域性股权市场关于跨行政“区域”的经营禁止规定，是延续了2012年8月证监会发布的证监会20号文中，将“区域”严格限定为省级行政区域，如果区域市场接受外省企业异地挂牌展示等，就被视为经营活动、业务开展跨出了“区域”，属于违规行为的规定。[2]

这种对“区域”概念的狭义解释，一方面限制了区域性股权市场跨行政区域开展业务活动，另一方面也间接造成每个行政区域内必须建设自己的区域性股权市场的结果。2012年以来，全国各地都在建设区域性股权市场，基本上每个省都有，一些省份还成立有多家市场。

这种对区域市场推动的热情是应该鼓励的，但是，也存在一些盲动的因素，可能是对“区域性”概念定义的偏差和理解的过分狭隘。这种人为限制的做法，使市场功能无法完全发挥，重复建设严重，浪费市场资源，极大地限制了市场的竞争与发展。在地方政府的行政干预下，绝大多数地方企业被人为地设置壁垒，被要求到当地区域性股权市场挂牌，带有隐含的“强制性”在里面，使在区域性股权市场挂牌的企业进退两难。[3]这些过分“溺爱”的行政强制做法与市场原则相背离，或为区域性股权市场埋下“定时炸弹”——区域性股权市场建设热情退潮后，很可能出现机制僵化、动力减弱及运营衰退等现象。

3. 美国资本市场区域界限不断被打破的历史经验

回顾美国资本市场的发展经验，由于信息化等高新技术的不断发展与应

---

〔1〕 参见《〈上海股交中心〉双月刊（2014年11月号 总八期）》，载上海股权托管交易中心网：http://www.china-see.com/attached/file/20141111/20141111163314_431.pdf，最后访问日期：2015年7月20日。

〔2〕 证监会20号文《关于规范证券公司参与区域性股权市场的指导意见》（试行）第2条第2款第2项规定：“区域性市场是为市场所在地省级行政区域内的企业特别是中小微企业提供股权、债券的转让和融资服务的私募市场，接受省级人民政府监管。区域性市场原则上不得跨区域设立营业性分支机构，不得接受跨区域公司挂牌。”

〔3〕 根据部分企业实践中反映，某南方省份政府行政部门强制要求行政区域内的中小微企业在某日期前必须前往区域性股权交易市场挂牌，这种行政色彩浓厚的强制挂牌行为，也导致部分区域性股权市场的业务数据存在一定的水分。

用，区域之间的信息屏障不断被打破，区域之间的界限也越来越模糊。由于资本市场规模效应的特征尤其突出，市场参与人数越多，挂牌资源越丰富的市场，其配置资源的效率必然越高。所以，不同市场相同业务之间的竞争越来越激烈，在市场优胜劣汰、自由选择的情况下，随着规模竞争、信息技术、统一监管的发展，业务相同的不同市场之间合并与联合的趋势也越来越明显。

同国内资本市场2012年以来区域性市场“遍地开花”的盛况形成鲜明对比，美国资本市场历史上曾经数十甚至上百之多的证券交易所，经过一个多世纪的规模化竞争、电子化应用，却呈现了数量由多到少、功能定位从区域性向同质化等完全相反的趋势。市场竞争不断加剧，资源不断集聚，美国资本市场的各个层次都逐步向全国开放，区域的限制不断被打破。[1]

美国的资本市场是一个非常立体和有深度的市场，其多层次体现在两个方面：一是在美国资本市场的内部存在多个不同层次；二是同一家交易所（或交易所集团）内部又存在多个不同层次的进一步细分。美国证券交易所的数量，在鼎盛时期最多曾经达到过几百所。但是随着竞争的不断加剧，电子化应用的日趋广泛，经过一个多世纪的不断合并、联合，截至2014年年底，获得SEC注册批准的“国家证券交易所”（National Securities Exchange）只剩下16家，因交易量有限被SEC豁免注册的交易所也仅有2家。[2]另外，美国目前还存在几十家另类交易系统（ATS）和200多家经纪自营商（Broker Dealer）内部撮合平台，形成了近300个上市股票的交易中心（见表3）。[3]

---

〔1〕 参见张云峰：《无序生长的我国场外市场将往何处去》，载中国证券网：http://jrz.cnstock.com/yw/201411/3247730.htm，最后访问日期：2015年3月5日。

〔2〕《美国1934年证券交易法》第5节规定，任何一个经纪商、交易商或交易所，直接或间接使用邮件或其他洲际商业工具，通过美国境内交易所的任何设施完成或报告证券交易，都是非法的，除非该交易所依据本法第6节注册为国家证券交易所，或者由于该交易所的交易量有限，SEC出于公共利益和投资者保护之考虑，对其注册申请予以豁免。目前国家证券交易所有16家，因交易量有限被豁免注册的为Arizona Stock Exchange和SWX Europe Limited。另外，如果是从事证券期货交易的公司（目前有6家），则根据《美国1934年证券交易法》的第6节（g）注册成为交易所。

〔3〕 资料来源：美国证监会网站。

表 3 美国股权市场体系

市场类别	市场类型	代表市场	特点
上市公司股票交易市场	交易所，16 家	NYSE、NASDAQ 等	在 SEC 注册为交易所
	另类交易系统（ATS），90 多家	电子通讯网络和黑池平台	在 SEC 注册为自营经纪商及 ATS
	经纪自营商的内部撮合平台，200 多家	做市商平台等	在 SEC 注册为自营经纪商
非上市公司股票交易市场	OTC 市场	粉单市场和公告板市场	交易由做市商组织完成，做市商通过报价系统连接起来分别形成公告板市场和粉单市场
	非标权益市场和私募市场	Portal、SecondMarket 等	针对客户需要提供个性化交易服务

获 SEC 批准的 16 家“国家证券交易所”当中，最为著名的恐怕要数纽约股票交易所（New York Stock Exchange, NYSE）、纳斯达克股票交易所（NASDAQ Stock Exchange, NASDAQ）和 NYSE 全美证券交易所（American Stock Exchange, AMEX）三家，这三家巨型证券交易所几乎包揽了美国全部的上市公司和市值。[1]除这三家巨型证券交易所之外，美国还有许多历史非常悠久的“区域性”交易所，例如芝加哥股票交易所、国家股票交易所等（见表 4）。

表 4 美国区域性股权市场现状

区域性股权市场	现状
费城证券交易所	2007 年被 NASDAQ 收购
太平洋证券交易所	2006 年被证交所 NYSE 收购
辛辛那提证券交易所	2003 年更名为全美股票交易所（NSX），从区域性交易所发展成为美国证券行业的全国性交易所

〔1〕 纽约股票交易所（New York Stock Exchange, NYSE），纳斯达克股票交易所（NASDAQ Stock Exchange,NASDAQ）占据主导地位。美国股票交易所（American Stock Exchange）曾为第二大交易所，2008 年被并购纳入纽约泛欧证交所集团，并更名为 NYSE AMEX。其他“区域性”交易所、新兴交易所及以期权等衍生品为主的交易所，几乎没有单独上市的公司。因此无论监管方，世界交易所联盟，业界或学术界对上市公司的统计，毫无例外地包括 NYSE、NYSE AMEX、NASDAQ 三家交易所，其他则忽略不计。

续表

区域性股权市场	现状
波士顿证券交易所	2007年被NASDAQ收购
芝加哥证券交易所	加入美国全国性市场体系NMS，可交易其他交易所上市股票

需要特别注意的是，虽然名称上与我国的区域性股权市场非常相似，但美国这些所谓的“区域性”交易所，其实拥有在美国证监会SEC注册的国家证券交易所资格，在本质上属于场内市场。它们与我国清理整顿前的地方性交易所或者目前建设中的区域性股权市场在多层次资本市场中实质上处于不同的层级。

这里做对比讨论仅限于在现代资本市场，“区域”的限制不断被打破，行政性人为限定跨区域经营禁止违背了资本市场的发展规律和现实需要。美国历史上这类“区域性”交易所曾经遍布全国，多达数十家，但是随着资本市场的不断发展，合并和联合成为它们不可逆转的“宿命”。目前，它们中的大多数都闭门歇业或被兼并联合，这些区域性交易所主要承担的是三大交易所上市公司的非上市交易职能。

回顾美国区域性市场的发展历史，它们主要成立于19世纪到20世纪初。成立时，它们的定位首先是为区域内广大非上市的中小企业提供以非营利为目的的股权、债券转让服务。[1]20世纪中叶后，随着资本的全球化程度加深，资本的流动速度不断加快。美国区域性股权市场在竞争中，往往不敌全国性股权市场，如表4所示，各区域的股权交易所纷纷关闭或被收购。截至2014年年底，在美国证监会SEC注册的“区域性”证券交易所只剩下5家了，并且需要特别指出的是其中3家已被纽约证券交易所或纳斯达克收购。即使是目前仍然存在的2家区域性证券交易所，虽然尚没有被纽约证券交易所或纳斯达克收购，但是其主要职能也只是沦为这两家的区域交易中心，基本丧失上市这一证券交易所最核心的功能。[2]

---

〔1〕 参见顾鑫：《区域性股权市场翘首良性发展》，载和讯网：http://stock.hexun.com/2014-09-19/168623900.html，最后访问日期：2014年9月19日。

〔2〕 参见侯睿：《国内区域性股权市场规范发展研究》，载《西南金融》2013年第10期。

可见，美国自下而上发展而成的多层次资本市场，由于历史发展等因素，区域性市场是全国性交易所市场的基础或前身。而中国自上而下的多层次资本市场建设，在信息化程度高度发达，区域鸿沟与界限不断淡化的今天，仍然坚持强行按照行政区域进行分割，各省各自为阵，未免有重复建设之嫌。早期交易所由于证券交易纸质化等原因，承载能力和容量必定有限，在信息化和电子化高度发达的今天，在金融市场的管理与服务半径已完全能满足市场需要的客观情况下，严格限制跨行政区域经营是否逆信息化、电子化历史发展潮流？区域性股权市场是否存在因市场行政垄断导致区域分割以及重复建设？区域性股权市场建设“遍地开花”的背后，到底是市场繁荣驱动，还是由于跨行政区域经营禁止下造成的重复建设无奈之举？这些问题都很值得深入反思。

4. 我国资本市场跨行政区域联合的实践

再参考我国资本市场跨行政区域联合的相关实践。1999 年至 2003 年，是我国场外市场的恢复发展时期。产权交易与技术市场相互融合，一种名为“技术产权交易所”的市场组织如雨后春笋般发展十分迅猛。这类“技术产权交易所”对资本、投资和技术创新进行了结合，对我国中小企业融资和相关技术创新活动起到一定的积极作用。[1]

2003 年我国规定国有产权必须强制进场交易，这一政策利好使我国产权交易市场发展更为迅猛。[2]上海联合产权交易所、北京产权交易所都于 2003 年前后问世。截至目前，全国有大大小小的产权交易所 200 多家。

最初，产权交易市场在我国的建设也是按照行政区域划分，各自为阵。但是发展到一定阶段之后，产权交易市场却转而呈现了区域联合的特点，先后形成联合长江流域七省二市的上海联合产权交易所，联合天津、北京、黑龙江、

---

〔1〕 在一些经济中心城市，如上海、北京、深圳、成都、西安和武汉等在各地政府倡导下先后成立了近 20 家技术产权交易所。

〔2〕 2003 年 10 月，党的十六届三中全会作出《中共中央关于完善社会主义市场经济体制若干问题的决定》，同年 12 月 31 日，国资委和财政部联合公布《企业国有产权转让管理暂行办法》，要求企业国有产权转让必须进场交易。

河北、河南、青岛、山西等的北方产权交易共同市场，联合贵阳、新疆、四川、云南、甘肃、重庆等的西部产权交易共同市场，联合青岛、青海、甘肃、宁夏、呼和浩特、山西等的黄河流域产权交易共同市场四个产权交易共同市场。

可见，以行政区域强行划分市场的资本市场实践在我国也是行不通的。分裂行政区域之间的资本流通必然违背资本市场规律，初期以行政区域强行分裂建立的市场，发展到一定阶段也终将走向跨行政区域的联合。

5. 建议以经济性“区域”替代行政性“区域”

《试行办法》将“区域”限定为省、自治区和直辖市，这意味着如果某区域性股权市场开展了非其所在省份的企业跨省挂牌展示等业务活动，即被视为跨区域经营，属于违规经营。不过值得特别注意的是，《试行办法》中，其实也给跨行政“区域”经营，预留了一定的实践操作空间，即第5条第1款后半句“但是，运营机构所在地和企业所在地省级人民政府已就此类企业的日常监管和风险处置职责签订协议、明确分工的除外”。而在目前的实践中也已经有了先例，四川省与西藏自治区联建的成都（川藏）股权交易中心，是经过四川省人民政府和西藏自治区人民政府双方同意的联建行为，成为我国第一个事实上实现跨行政“区域”经营的区域性股权交易平台。

但是这一行为并不具备可推广性，首先，因为即使四川和西藏的企业可以跨行政“区域”挂牌，也只是四川和西藏之间的跨行政“区域”，也不能到北京、上海或天津挂牌，这仍然存在非常大的局限；其次这是在区域性股权市场最初建立时就进行的“特事特办”，对于已经成立的其他33家区域性股权市场不具有可复制性和模仿途径。

证监会严格限定行政区域的初衷可能是出于监管便利和有效控制风险，[1]但是区域性市场本质是受制于所处时代技术水平的产物，现代信息技术高度

〔1〕 实践中确实出现了个别区域性股权市场因跨区招揽挂牌公司、无序竞争、“重挂牌，轻监管”，引发不法分子趁机以“四板上市”为幌子，变换方式，大肆进行违法活动，欺诈投资者，严重损害投资者利益的案例。参见《案例警示——高度警惕以在陕西省外区域性股权市场挂牌为幌子非法集资诈骗活动》，载证监会官网，http://www.csrc.gov.cn/pub/shanxidong/xxfw/tzzsyd/201505/t20150529_278129.htm，最后访问日期：2015年7月20日。

发达、通信手段高度便利，由于地理位置遥远不便于监管的问题已经极大程度地得到了解决。因此，放开行政区域化限定，开放市场服务范围，并不存在巨大的监管风险。[1]

由于各种市场资源的分配不均，加之各个区域性股权市场运营状况存在差距，同等条件下，企业肯定会选择对自己条件最为有利的区域性股权市场进行挂牌，如果给予企业自由的选择权利，跨“行政”区域必然会成为一种趋势。在这种趋势下，保持一省一家股权市场的状态将不再现实，像产权交易市场一样，跨行政“区域”联合性市场或将成为某种方向。从国外经验来看，我国的西南、西北、京津冀、长三角、珠三角中部、东北等经济联系一直非常密切的经济区域极有可能形成几个联合性的场外交易场所，这也是资本自由流动、追逐利润最大化的必然结果。

事实上，虽然我国区域性股权市场成立时间普遍较短，但是成立之初在股东架构上已经显现出未来合作的可能性。截至 2014 年年底，33 家区域市场在运营过程中，普遍表现出股权结构多元化的态势，有超过 37 家券商参股了 22 家区域市场。而沪深交易所也积极参与，深交所参股 11 家（达全国总数的 1/3）；上交所参股 3 家，共计 14 家，几乎达到全国 33 家的一半。两大交易所不仅积极参与，在持股比例上也不甘示弱，上交所对上海股权托管交易中心的持股比例高达 29%，对浙江和辽宁也达到 20%；而深交所仅对重庆、武汉和北京的持股比例就达到 15%，其他在 5%～10%。[2]沪深两大交易所对区域性股权市场建设的高涨参与热情，一方面为各地区域市场未来与高层次资本市场的对接工作提供了便利，另一方面也为各地之间加强信息沟通、开展深度合作与联合打下了基础。

《试行办法》实际上也为区域性股权市场的跨行政“区域”经营预留了出口。其规定“运营机构所在地和企业所在地省级人民政府已就此类企业的日常

---

〔1〕 参见张云峰：《无序生长的我国场外市场将往何处去》，载中国证券网：http：//jrz.cnstock.com/yw/201411/3247730.htm，最后访问日期：2015 年 3 月 5 日。

〔2〕 参见松壑：《五类股东蛰伏 30 家股交中心交易所、券商“暗战”四板》，载和讯网：http：//stock.hexun.com/2014-05-17/164875525.html，最后访问日期：2014 年 5 月 17 日。

监管和风险处置职责签订协议、明确分工的除外”和“区域性股权市场为其运营机构所在地省级行政区划外企业提供服务的，运营机构应当事先将前款规定的两地省级人民政府的职责分工协议报中国证监会备案”。可见，各地区域性股权市场原则上应先立足于本省地的发展，不得接受跨行政“区域”挂牌。在必要的情况下，经所跨行政“区域”地区省级人民政府批准，就此类企业的日常监管和风险处置职责签订协议、明确分工，也可将业务延伸至其他省份。这样就为大型跨行政“区域”股权交易市场的建立找到了法律依据。在充分竞争后各地区域性股权市场将可能整合资源，建立跨行政“区域”的联合交易市场。

通览我国省级行政区域，基本上每个省级行政区域都建立了区域性股权市场，个别沿海省市还建立了多个。对于沿海比较发达的省份来说，因为许多市级城市聚集了大量优质企业资源，在金融诉求下，早期在同一省份内出现几家股权交易市场或许是一种正常情况，如广东省有广州、前海、佛山3家市场，福建有厦门和平潭2家，辽宁省有辽宁和大连2家，山东有齐鲁和青岛2家。另外，一些省级区域性股权市场在同一省份内还建立了许多子市场，如山东两家区域性股权市场之一的齐鲁股权托管交易中心于2013年7月5日成立了东营管理中心，同月12日成立了济宁管理中心；2014年4月18日成立了烟台运营分中心，同年4月26日成立了济南分中心。大有在全省所属市级城市都设立分中心的味道。

显然，在同一区域内同时建立多个区域性股权市场，如果开展的业务没有区分层次与错位经营，必然会导致同质化竞争越发激烈，市场的生存空间会不断地被挤压。所以，后成立的区域性股权市场，就呈现了金融创新与个性化服务的特点。如许多区域性股权市场积极开展信贷资产转让、知识产权许可交易与质押融资、资产证券化的权益流通等创新业务，试图在日趋激烈的市场竞争中打造自己的特色与独特竞争力。由此可见，富有金融创新与开拓精神，专注于某项特色业务，可能成为某些区域性股权市场的在激烈的竞争中实现“突围”的法宝。

从海外资本市场的运作经验来看，随着规模化竞争、全球化并购、电子化浪潮，以及时代发展和技术进步，市场之间竞争将不断加剧，资源会进一步集聚。我国目前的实践中，大部分区域性股权市场按照证监会的要求，只接受本省范围内的企业挂牌，只有上海股权交易托管中心、天津股权交易所、前海股权交易中心等少数市场接受全国范围内的企业异地挂牌申请。〔1〕

笔者建议，可以用经济性的“区域”概念代替行政化的“区域”概念，吸取产权交易市场区域联合的发展规律的经验，将全国按照京津冀、长三角、珠三角、东三省、西部区域、中部区域等经济性“区域”进行引导，加强区域联合，建立跨行政区域的联合交易市场。实践中，联系较为紧密的经济区域内的邻省区域性股权市场之间，也已经在积极寻求合作的机制和空间。〔2〕各区域性股权市场发展水平不一，投融资功能和服务效率有差异，随着参与主体多元化以及企业融资需求多元化，发展势头好的股权交易市场将更具吸引力，区域扩张将成为必然选择。为此应逐步放开区域限制，允许企业异地挂牌，允许各区域性股权市场之间联合和并购，形成规模效应，促进要素集聚，促使做大做强，可以更好地发挥区域性股权市场的基础性层次作用。

(二)合格投资者

1. 现有区域性股权市场实践与市场基本定位的冲突

《试行办法》第10条第2款对“合格投资者”作如下规定：“运营机构应当规定合格投资者的具体标准和认定方法，并在本机构营业场所和官方网站公示。运营机构规定的合格投资者标准，不得低于中国证监会规定的最低标准。”但有趣的是，经过检索，实际上证监会并没有对“合格投资者”的标准作过明确的规定，“最低标准”到底是让多少人捉摸不定。证监会对此的解释是：(1)20号文对区域性股权市场和合格投资者只有原则性规定，各市场已经制定了各自的标准，实践中也并没有发现突出的风险问题；(2)区域性股权市场发行和转让的私募证券品种复杂、风险各异，不宜规定；(3)证监会对部分私募证

---

〔1〕 实践中，还存在有些地方主管部门要求企业必须在本省的区域性股权市场挂牌，这或多或少对区域性股权交易中心的发展构成了行政干预，限制了交易所之间的充分竞争。

〔2〕 参见《中部六省拟打通地方“四板”，谋划融入“一带一路”》，载“OTC观察”公众号：http://mp.weixin.qq.com/s/kcxZO7DIXtnn-S6nzU9LQw，最后访问日期：2015年5月20日。中部六省正在酝酿打通六省的区域股权交易市场，实现六省金融助力经济的共同发展。

券品种（如私募基金）规定了合格投资者标准，并正在制定统一的证券期货市场合格投资者标准，没必要再“叠床架屋，另作规定”；(4)国务院对区域性股权市场的交易方式、交易频率和权益持有人数量的规定已能有效防范炒作风险，一些市场也因此开户人数较少，再规定过高的合格投资者门槛并无必要，也不利于市场的持续发展和功能发挥。

表5　我国部分区域性股权市场合格投资者标准

项目	个人投资者	机构投资者
浙江股权交易中心	（一）参与股权融资认购和股权交易的个人投资者50万元以上金融资产； （二）参与私募债券认购和交易的合格个人200万元以上金融资产； （三）通过相关测试等其他条件	（一）参与股权融资认购和股权交易的合格机构投资者法人注册资本、合伙实缴100万元； （二）参与私募债券认购和交易的合格机构投资者法人注册资本100万元以上、合伙注册1000万元以上，实缴500万元以上； （三）其他条件
上海股权交易中心	（一）50万元以上人民币金融资产证明； （二）其他有效证明文件	（一）营业执照等有效证明文件； （二）无金融资产限制
深圳前海金融资产交易所	（一）具有完全民事行为能力； （二）风险承受能力符合相关要求	（一）正常运营的独立核算法人或者非法人机构； （二）注册资本（出资额）或可用投资现金（资产）不少于人民币100万元； （三）风险承受能力符合相关要求
北京股权交易中心	（一）名下各类金融资产总额不低于人民币300万元的自然人； （二）公司挂牌前的自然人股东； （三）通过股权激励持有公司股份的自然人股东； （四）因继承或司法裁决等特殊原因持有公司股份的自然人股东； （五）北京股权交易中心认定的其他个人投资者。 上述第（二）（三）（四）项中的自然人股东只能买卖其所持有公司的股份	（一）经有关金融监管部门批准设立的金融机构，包括商业银行、证券公司、基金管理公司、信托公司和保险公司等； （二）上述金融机构面向投资者发行的金融产品，包括但不限于银行理财产品、信托产品、投连险产品、基金产品、证券公司资产管理产品等； （三）净资产不低于人民币500万元的企业法人、合伙企业； （四）北京股权交易中心认定的其他机构投资者

根据2014年新三板颁布的细则，个人投资者门槛已由原先的“300万元”提高到了“500万元”。另外，对比目前新三板和各区域性股权市场关于投资

者市场性的制度设计，一是资产要求普遍偏低，浙江、上海等经济发达地区的标准也才只是金融资产 50 万元，前海更是基本没有门槛，北京股权交易中心的 300 万元是全国最高的要求，但是也要比新三板更新的 500 万元水平要低了 40%；二是标准的设计技术上依然非常落后，大部分依然使用金融资产这一单一标准作为衡量尺度，而这方面北京股权交易中心的做法相对考虑更加全面，其规定"……②公司挂牌前的自然人股东；③通过股权激励持有公司股份的自然人股东；④因继承或司法裁决等特殊原因持有公司股份的自然人股东"，就考虑到了中小微企业在股权转让中实际存在的其他可能性。而浙江股权交易中心的"③通过相关测试等其他条件"的标准相对模糊，测试的标准与公认度也存在疑问，但也不失为一种有益的尝试。

2. 美国资本市场关于合格投资者问题的实践

美国资本市场的法律实践是对投资者进行详细的分类，根据不同的分类提供不同程度的保护，使投资者的风险承受能力与潜在损失相匹配，这也非常值得学习与借鉴。我国法律对市场筹资行为无论是在筹资人数，还是筹资条件，都有严格的规定。我国严厉打击非法集资，保护"社会公众"的核心和本质是保护投资者，特别是保护那些经济并不富裕，被高利诱惑或亲友鼓动将"血汗钱""救命钱"投入其中并无法承担血本无归风险的弱小投资者。因此，有学者指出，应将投资者的身份和资质作为界定非法集资公开性最为重要的标准之一，富有经验的投资者可以自己保护自己，不需要法律再给予特别保护。[1]如借鉴美国《证券法》中的"获许投资者"(accredited investor)、《证券交易法》中的"合格投资者"(qualified investor)、《投资公司法》中的"合格购买者"(qualified purchaser)中根据投资经验、特殊关系、财富标准三个标准限定交易对手范围的做法。[2]

---

〔1〕 参见彭冰：《非法集资行为的界定——评最高人民法院关于非法集资的司法解释》，载《法学家》2011 年第 6 期。

〔2〕 The SEC has defined "accredited investor" broadly. To assure this concept could function and would be workable from an enforcement perspective, accredited investor was defined objectively, and included organization type, relation to the issuer, net worth, or income.

对属于获许投资者中的机构投资者，美国法律体系的处理方式主要是对其进行类别认定，如银行、保险公司等，而个人投资者，则选定了净资产和收入水平两项标准。因而，从这个角度来说，对投资者保护的重中之重是加强对合格投资者的审核工作，提高合格投资者的认定标准。

3. 我国资本市场关于合格投资者问题的相关实践

再参考我国资本市场的相关实践。就合理的投资者适当性管理方面，通览我国目前的法律实践，笔者认为《中华人民共和国证券投资基金法》(以下简称《基金法》2013年6月1日起施行)中第88条，对非公开募集基金中合格投资者的要求虽然并不尽如人意，但仍然是非常有借鉴意义的尝试。[1]该条款从收入要求、风险识别和风险承担能力的要求、认购金额这三个维度限定了合格投资者。笔者建议区域性股权市场可以对合格投资者的收入、认购金额设置硬性门槛，排除风险承受能力太低的投资人，而风险识别和风险承担能力要求可以考虑投资者所从事的行业以及投资经历，是否对企业所从事的领域有一定的经验，是否有过类似的风险较高的股权投资经历等。

4. 建议进一步细化、分层建立合格投资者制度

作为我国资本市场塔顶的主板市场，在2015年可谓是波澜壮阔。上半年一路高歌猛进，但6月之后平均每4个交易日就出现一次千股跌停的“蹦极”式暴跌，[2]不断挑战着中国股民们的小心脏，股民因暴跌而跳楼的新闻已经屡见不鲜。[3]相较于在我国已经发展相对成熟的主板市场，区域性股权市场作为私募市场，事实上风险更大，对投资者的风险承受能力要求更高。因此笔者建

〔1〕《基金法》对“合格投资者”的总体描述是“达到规定资产规模或者收入水平，并且具备相应的风险识别和风险承担能力、其基金份额认购金额不低于规定限额的单位和个人”。

〔2〕 在2015年6月15日以来的3个月里，A股共发生了16次千股跌停。如果以交易日计算，则是平均4个交易日就会见到一次千股跌停。详情参见 http://baike.baidu.com/link?url=b43Eyk_QQGrHO9bSNV2FreydPmQR1k1nxaoq7nqPmidzWxB1I5Tn1dTVSsow0FpsUvRoTozpQoL2kSTLXu8QbYuYgeaTZ40SsvGi4vy8L7JtL1gz07hnzsbPl6alvkjy，最后访问日期：2015年7月3日。

〔3〕 参见《2015年炒股跳楼有多少人？炒股跳楼自杀汇总》，载中国网：http://henan.china.com.cn/finance/2015/0703/554137.shtml，最后访问日期：2015年7月3日。

议参考美国的资本市场相关实践，针对不同金融产品的风险等级，对应建立分层级的合格投资者标准，使二者相匹配。以北京股权交易中心的个人合格投资者制度的构建为例，现阶段个人投资者可以在北京股权交易中心投资的金融产品主要有两类：挂牌交易企业转让的股份和私募债券，这两类产品在风险上其实有较大差异，以"一刀切"的方式设定一个标准既不公平也不合理，因此建议根据这两项业务的特点分层建立两级个人合格投资者标准：(1)一级合格投资者：针对风险程度较高的股权融资类产品采取个人金融资产不低于100万元或最近三年个人年均收入不低于50万元的标准。采取此标准一方面参考目前国际资本市场个人合格投资者的一般做法，另一方面也参考了我国《私募投资基金监督管理暂行办法》的个人合格投资者标准；(2)二级合格投资者：针对风险程度相对较低的债券融资类产品，建议从另一个角度，在交易的数量上进行规定，如私募债券交易规则中对每笔最低交易额的规定，即"最低限额5000张，且不得低于该期债券发行总量的二百分之一"。另外在两级个人合格投资者之间可以考虑建立流动机制，一级个人合格投资者在积累了一定的时间或者频率的金融操作实践后，可以升级为二级合格投资者。

5. 区域性股权市场建设任重而道远——长征才刚刚开始

千呼万唤始出来，《试行办法》终于迈出了直接规范区域性股权市场发展的第一步。但罗马不是一天建成的，严重滞后多年的多层次资本市场的塔基，也不可能一蹴而就。区域性股权市场建设中面临的诸多困难，也不是一部《试行办法》就能够解决的，长征才刚刚开始。《试行办法》起码迈出了第一步，虽然艰难但是一个好的开始，笔者看到了负面清单管理方式淡化监管色彩，突出市场自律的理念，看到了尽量避免"一刀切"的思想，为市场探索路径留足了空间。也期待未来在跨行政"区域"经营和合格投资者的制度安排上能够更加合适。

2015年，是区域性股权市场备受关注，喜讯频传的一年。国务院总理李克强在"两会"政府工作报告中再次表示，要"加强多层次资本市场体系建设，实施股票发行注册制改革，发展服务中小企业的区域性股权市场”。[1]全国人大代表、深圳证券交易所总经理宋丽萍也表示，2015年深交所将大力支持区域性股权市场的建设。[2]全国人大财经委副主任委员、清华大学五道口金融学院理事长兼院长吴晓灵呼吁，构建无缝对接的多层次的资本市场是提高直接融资比重的主要途径，要发展场外市场，特别是“新三板”和区域性股权市场以及券商柜台市场，要鼓励VC、PE以及互联网金融的发展。[3]如今又多了一项，即《试行办法》的出台。

市场经济从本质上看是法治经济，法治是资本市场有效运行的根基。市场经济天然依赖规则，市场化客观上要求法治化，只有坚持运用法治的思维和手段，才能保障市场长远的发展和繁荣。法治强，则市场兴。[4]衷心希望我国区域性股权市场能随着相关政策法规的明确，规范地、健康地蓬勃发展，真正迎来“遍地开花”的“春天”，更好地发挥资本市场基础层次的功能，更好地服务于我国的中小企业，促进我国经济和资本市场平稳健康发展。区域性股权市场的建设还有很长的路要走，愿我们共同努力，相会于我国资本市场腾飞世界时！

---

〔1〕 参见李克强：《加强多层次资本市场建设，实施股票发行注册制改革》，载新华网：http://www.xinhuanet.com/politics/2015lh/zhibo/20150305a/index.htm，最后访问日期：2015年3月5日。

〔2〕 参见宋丽萍：《深交所大力支持区域性股权市场建设》，载中国网财经频道网：http://finance.china.com.cn/news/special/2015lhzjzc/20150308/2990313.shtml，最后访问日期：2015年3月8日。

〔3〕 参见吴晓灵：《要大力发展场外市场、鼓励VC/PE发展》，载投资界网：http://pe.pedaily.cn/201505/20150523383111.shtml，最后访问日期：2015年3月8日。

〔4〕 参见《法治是资本市场善治的根基——庄心一副主席在第五届“上证法治论坛”上的演讲》，载中国证监会网：http://www.csrc.gov.cn/pub/newsite/zjhxwfb/xwdd/201412/t20141229_265731.html，最后访问日期：2014年12月29日。

我国信贷资产证券化注册制研究

沈祺超*

摘　要

央行发布《中国人民银行公告〔2015〕第7号》正式宣告信贷资产证券化(CLO)发行注册制的实行,该制度是"一行两会"共同努力的结果。CLO注册制的产生主要源于CLO市场的繁荣所能带来监管机构的监管利益以及市场对CLO的需求。随后,银行间市场交易商协会发布两则信息披露指引,进一步规范注册制后的CLO市场。与之前的信息披露规则相比,新规更能体现效率和公平。然而,由于审批效率无实质提高、需求不足、供给无力等因素的影响,注册制实际上并不能有效推动CLO市场的发展。最后,本文借鉴美国次贷危机的经验,对我国CLO市场的健康发展提出了几点建议。

关键词

信贷资产证券化　注册制　信息披露　次贷危机

一、信贷资产证券化注册制概述

(一)何为注册制

2015年4月3日,央行发布《中国人民银行公告〔2015〕第7号》,其中规定:"已经取得监管部门相关业务资格、发行过信贷资产支持证券且能够按规

---

* 作者单位:北京大学金融法研究中心。

定披露信息的受托机构和发起机构可以向中国人民银行申请注册，并在注册有效期内自主分期发行信贷资产支持证券。申请注册发行的证券化信贷资产应具有较高的同质性。”[1]至此，我国正式推行信贷资产支持证券发行注册制。

信贷资产证券化（Collateralized Loan Obligation，CLO）注册制，是指取得监管部门相关业务资格、发行过信贷资产支持证券且能够按规定披露信息的受托机构和发起机构，其信贷资产证券化产品再发行时不再需要央行的审批，只需要向央行提出申请注册，即可在有效期内自主分期发行CLO产品的制度。

信贷资产证券化业务实际上需要经过银监会和央行双重审批，而银监会已于2014年11月20日发布《关于信贷资产证券化备案登记工作流程的通知》，将信贷资产证券化业务由审批制改为备案制。故此次央行“公告”的发布标志着信贷资产支持证券“银监会备案＋央行注册”模式正式确立。

（二）一步步走来

中国资产证券化存在银行间和交易所两大市场，在央行发布信贷资产证券化公告之前，其他监管机构，包括证监会和银监会，都已对资产证券化产品取消了审批制。

早在2014年9月，中国证监会已向券商发文，就放开资产证券化产品审批权方面征求各方意见，并试图推出负面管理清单。当时的讨论稿显示，此后资产证券化产品审批执行负面清单，即只要支持资产不属于负面清单之列，均可以通过备案发行，而不再需要经过繁杂的审批过程。[2]后来在2014年年底，中国证券投资基金业协会正式发布《资产支持专项计划备案管理办法》及配套规则，其中就包括《资产证券化基础资产负面清单指引》。

2014年11月20日，银监会发布《关于信贷资产证券化备案登记工作流程的通知》，将信贷资产证券化业务由审批制改为备案制。11月21日，证监

---

〔1〕《中国人民银行公告〔2015〕第7号》第1条。

〔2〕参见潘凌飞：《注册制到来　中国资产证券化市场迎来“黄金时代”》，载华尔街见闻网：http://wallstreetcn.com/node/216171，最后访问日期：2015年6月16日。

会发布消息称，取消事前行政审批，将实行基金业协会事后备案和基础资产负面清单管理制度。

是故，央行此次发声顺应了国内资产证券化监管“自由化”的大浪潮，证监会与银监会的备案制改革，为这次注册制的实行奠定了基础。

二、实行注册制的原因

（一）监管利益

资产证券化在中国仍处于起步阶段，截至2014年年底，中国资产证券化产品存量仅占到整个债券市场存量的2.5%。[1]相比之下，中期票据、企业债、公司债仍然是债券市场的主力，占据了市场近97%的份额。

其中，中期票据的市场化程度最高，这要归功于央行在《银行间债券市场非金融企业债务融资工具管理办法》中下放债券发行核准权，开创了由交易商协会负责债券发行注册并全权自律监管的高度市场化管理模式。中期票据市场的繁荣使得银行间交易商协会在注册环节获益颇丰。

中期票据市场的成功，让监管机构看到了注册制所能带来的市场繁荣和随之而来的监管利益，故在企业债市场，发改委首次引入第三方评估机制，逐步实现企业债发行注册制；公司债市场也逐步放松了监管，新的《公司债券发行与交易管理办法》针对私募发行实行证券业协会备案制。

央行、银监会和证监会都希望通过资产证券化市场的繁荣来获得自己监管领域更多的监管利益，在证监会和银监会纷纷放松对信贷资产证券化和企业资产证券化产品的监管后，央行为了促进CLO市场的发展，维护自己的监管利益，不得不积极开展CLO的发行注册制改革。

（二）市场需求

首先，银行通过资产真实出售获得资金本质上也是一种融资，CLO产品的发行丰富了银行的融资渠道。由于证券化产品流动性较好，基础资产的选择余地也很大，银行还可通过资产证券化一定程度上降低融资成本。资产证

---

〔1〕 参见前瞻产业研究院：《中国资产证券化市场进入快速增长期》，载前瞻网：http://bg.qianzhan.com/report/detail/361/150202-3f088a04.html，最后访问日期：2015年6月16日。

券化业务的开展，也将增加银行的中间业务收入。

其次，借助CLO，银行可将风险资产转移出表，节约了监管资本，提升了资本充足率。根据2012年出台的《资产证券化风险加权资产计量规则》，银行持有一般企业债权的风险权重为100%，而持有评级为AA-至AAA的资产证券化产品的风险权重仅为20%。通过资产证券化，银行可将贷款转移出表，而即使其选择继续持有自身或他行的CLO产品，风险权重也将降低，从而也能达到节约监管资本的目的。[1]

最后，存量信贷资产的证券化能使银行获得新的信贷额度，打开信贷投放空间，给实体经济更多支持，这有利于降低社会融资成本。

三、注册制与信息披露制度

（一）CLO信息披露制度概述

信息披露制度是注册制的核心，健全的信息披露规范体系是信贷资产证券化市场健康发展的制度保障，在注册制之前，信贷资产证券化的信息披露制度就已建立。早在2005年4月，央行、银监会曾联合发布《信贷资产证券化试点管理办法》（中国人民银行公告〔2005〕第7号）。同年6月，央行发布《资产支持证券信息披露规则》（中国人民银行公告〔2005〕第14号），规范信贷资产支持证券的信息披露。2007年8月，央行又发布《信贷资产证券化基础资产池信息披露有关事项》（中国人民银行公告〔2007〕第16号）。上述文件中，央行公告〔2005〕第14号文较为笼统，其条款主要针对发行方通过银监会和央行审核的相关信息披露要求，并且大多条款都参照了《证券法》中首次公开发行的信息披露规则；央行公告〔2007〕第16号文则是仅仅强调了对基础资产池的信息披露要求。总体上来看，我国信贷资产证券化市场仍处于发育阶段，在注册制以前的信息披露规则尚不完善，不能适应注册制下的信息披露要求。

2015年5月19日，为规范信贷资产支持证券信息披露行为，提高信贷资

---

〔1〕 参见姜超：《信贷资产证券化注册制——理想很丰满，现实略骨感》，载华尔街见闻网：http://wallstreetcn.com/articles/216213，最后访问日期：2015年6月16日。

产证券化业务透明度，促进信贷资产证券化业务规范化、常态化发展，根据央行授权，中国银行间市场交易商协会（以下简称交易商协会）制定发布《个人住房抵押贷款资产支持证券信息披露指引（试行）》《个人汽车贷款资产支持证券信息披露指引（试行）》（以下统称《指引》）及配套的信息披露表格体系。这两则《指引》的出台是央行实行信贷资产支持证券注册制的具体措施。

由《指引》名称可见，中国银行间市场交易商协会此次制定的信息披露指引只针对个人住房抵押贷款类和个人汽车贷款类 CLO。从信贷资产类型看，在成熟市场上个人住房贷款和汽车贷款的 CLO 产品比重最高，同时也还有企业贷款、信用卡贷款、学生贷款、不良资产贷款、商业地产贷款等多个 CLO 产品类型。然而，根据万德资讯统计，我国 2014 年全年度信贷资产证券化项目共 55 例，有 54 例的基础资产为工商业贷款，有 1 例为汽车贷款，并不存在个人住房抵押贷款类型的 CLO 计划。是故，新颁发的两则《指引》究竟能够在多大程度上适用，备受外界质疑。但笔者认为两则《指引》并不是注册制信息披露制度的终点，而仅仅只是开端：这两则《指引》的条款在整体上只有因基础资产不同带来的细微区别，总体思路和逻辑都相一致，预计在此基础上，交易商协会将出台其他类型信贷资产支持证券的相关信息披露规则；同时，汽车贷款和个人住房抵押贷款是信用风险最小的贷款种类，在注册制后将其作为基础资产的呼声较高。因此，央行出台的两则《指引》对注册制后的信息披露制度而言起到了承前启后的作用。

（二）新旧信息披露制度对比及分析

第一，两则《指引》强调了银行间协会的自律管理。与原来主要由央行来监管信息披露不同，两则《指引》的第 3 条都指出“中国银行间市场交易商协会对个人住房抵押贷款（或个人汽车贷款）资产支持证券信息披露工作开展自律管理”。这一变化是注册制的当然结果，央行不再对发行进行审批，自然就放松了发行环节对信息披露的监管。但是，央行却没有完全放弃信息披露层面监管，从两则《指引》中都可以看出，在违规披露、豁免披露、变更披露等情形中，新规要求披露义务方“向中国人民银行报告，同时告知交易商协会”。这意味着，央行对 CLO 信息披露中的相关事宜依然享有最高的管理权。此外，由于央行公告〔2015〕第7号文扩大了注册制后CLO产品的交易场所，在证交所交易的CLO，其信息披露是否仍然接受交易商协会管理是一个值得讨论的问题。毕竟，交易商协会的管辖范围不应超过银行间交易市场，而证交所的信息披露又是另一套信息披露制度，两则《指引》尚有其局限性。

第二，两则《指引》将信息披露分为三个阶段：注册环节、发行环节和存续期。原有信息披露制度并没有严格区分阶段，但可以大致区分为发行前和发行后的存续期两段。这一区别的本质在于两则《指引》将发行前的信息披露细分为注册阶段和发行阶段，二者信息披露的对象不同，注册阶段的信息披露针对监管方，而发行阶段的信息披露针对市场投资者。其中值得注意的是，此次公布的两则《指引》借鉴了美国SEC的Regulation AB模式，通过表格的形式对信贷资产支持证券产品的披露做了具体和细化的要求。对发起机构和受托机构而言，两则《指引》及配套表格体系有针对性地规范了基础资产、交易结构、参与机构等信贷资产支持证券特有要素的信息披露标准，发起机构和受托机构可"对号入座"准备注册发行文件。这不仅使信息披露更加便利，也增强了信息披露规则的公开性和一致性，有助于简化信贷资产证券化管理，提升产品发行效率。

第三，两则《指引》扩大了存续期间需要披露的"重大事件"的范畴。根据信息披露规则的要求，受托机构应在"重大事件"事发后3个工作日内披露相关信息，并向交易商协会报告。两则《指引》扩大后的"重大事件"范围包括：(1)受托机构及其他为证券化提供服务的机构发生变更；(2)受托机构和其他为证券化提供服务的机构或者基础资产涉及法律纠纷，可能影响按时分配收益。由此可见，新规将受托机构和其他服务机构的影响纳入需要披露的"重大事件"范畴，旨在防范实践中出现的"真实出售"不彻底导致资产混同等种种情况所带来的风险。此外，两则《指引》例外地缩小了一项"重大事件"的内涵：将原来的"资产支持证券的信用评级发生变化"，更新为"资产支持证券的信用评级发生不利变化"。信息披露规则旨在为保护市场投资者的同时增加披露的效率，只有在信用评级发生不利变化时信息披露才有意义，因此这一条款的变化依然本着保护投资者的初衷，并免除了对无关的信用评级变化的披露，避免了产生无谓的信息披露成本。

四、注册制能否如愿助力 CLO 发展？

CLO 发行注册制的实施，旨在推动信贷资产证券化业务的发展，扩大其规模。与世界发达国家相比，我国的资产证券化业务处于萌芽阶段，截至 2014 年年底，中国资产证券化产品存量仅占到整个债券市场存量的 2.5%，与之相比，美国的资产证券化产品占到整个美国债券市场的 1/4，高峰的 2007 年资产证券化产品存量占整个债券市场存量的 35%。[1]因此，监管层迫切希望通过放宽发行监管来促使 CLO 业务繁荣发展，但是注册制在实践中究竟是否能够实现其推行的初衷，备受质疑。

（一）审批效率并不直接影响 CLO 的发展

银行本就可以发行 CLO，国开行在 2005 年发行首只 CLO 产品“05 开元”，这标志着我国信贷资产证券化业务的起步。我国 CLO 于 2007 年下半年扩大试点，但后来因金融危机暂停了试点；2012 年重启试点，额度扩大至 500 亿元；2013 年起扩大试点额度至 3000 亿元；2014 年迎来 CLO 产品的大爆发，当年发行量 2833 亿元，远超过去所有年份的总和。[2]

央行此次推出注册制对于审批效率的提升并不明显。在备案制之前，CLO 产品发行需经过银监会的资格审批，银监会不仅对发行机构和发行额度有所限制，还会打开基础资产包进行审查，审批所需的时间前后长达几个月。而到了央行，由于已经过了银监会审核，其审核时间本就较短，一般不到 1 个月。

因此，2014 年 11 月银监会将审批制改为备案制后，发行效率便已大大提高，但备案制后的 2015 年一季度，CLO 产品月均发行量仅为 169 亿元，反较 2014 年降低 28%。随着央行注册制的推行，未来审批约束不再存在，考虑到行政色彩的逐渐淡化，未来信贷资产证券化业务的发展将主要取决于市场

---

〔1〕 参见前瞻产业研究院：《中国资产证券化市场进入快速增长期》，载前瞻网：http://bg.qianzhan.com/report/detail/361/150202-3f088a04.html，最后访问日期：2015 年 6 月 16 日。

〔2〕 参见姜超：《信贷资产证券化注册制——理想很丰满，现实略骨感》，载华尔街见闻网：http://wallstreetcn.com/node/216213，最后访问日期：2015 年 6 月 16 日。

供需。[1]

（二）需求端不足

目前权益市场的火爆已经对债券需求形成了压制，市场对7%以上的标准化债券产品的需求亦显不足，而CLO产品优先档的收益率普遍集中在4.5%～6%之间，票息上的吸引力有限，这将对其需求形成压制，CLO产品的发行难度加大。

流动性不足是制约投资者对于CLO产品需求的另一个主要问题。CLO产品主要在银行间市场发行，机构普遍以持有到期为主，交易十分冷清，且其较难开展质押回购融资，这进一步降低了其流动性。

此外，央行公告〔2015〕第7号文第4条规定："按照投资者适当性原则，由市场和发行人双向选择信贷资产支持证券交易场所。"这就意味着，央行层面已经放开了其对交易场所的限制。在放开了CLO产品的交易场所后，虽然可以在证券交易所交易，但CLO发行的对象仍然是机构投资者；再者，2015年2月16日，上交所正式发布《上海证券交易所债券质押式协议回购交易暂行办法》（以下简称《暂行办法》）以及相关指引，其中第13条的规定，"协议回购的质押券包括在本所交易或转让的各类债券、资产支持证券以及本所认可的其他产品。"这标志CLO将纳入质押式回购交易的交易品种。然而，即使CLO在交易所可以进行债券类质押式回购，根据《暂行办法》第8条，CLO质押式回购交易的主体也限制在"合格投资者"范围内。

因此，尽管放开CLO交易场所以及上交所允许其进行质押式回购交易后，CLO流动性大大增加，但在"牛市"的背景下，这种流动性尚不能对投资者带来足够的吸引力，而对投资者资质的限制又致使投资者的基数本身就不够大。

（三）供给端无力

中短期来看，非银金融机构同业存款纳入存款后，银行的存贷比压力有所

[1] 参见姜超：《信贷资产证券化注册制——理想很丰满，现实略骨感》，载华尔街见闻网：http://wallstreetcn.com/node/216213，最后访问日期：2015年6月16日。

缓解;[1]优先股的密集发行和股市的繁荣(利于开展再融资)也使银行资本充足率的压力减小。银行通过资产证券化缓解存贷比和资本压力的动力有所消退。

随着我国人口红利拐点的浮现,利率将趋势性下行;随着人力资本日渐稀缺,资本回报率将趋于下降,这也意味着利率将长期下行。长期来看,在利率下行趋势下,银行的优质资产将日渐稀缺,将存量优质资产拿出来进行证券化的动力不足,若银行提供证券化的基础资产不够优质,则会进一步降低投资者的投资欲望,这会进入一个恶性循环。

另外,银行贷款利率与发行利率利差空间不足导致银行盈利空间不大,这也对银行发行意愿形成制约。由于当前资产证券化仍处初期,为防范道德风险,监管层对基础资产的要求较高,用来证券化的一般都是优质资产,除资产管理公司的某些产品外,我国还未有以不良信贷资产为基础资产的 CLO 产品出现。优质资产较低的贷款利率与发行利率之间的利差空间有限,银行的盈利空间不大,若为了增强收益性而提高次级档自留比例,又将对资产出表和节约监管资本的效果造成影响。是故,总体上 CLO 产品的发行人动力不足,这并不会因为注册制的到来而出现根本性变化。

五、借鉴美国次贷危机的教训

2007 年发生在美国的次贷危机源于次级住房抵押贷款,该贷款是指美国金融机构向信用分数较低、收入证明缺失、负债较重的人提供的住房贷款。发放这种住房抵押贷款的金融机构为了获得流动性,把发放的贷款打包出售给一个具有风险隔离功能的特定目的机构(SPV),并由这一机构公开发行以此为基础资产支持的债券(MBS)。在资产证券化过程中,为提高债券信用等级,次级债发行人(住房抵押贷款机构)会向投资者承诺某些"赎回条款",以确保

---

〔1〕 参见《非银行金融机构同业存款与同业借款纳入存贷比》,载中国行业研究网:http://www.chinairn.com/news/20141225/091300901.shtml,最后访问日期:2015 年 6 月 16 日。

次级债申购过程顺利完成。[1]这意味着一旦标的资产违约率超过某一限度，贷款机构会按照事先承诺，赎回投资者持有的次级债。这一系列金融设计一环紧扣一环，在住房借款者违约率上升时，首先对住房贷款机构形成了冲击。当住房贷款公司不忍重负倒闭之后，剩下的损失就要由基金等机构投资者承担，而基金的资金来源于购买基金的公众投资者，当公众投资者得知基金由于购买次级债而亏损时，就可能要求赎回基金份额，此时基金面临流动性压力，不得不抛售手中各类资产，导致更多种类金融资产价格下跌。基金市值缩减之后，为基金提供贷款的银行可能收回贷款，这迫使基金进一步抛售资产，并导致资产价格继续下跌。同时，一些持有次级住房贷款的商业银行也会遭受损失，开始紧缩信贷。

可见，美国的次贷危机从根源上来说是住房抵押贷款证券化后带来的后果，尤其是当资产证券化在金融市场中占据很高比重时，风险将会凸显。美国的资产证券化产品占到整个美国债券市场的1/4，高峰的2007年资产证券化产品存量占整个债券市场存量的35%。[2]而中国的信贷资产证券化注册制实施后，理论上将会带来CLO产品的发行膨胀，因此规范CLO市场以避免美国次贷危机式的悲剧是一个值得讨论的命题。

学者研究总结，美国的次贷危机主要源于：(1)资产证券化链条复杂，风险在复杂的链条上不断被交易和传递；(2)美国资产证券化过程中涉及多方主体，时常出现信息不对称现象，这种状况极易引发道德风险。这主要表现在银行审贷、放贷不谨慎造成入池的基础资产质量低，评级机构的利益冲突等方面；(3)美国庞大的资产证券化产品交易都是在场外柜台完成的，处于监管之外，市场流动性较低。[3]因此，我国CLO发展需要在上述三方面对症下药，以

---

〔1〕 Quercia, R.G., MA, Stegman, & W. R. Dais, "The Impact of Predatory Loan Terms on Subprime foreclosures: The special Case of Prepayment Penalties and Balloon Payments", *Housing Policy Debate, Forthcoming,* 18(2), 2007, pp.311-346.

〔2〕 参见前瞻产业研究院:《中国资产证券化市场进入快速增长期》，载前瞻网: http://bg.qianzhan.com/report/detail/361/150202-3f088a04.html，最后访问日期: 2015年6月16日。

〔3〕 参见张利:《美国资产证券化研究》，吉林大学2013年博士学位论文。

避免重蹈美国次贷危机的覆辙。

（一）简化证券化链条

创新与风险控制始终是矛盾的两端，在兼顾金融创新的同时也要时刻警惕由于创新带来的风险。美国在信贷危机之前，银行大量运用复杂债务工具向金融市场分散信贷风险，从而释出更多贷款并赚取了巨额利润，信用违约掉期合约（Credit Default Swap, CDS）和担保债务凭证（Collateralized Debt Obligation, CDO）等工具成为次贷危机的推力。虑此，中国在信贷资产证券化产品中需要严格控制链条长度，防止过度证券化带来监管盲区。

然而，简化证券化链条是一个表面手段，我们无法量化出一个绝对安全的证券化次数。同时，即使不允许 CDO 或 CDS 的出现，也可能会出现另一个新的金融衍生品（如 CDX）。是故，控制证券化产品链条的治本之策是遏制金融机构设计高风险衍生品的动机，比如直接限制重要金融机构交易该类复杂金融衍生品。在此可参照美国《多德弗兰克法案》（Dodd-Frank Act）的规定，该法案限制银行自营交易及高风险的衍生品交易。在自营交易方面，允许银行投资对冲基金和私募股权，但资金规模不得高于自身一级资本的 3%。在衍生品交易方面，要求金融机构将农产品掉期、能源掉期、多数金属掉期等风险最大的衍生品交易业务拆分到附属公司，但自身可保留利率掉期、外汇掉期以及金银掉期等业务。[1]

（二）保证基础资产的质量

我国的 CLO 处于发展初期，监管层在注册制前对其的监管较为严格，因此，市场中绝大多数的 CLO 计划中的基础资产十分优质，不良资产涉及的比重很小，产品设计的各个环节严谨、规范。然而在注册制实行后，将不可避免地降低 CLO 计划中基础资产的入池标准。同时，发行人本身由于匮乏优质贷款资源等原因缺乏提供信贷资产证券化产品的动力，其更不愿意将优质的贷款作为基础资产打包出售。此外，根据银监会数据，自 2014 年起至 2015 年第

---

〔1〕 参见贺锡霞：《〈多德－弗兰克华尔街改革与消费者保护法〉及对我国启示》，载《中国商界》2010 年第 9 期。

一季度，商业银行的不良贷款余额和占比都呈上升趋势，[1]这将直接影响将来进入基础资产池的CLO计划的风险。

因此，需要严格控制在注册制下的CLO基础资产入池标准。例如，明文规定合理的入池标准，建立充分信息披露的要求，再辅之以严厉的事后责任。

（三）严格监管金融衍生品的场外交易

在实行CLO发行注册制前，信贷资产证券化产品主要流通于银行间交易市场，投资者为具有较高风险识别能力和风险承受能力的机构投资者。其金融风险因为流通领域的限制并未能传递至公众投资者，仍然存在于银行间市场内部。注册制后，央行公告〔2015〕第7号文将发行场所从银行间市场扩大至证券交易所等场内、场外市场，其前提是坚持投资者适当性原则。在银行间市场和证交所进行的交易，面向合格投资者，风险较小；而在场外市场进行的CLO交易，仅一个"适当性原则"的限制，并不能有力控制风险。

对此，应该借鉴美国《多德弗兰克法案》(Dodd-Frank Act)对场外衍生品监管的规定，"大部分衍生品须在交易所内通过第三方清算进行交易"。[2]第三方清算的介入可以有效控制本在监管视野之外的场外衍生品交易，目前国内可以为场外CLO产品发挥清算职能的机构有上海清算所和中央国债登记结算有限责任公司，应由二者共同或协商通过清算的手段来监管场外CLO产品交易。

六、结论

央行推出信贷资产证券化发行注册制之前，证监会和银监会已经做足铺垫，最终推出注册制可谓顺水推舟，不负众望。注册制的出现基于特殊的时代背景以及监管利益：在债券市场中不同类型债券一个个降低发行门槛的刺激下，央行为了维护在信贷资产证券化领域的监管利益，又辅之以扩大CLO发行与交易的市场呼声，才终成注册制的正果。

---

〔1〕 2014年第一季度至2015年第一季度，商业银行不良贷款率分别为1.04%、1.08%、1.16%、1.25%、1.39%，呈现逐季度上涨的趋势。

〔2〕 参见贺锡霞：《〈多德－弗兰克华尔街改革与消费者保护法〉及对我国启示》，载《中国商界》2010年第9期。

信息披露是CLO注册制的核心，在宣告注册制后，交易商协会在2015年5月又出台了两则《指引》，分别针对个人住房贷款和个人汽车贷款为基础资产的CLO，作出了信息披露的要求。两则《指引》尽管面向的基础资产有局限性，但其为将来其他基础资产支持证券的信息披露规范奠定了基础，树立了框架。事实上，在注册制推出之前，对CLO发行就存在一系列信息披露规则，但新规与其相比更为细致，更有利于消除信息不对称并且体现了信息披露的效率。其区别主要在于新规确定了在信息披露制度中，由交易商协会进行自律管理的方针；具体细分了信息披露的环节，增加了注册环节的信息披露并辅之以配套表格体系；扩大了存续期间“重大事件”披露规则中的“重大事件”范畴。

然而，注册制的实行并不能完全实现其欲实现的目标，即推动信贷资产证券化业务的发展，扩大其规模。注册制对推动CLO发展的困境主要体现在三方面：银监会将审批制改为备案制后，发行效率便已大大提高，央行此次推出注册制对于审批效率的提升并不明显；在权益市场如此火爆的背景下，CLO产品的收益率不高再加上流动性不强，导致市场对其实际需求较弱；银行在缺乏优质资产的今天，面对较低的盈利预期，也不愿意将优质资产进行证券化。

美国的资产证券化过度发展是导致次贷危机的重要原因，而实行注册制后的我国CLO需要借鉴美国的教训，防患于未然。根据美国次贷危机发生的原因，对我国CLO发展提出三点建议：首先要简化证券化链条，限制重要金融机构参与复杂、高风险金融衍生品交易；其次要保证基础资产的质量，明文规定入池标准，充分信息披露的要求，再辅之以严厉的事后责任；最后要严格监管金融衍生品的场外交易，须通过第三方清算机构来完成场外衍生品的交易。

华锐演义

孙天驰[*]

摘　要

盘点近年来市场著名的债券违约危机，有的峰回路转起死回生，有的几家欢喜几家愁，也有的几败俱伤令人扼腕。华锐债从悬崖边缘到起死回生，历经折价回购、分批还债、控股权变现数番波折，最终顺利兑付，为我们上演了一出逆袭传奇。华锐危机中各方主体在互动中开创了诸多债市先例，市场化的博弈也对现有体制提出了新的挑战。本文将回顾整个华锐债发展的历程，力图提炼其中的法律争点与金融创新，为我国债券市场的进一步改革提出建议。

关键词

债券回购　上市公司收购　债券持有人会议

话说天下大势，分久必合，合久必分。但在中国资本市场的江湖上，股市与债市，似乎永远是泾渭分明的两个世界——股市这边是起起伏伏、涨跌无情，不断上演着割肉出局或一夜暴富的悲欢轮回，有刀口舔血的投机客，有长线埋伏的投资人，虽然不少人血本无归黯然离场，但买定离手愿赌服输确是人人遵守的江湖规矩。而与股市血腥激烈的战场相比，隔壁的债市却是一片歌舞升平，多少年来，债市江湖难得见到血腥的场面。近年来虽然偶有违约的江湖传言，也有超日

---

* 作者单位：北京大学金融法研究中心。

债那样千钧一发的危难时刻，但谜底揭晓，各位好汉总是能安全上岸全身而退。“刚性兑付”，这掷地有声的四个大字就像欠债还钱天经地义这种古老的宣言一样，成为每个行走债市江湖的好汉嘴里津津乐道的规矩。

悲乎？喜乎？从没死过人的江湖上，谁在为风险埋单？债券发行人、投机客、小债民、机构大户、股东、监管层，各方利益错综复杂，博弈与阳谋无处不在；维稳、保壳、豪赌、止损，同一艘破船上各怀鬼胎的人又将何去何从？

华锐风电，这艘曾经满载着荣耀和憧憬，却风雨飘摇的船上，浓缩着债市江湖的争斗与妥协，华锐究竟如何实现从“披星戴帽”濒临违约到扭亏为盈股价翻倍的奇迹？列位请看华锐演义。

一、大干快上量价齐升冲刺资本市场

业绩变脸股债双杀陷入亏损危机。

那是 2011 年 1 月，华锐风电（601558）成功在上海证券交易所上市，在资本市场对新能源概念的狂热追捧中，华锐风电股票发行价格高达每股 90 元，彻底点燃了寒冬里投资者的热情。上市前，华锐风电发起人股东中不乏尉文渊、阚治东这样的江湖大佬，公司运营也是一帆风顺，华锐风电在市场上采用激进扩张的市场策略，在短时间内拿下大量订单，营业收入也高速增长。从年报来看，上市后华锐激进扩张的策略并没有改变，2011 年华锐风电新增装机容量 2939MW，中国市场份额 16.7%，排名第二；累计装机容量 12977MW，市场份额 20.8%，排名第一。

为了让资金能够跟上高速扩张的脚步，上市当年年底即 2011 年 12 月 27 日，华锐风电趁热打铁发行了两期公司债券，发行规模达到 28 亿元。其中品种一 5NP3（122115）为 5 年期，附第三年末即 2014 年 12 月 26 日前（请记住这个关键时点）发行人上调票面利率选择权及投资者回售选择权[1]（以下简称

---

〔1〕 发行人有权决定在本期债券 5NP3 品种存续期限的第 3 年末上调其后 2 年的票面利率，上调幅度为 0 至 100 个基点（含本数），其中一个基点为 0.01%。发行人将于本期债券第 3 个付息日前刊登关于是否上调本期债券 5NP3 品种票面利率以及上调幅度的公告和该品种回售实施办法公告。回售：发行人将于本期债券第 3 个付息日前刊登关于是否上调本期债券 5NP3 品种票面利率以及上调幅度的公告和该品种回售实施办法公告。持有 5NP3 品种的投资者拟部分或全部行使回售选择权，须按发行人发布的关于投资者行使债券回售选择权的提示性公告，在第 3 个付息日之前进行登记，回售登记经确认后不能撤销，相应的公司债券票面总额将被冻结交易；若投资者未在回售登记日进行登记的，则视为放弃回售选择权，继续持有本期债券 5NP3 品种并接受上述调整。

华锐01),发行规模为26亿元,票面利率为6%;品种二(122116)为5年期(以下简称华锐02),发行规模为2亿元。带着新能源和高增长的光环,评级机构也对两只华锐债给出了最高的评级,华锐01、华锐02评级均为AAA;华锐风电公司主体长期信用评级为AAA。债券上市前公司的财务状况也非常健康。[1]所以即使没有担保,这两只债券仍然顺利发行并上市。

这个故事美好的开头很快就在产能过剩的行业趋势中草草结束了,取而代之的是漫长的风电低谷。由于风电产能过剩且国家逐步退出对风电的补贴,风电行业整体逐渐陷入困境,而华锐风电更是在周期低谷中为之前激进扩张的策略付出了代价,2012年、2013年连续两年净利润为负,华锐风电股票“披星戴帽”,债券也被停牌暂停交易。屋漏偏逢连夜雨,华锐风电同时面临财务报告瑕疵、证监会立案调查、大股东诉讼等一系列不利因素。

根据公司在2014年三季报的表述,我们可以看出华锐的危急处境:受到净利润连续两年亏损、被中国证监会连续立案调查尚未产生结果以及2013年度财务报告被出具非标准无保留审计意见等重大不确定性因素影响,公司融资工作异常艰难,销售回款也十分困难。2014年1~9月,公司未能新增银行贷款,在手授信额度的使用也受到各种限制。公司在2011年发行了总规模28亿元的公司债券,其中26亿元为5NP3品种,该品种债券的投资者如在2014年12月行使回售选择权,则公司届时将面临巨大的资金偿付压力。资金问题已经成为公司当前经营中面临的最为严峻的困难,导致公司的经营风险及公司债券违约风险不断加大。截至2014年10月28日,公司货币资金余额127,627万元,扣除保证金等不可动用资金,可用于偿还公司债券的资金59,281万元。鉴于以上风险因素的客观存在,公司目前难以对5NP3债券品种相关持有人在2014年12月行使回售选择权时本息能否按期足额兑付作出准确判断。

---

〔1〕公司最近一期末的净资产为1,377,036.17万元(2011年6月30日合并报表中归属于母公司所有者的权益),母公司口径资产负债率为55.19%,合并口径资产负债率为59.02%;债券上市前,本公司最近三个会计年度实现的年均可分配利润为17.93亿元(2008年度、2009年度及2010年度合并报表中归属于母公司所有者的净利润),预计不少于本次债券一年利息的1.5倍。

相应地，联合信用评级有限公司也下调了对华锐债券的评级，降级后的评级结果为“BBB”，又由于经营困难、受到证监会调查等负面影响，公司银行融资和增发融资的渠道基本被堵死。

综合来看，2014 年下半年，公司已经到了内外交困的地步了，但从资产负债表来看，公司虽然持续亏损，但并没有到资不抵债的地步，账面的资产如果以清算价值计算还是能够覆盖债券本息的。截至 2014 年三季报(见表 1)，公司货币资金还有约 12 亿元，应收票据约 2.26 亿元，应收账款约 90.8 亿元，预付款约 4 亿元，其他应收款约 1.3 亿元，存货约 64 亿元，其他流动资产约 5.5 亿元，流动资产总额达到约 180 亿元。

非流动资产方面，公司 9100 万股 H 股上市的华能新能源股票流入可供出售金融资产科目，目前市值 1.85 亿元，公司另有大约价值 13 亿元的固定资产，再加上杂七杂八的在建工程、无形资产之类的家当，非流动资产总额达到约 32 亿元元；公司资产账面价值总额达到 212 亿元。而公司的负债总额为 126 亿元，除了应付的 28 亿元债券本息之外，主要的负债均为经营负债，其中应付账款 80 亿元，应付票据 3 亿元，预收款项 6 亿元(见表 1)。

表 1　2014 年华锐合并资产负债

单位:元

项目	期末余额	年初余额
流动资产	—	—
货币资金	1,201,723,753.18	3,15,423,450.89
结算备付金	—	—
拆出资金	—	—
交易性金融资产	—	—
应收票据	226,992,800	318,518,591.50
应收账款	9,080,227,318.60	8,903,062,826.02
预付款项	395,609,363.97	257,621623.79
应收保费	—	—
应收分保账款	—	—
应收分保合同准备金	—	—

续表

项目	期末余额	年初余额
应收利息	4,308.33	5.672,693.84
应收股利	—	—
其他应收款	125,694,753.59	100,839,078.26
买入返售金融资产	—	—
存货	6,446,441,304.64	7,282,911,163.81
一年内到期的非流动资产	—	—
其他流动资产	550,375,701.21	655,259,349.85
流动资产合计	18,027,069,303.52	20,639,308,777.96

2014年9月30日

绘制单位：华锐风电科技（集团）股份有限公司

审计类型：未经审计

粗略一算，公司的资产负债率还没有达到60%，按理说还债应当不成问题，但公司的主要资产存货、应收账款、机器设备、厂房土地并不能迅速变现，尤其在公司销售困难、回款缓慢的情况下，这些资产仅仅是资产负债表上看上去很美的数字。如公司所言，公司货币资金余额扣除不可动用的保证金等后，可用于偿还公司债券的资金仅有不到6亿元，但如果强制兑现公司资产的清算价值，即便存货、土地、应收账款打折贱卖，按期兑付应当困难不大，但这意味着公司的利润表会计提大量的存货、应收账款减值损失，利润表将十分难看，已经“披星戴帽”的华锐风电扭亏无望可能被迫退市，或者公司失去赖以生产经营的核心设备、厂房，无法继续开展业务，退出市场。

似乎事件真的要闹到华锐风电不得不“卖子求生”的地步，这种破产式的还债会让公司付出全部的货币资金，使资金链断裂，正常的生产经营难以维持。各方对年底华锐债券回售的态度也发生了分歧，原本一条船上共同希望华锐一帆风顺的股东、债券持有人的利益诉求发生了变化。

首先，作为债券持有人，其最关心的就是发行人能否到期及时付息，而在华锐风雨飘摇时刻，显然债券持有人会不约而同地选择年底回售离开这艘可能随时沉没的帆船，年底华锐风电是否有足够的现金回购自己手中的债券是债券持有人最为关注的。华锐所处的风电行业中，主要欠款客户为五大国有电力集团，如果强硬地起诉主张应收账款基本就是不想在这行混了。公司和股东们希望能用温和的方法在更长的时间内周转，而在债权人眼中，应收账款这一公司账面上最重要的资产必须通过司法兑现，至于想不想在行业里混，是股东们要考虑的问题。公司偿债后的经营状况，公司因偿债付出的持续经营能力下降乃至退市的昂贵代价显然并非债主们关注的——债主们只要全身而退，哪管华锐洪水滔天。

其次，在股东看来，华锐风电虽然经营困难，但好歹也是上市公司，停牌前市值超过了 100 亿元。第一大股东大连重工起重集团有限公司（以下简称大连重工）虽然是国企，但持股比例并没有超过 20%，像传统的兑付危机中大股东出手相救的传奇似乎不太可能上演，事实是大股东不仅没有雪中送炭，反而落井下石地以承揽合同纠纷为由状告华锐风电。[1]“搭便车”的小股东们更没有动力出手相救。如果任由华锐债违约，那么一系列的连锁反应必然会让华锐风电这家上市公司万劫不复，没有上市公司的“壳”，股东们手中的股票也会瞬间缩水到只有净资产的价值。如果债权人真到了鱼死网破要求破产清算的地步，那么与停牌前上百亿元的市值相比，那时股东的权益几乎要被归零。

最后，在公司开来公司本身当然希望能够保住生产经营的资产和持续经营的能力，希望债权人能够放弃回售或延期回售，同时希望股东能够提供资金支持维护脆弱的资金链条，争取时间及时回款。

二、“子还父债”折价回购开先河

山穷水尽中，华锐风电憋出了一步险棋……

2014 年 9 月 2 日，华锐破天荒地在中国证券市场宣布了一项债券回购计划——其子公司华锐风电科技（江苏）有限公司（以下简称江苏华锐）拟以 7 亿元资金，折价购买母公司发行的部分华锐 01 债券。拟收购时点距上述债券回售期尚有近 4 个月时间，按回购价格计算，此举将为其节省约 9000 万元资金。

---

〔1〕 参见证券时报网快讯中心：《大连重工起诉华锐风电违约申请财产保全》，载证券时报网：http://kuaixun.stcn.com/2014/1009/11763752.shtml，最后访问日期：2014 年 10 月 10 日。

这是中国资本市场历史上破天荒头一回的折价回购债券预案，主要内容有：

江苏华锐拟动用不超过 7 亿元资金购买部分华锐 01 债券，购买价格将不低于暂停交易前 20 个交易日的平均交易价格（不含利息），即 87.27 元 / 张；

利息按照本期债券票面年利率（6%）和利息期间经计算后支付，利息期间为上一个付息日（2013 年 12 月 26 日）至申报截止日；

单个账户可以出售的金额上限不超过 50 万元（按本期债券面值计算），比例上限不超过单个账户持有面值的 10%，金额或者比例上限就高不就低；

债券持有人会议审议通过后方可实施（50% 持有人同意）；

持有人在债券持有人会议上最终作出何种投票决定（同意、反对或弃权），均有权将其持有的全部或部分华锐 01 出售给江苏华锐；

选择放弃出售或仅部分出售其所持有的华锐 01 的持有人，视为充分理解 2014 年 12 月 26 日回售时本息不能足额兑付的风险。

不到 300 字的简短公告，背后却是玄机重重，这项折价回购计划在债券持有人、股东之间引发了巨大的争议，并且在江湖上掀起了轩然大波—— 一向都是到期按约定回购债券的惯例被彻底地打破了，不仅提前回购，而且折价八七折，恐怕混迹江湖多年的老债民也没见过这般玩法，争议背后不仅有不同群体之间的利益之争，更凸显出许多法律问题。

（一）债权平等与让散户先撤

对于同一发行人的不同只债券持有人来说，折价回购是否存在不公平？先搁置折价回购是否公平的命题，单从交易机会的角度，江苏华锐仅向华锐 01 债券持有人提出了回购要约，而非向所有华锐债的持有人。

从制度建设来看，目前我国的债券持有人会议仅以某一只债券为单位，而非全体债券的持有人的会议。如华锐发行了两期公司债，华锐 01 规模为 26 亿，华锐 02 规模为 2 亿元，对于持有华锐 02 的债权人来说，自己并没有得到与华锐 01 债券持有人平等的待遇，华锐方面也没有拿出合理的理由解释为何回购要约仅仅针对华锐 01。公司债领域并没有类似交叉违约的条款保护债券持有人，出现违约可能或损害债券持有人利益的情况下全体各只债券的债券持有人无法享有同样的权利，只能被公司“各个击破”。不同债券的持有人之间也无法共享信息，协作行动，集体行动的困境可能会让不同债券的持有人争先恐后地接受如折价回购这样看似不平等的恐吓性回购的要约，最终债权人整体的利益被损害。

从债权平等原则来看，仅仅因为华锐 02 规模小就剥夺其“下车”的机会显然有违债权平等原则。在风雨飘摇中，显然不少债权人都希望能够及时脱身，公司只给某一只债券的持有人打开逃生通道是否合理？一方面，公司折价回购对公司利润表确实产生贡献，对公司自身、公司股东都有利，同时愿意折价回购的债券持有人也获得了“提前下车”锁定损失的机会；另一方面，没有参与回售的剩余债券持有人也面临公司折价回购后资金状况进一步恶化，无法按时偿付的风险，这些风险与收益应当如何在各方之间分配平衡，更是值得深思的问题。既然公司面临偿付困难，提出折价回购的目的是降低财务压力，那么提出的回购要约应当面向全体债券持有人而非部分债券持有人，因为面向全体债券持有人更能保证债权平等原则，且不会影响公司目的的实现，既然能够在不伤害自己的情况下保护他人，华锐风电何乐而不为呢？

进一步设想，如果折价回购通过了，到兑付时因为华锐丧失偿债能力导致华锐 02 债券持有人无法收回本息，那么在事实上也造成了对华锐 02 持有人的不公平，参与回售的华锐 01 债券持有人按照 87% 收回了投资，而华锐 02 债券持有人可能要参与公司破产并以极低的偿付率承受亏损。

而对于同一只债券的持有人来说，这一折价回购方案也瞬间将华锐 01 债券的持有人分成大小投资者两派。不仅股东和债权人逐渐分化、债券持有人内部分化，连原本一心要求公司还债的同一只债券的持有人也不再那么团结。

根据折价回购方案，单个账户出售的金额上限不超过 50 万元，比例上限不超过单个账户持有面值的 10%，金额或者比例上限就高不就低。也就是说，不超过 50 万元金额的可以全部兑付，50 万～500 万元的金额的按 50 万元兑付，超过 500 万元的按总金额的 10% 兑付。这样的门槛设置把债券大投资者挡在救生门外。毋庸讳言，这是一个明显偏向小额投资者的回购方案，“散户先行”成为折价回购方案的中心思想。

这种并非等比例回购的回购方案显然需要一个能够服人的理由，不那么能拿得上台面的推测是——散户能闹，先让散户先走可能降低届时债券违约的社会影响，对公司、股东、证监会都好交代。毕竟大户和机构投资者在面对违约时更为理性，若公司债务到期实质违约，与投资理念成熟、抗风险能力较强的机构投资者沟通债务重组或许更为顺畅。当然大户们也不是傻子，如果大户自己不满意，折价回购方案也无法通过债券持有人会议。

由于折价方案对大小债券持有人的区别待遇，我们无法站在同一个立场判断折价回购对公司债权人是否公平。甚至对于债券持有人本人而言，公司抛出的方案也难以抉择。如果选择行使回售权，则意味着要亏损一部分资金，当初的盈利预期很难达到。但是，如果不选择回售的话，就只能等到债券到期时兑付，然而公司这个烂摊子能否撑到那时候还是个未知数。

这个略带赌博性质的回购要约对于不同类别的债券持有人的吸引力是不同的：

从债权人规模不同来看，持有金额低于50万元的中小投资者如果同意提前出售，则只会损失面值和回购金额之间的差额，而且鉴于停牌前华锐债已经是垃圾债的价格，可能不少持有人实际的投资成本低于债券面值，其损失更小；但50万元以上的账户如果同意提前回售，也只能出售持仓的一部分，剩余持仓账户将面临未来潜在违约风险。散户们通常抗风险能力弱，也没有动力和实力参与潜在的破产清算或债务重组，见好就收成为他们当中大多数人的宗旨。在此前的2014年8月30日，华锐风电已发出警告，称由于融资渠道单一，资金可能面临枯竭，到期能否如期足额兑付难以准确判断。在一片看空的气氛中天降一个“下车”的机会确实颇为幸运。对于大额债券投资人来说，这项方案显然并不公平，大户手中的份额并不能像散户一样得到全额回购，而且折价回购之后公司资金更加紧张，届时能够全额回购的机会更加渺茫。好比大家本来是一个战壕的战友，大战临头，告诉那些担心的小兵：你们要是害怕可以先回家，而且还能带不少战利品回去，我们不怕死的老兵在这扛着，也许孤军奋战最后仗能打赢，老兵们可以收获多一点点的战利品，但更大的可能是全军覆没血本无归。

从博弈的角度来看，这项预案本身是个悖论——预案对大小持有人预设的博弈结果是不平等的，而博弈的进行需要全体债券持有人中超过50%债券张数持有人同意。回售机制设置的不合理产生了债券持有人之间的囚徒困境，大户在回购中受到歧视，在“投票通过议案+不行使回购权”和“直接投票反对”这两种方案中，肯定会选择后者，因为阻止别人回购能够提高破产时自己手中债券的清偿率，换言之是逼散户给我垫背。所以不想让小投资者先走的大户和机构投资者自然会投反对票。显然，这是一个注定要流产的决议。

而且从投资目的的不同来看，债券持有人中有投机的激进投资人，也有相对保守的投资人，不同投资目的下对于方案的态度也不相同。在正常情况下，金融资产持有人的投资风格和敏感程度本来就各不相同，大家可以用脚投票各走一边，但停牌的特殊情况下，不同风格、不同目的、不同实力的投资人必须在债券持有人会议这个框架下集体统一行动，这个过程中很可能出现冲突。比如对于停牌前以80多元买入的人来说，赌的就是公司能够兜底按时回购，破釜沉舟也要见底牌；而相对保守的投资人可能更需要的是及时止损，不立危墙之下。在没有二级市场的停牌时，两种水火不容的投资者必须要得出一个方案——保守的投资人想走，激进的投资人想留，而这时却不能大路朝天各走一边了，因为回购的钱来自发行人子公司，保守投资人一旦成功回购，激进投资者最终按时兑付的可能性会大大降低，所以理性的激进投资者一定会投票反对。

（二）回购行为的性质

从折价回购的法律性质来看，这个预案确实开了中国资本市场江湖的先河，无论是到期前回购，还是折价回购都是破天荒头一回，其法律性质也十分模糊。

如果认定为二级市场的要约收购，似乎符合这项预案的表面形式——第三方在二级市场要求购买原证券持有人的证券，但在债券市场我国并没有建立起要约收购的制度，这样的行为也没有明确得到证监会的批准。与股票市场的要约收购相比，本次折价回购的主体是发行人全资控股的子公司而非股东或其他第三方，并且要约并没有平等地对待全体债券持有人，而是给予小额债券持有人更优厚的待遇，显然违背了要约收购公开平等的原则。

如果认定为提前回售，似乎符合这一行为的本质，毕竟说到底公司子公司和发行人之间有着全资控股的关系，在风电行业如此困难的情况下很难认定这是子公司独立做出的商业行为，因而这个要约不能被认为是第三方做出的，相应的回售行为也不能被简单认定为二级市场的交易行为，这个回售行为也将直接影响到发行人最终的损益，所以我们倾向于将折价回购预案认定为发行人提前回售。

那么这种行为是否意味着发行人的违约呢？显然，此时债券并没有到约定的回售日期，并不符合不能清偿到期债务的情况。但在市场或债券持有人看来，在没有宣布破产清算前发行人发出这样的公告，由子公司折价回购可能被理解为一种预期违约的标志。但公司又没有明确表示违约，仅仅是对将来的风险进行了披露。以笔者的理解，这种回购行为可以视为发行人对债券募集合同的条款进行变更的要约，而全体债权人将在债券持有人会议上以投票方式决定是否同意变更。

（三）回购行为是否合法

至于此次史无前例的公司提前折价回购是否合法也是值得探讨的问题。在债券承销商瑞银和发行人律师环球律师事务所的意见书中，折价回购在合同法的框架下被解释为“法无禁止即可为”的普通民事行为，就是一种自然的买卖关系。爱撒娇的买家可以在付款前又温柔杀价，但资本市场债券发行的信用也可以被打折扣吗？这里我们也可以清晰地看到华锐事件中传统民法思维与证券法思维的纠结与碰撞——债券持有人和买方可以任何价格自由处分名下财产，但这种理解似乎忽视了证券市场固有的价值和原则：

首先，债券持有人不仅作为个体享有权利承担义务，债券持有人作为一个整体也应当得到平等的对待，而歧视性的散户先行显然侵害了大额投资人的权益。

其次，江苏华锐在停牌后提出交易要约，此时华锐债已经暂停交易，并没有连续竞价的公开市场形成市场价格，江苏华锐成为唯一的买家，这种不平等的买卖地位使债券持有人无法在众多要约中选择买家，形成的价格也不能反映市场真实的供求和债券的市场价值，众多债券持有人无法讨价还价只能以统一的价格卖给唯一的买方，违背了债券市场建设的初衷。

最后，证券市场交易与普通民事交易的一个显著不同点在于证券这一物品的价值并不像传统民法中的物一样一目了然，证券背后承载的是持有人对公司的权利，其价值取决于公司的运行状况，而这造成了证券市场存在广泛的信息不对称情况，因而需要信息披露等制度，同时必须严厉打击内幕交易、虚假陈述等行为。

如果江苏华锐以 87 元购入了华锐 01，而到年底，华锐仍能足额按期回售的话，不仅对于“提前下车”的散户不公平，更有可能涉嫌内幕交易。通常来说，公司内部人对于公司的运营状况较债权人、股东更加了解，子公司江苏华锐在困难时期大手笔收购母公司债券的行为显然属于大额对外投资，公司进行如此规模投资的前提应当是公司对本身资金情况的了解和对未来运营状况的预期。如果公司最终按照面值顺利还上了剩余债券，那么江苏华锐很可能涉嫌利用内幕信息谋利。江苏华锐和华锐风电作为优势信息拥有方和还款义务方，其收购自身发行的公司债券应当受到更严格的规制。

进一步设想，如果法律允许发行人直接从二级市场折价购买本公司债券，可能会造成这样一种情况：一些认为自身债券被低估或者面临违约的公司可能效仿此法进行回购，发行人可能恶意制造负面消息，进一步打压价格，然后低价回购债券。在信息不对称的情况下，债券持有人并不能判断公司真实的运营情况，发行人如果选择性地披露负面消息或有意扩大负面消息造成债券价格下跌进而在二级市场买入或打折回购债券，那么债券持有人将面临巨大的道德风险。

凭啥要审议？

折价买债这一出好戏开场，大小债主们都忙着在心里打小算盘算计，纠结于我们上面提到的各种问题，而江湖看客们也都搬来小板凳嗑着瓜子等着看债券持有人会上主角开撕。但是，似乎所有人都忘了——为什么大家要走上戏台，这个像回购、像重组又像要约收购的动议说到底就是有人想买我手里的债券，凭啥我自己说了不算，要大家开会审议？

翻开华锐债的募集说明书和债券持有人会议规则，我们才后知后觉——

债券持有人会议的职权里根本没有审议此等动议的权限[1]，细细推敲我们会发现债券持有人会议的权限基本是在"发行人—持有人"框架下的决议机构，持有人会议作为一个整体，代表全体债券持有人对发行人行使权利、进行谈判。但此次折价购买债券的行为并非发行人的行为，至少表面上看发行人以外的法律主体直接向债券持有人发出购买债券的要约应当可以绕过债券持有人大会，不受大会决议的拘束。

从现有债券持有人会议制度来看，债券持有人大会——这个极其坑爹的游戏规则并不利于债券持有人维护自身权利。

从决议形成机制来看，现行制度形成决议的标准过于严苛，增大了维权成本。根据《债券持有人会议规则》，债券持有人和 / 或其代理人所持有或代表的 50% 以上有表决权的本期债券张数的本期债券的债券持有人和 / 或代理人同意方能形成有效决议表决的权利。注意，这里没有"出席"二字！并不是出席的债券持有人债券张数过半，而是全部债券张数过半，而且表决方式上法律法规又没有强制要求开通网络投票。

所以债券持有人们常常面临的窘境是——至少有持债券张数超过一半的投资人到会场开会他们才有可能形成有效的决议，而且万一这些千里迢迢来开会的持有人中有那么一两个少数派反对主流意见，那大家所有人的机票就都白买了。而此时发行人大股东可能在会场悠悠啜一口清茶，傲娇而无辜地

---

〔1〕 债券持有人会议依据相关法律法规、《试点办法》、《募集说明书》的规定行使如下职权：

1. 就发行人变更《募集说明书》的约定作出决议；

2. 在发行人发生不能按期、足额偿还本期债券本息时，决定通过诉讼等程序强制发行人偿还债券本息，参与发行人的重整、和解、重组或者破产的法律程序；

3. 决定发行人发生减资、合并、分立、解散时债券持有人依据《公司法》享有的权利的行使；

4. 决定变更受托管理人；

5. 在发行人与受托管理人达成《债券受托管理协议》之补充协议时，决定是否同意该补充协议；

6. 有关法律法规和部门规章规定应当由债券持有人会议作出决议的其他情形。

又根据当时尚有效的《公司债券发行试点办法》第 27 条，债券存在下列情况的，应当召开债券持有人会议：(1) 拟变更债券募集说明书的约定；(2) 拟变更债券受托管理人；(3) 公司不能按期支付本息；(4) 公司减资、合并、分立、解散或者申请破产；(5) 保证人或者担保物发生重大变化；(6) 发生对债券持有人权益有重大影响的事项。

感叹：哎呀呀又没过半，看来要我追加担保的提案可以再放一放了……

我们知道，与股票不同，公司债券并没有常见的实际控制人或类似大股东地位的大债权人，恰恰相反，债券市场的投资人往往是追求固定收益的投资人，通常倾向于将资产分散在多只债券中以分散风险，鲜见全仓或重仓一只债券的投资人。在债券持有人高度分散的情况下，即便是机构投资者也不见得有动力带头维权或促成债券持有人形成决议，更何况一贯爱"搭便车"的散户。所以此时要求每次召开债券持有人会议时，分散在全国乃至全球各地的债券持有人到达现场进行投票显得十分不经济，那么在制度上我们是否可以适当放松债券持有人会议形成有效决议的标准呢？历史上债券持有人会议提出很好的维权议案却因为有效投票不足遗憾流产的案例不在少数，这应当提醒监管机构将债券持有人会议和股东会等传统的决议机制区别对待，降低债券持有人形成决议的成本，在充分预告的情况下，只需要到场债券持有人所代表的债券张数过半同意即可。另外，人家隔壁股市几乎都是全民网络投票了，债券搞个网络投票有那么难吗？！

并且，债券持有人并没有常设的代表机构，也欠缺与发行人持续沟通的机制，双方的意思表示只有在债券持有人会议上才能交锋。例如，在本次折价回购方案中，双方并没有讨价还价的谈判过程，债券究竟值多少钱、合理的价格是多少并没有经过合理的判断和估值，也没有债券持有人的参与，这也为事后预案的流产埋下了伏笔。

而回购的结果也验证了我们上面的推测。根据华锐风电的公告，审议折价回购方案的债券人会议上，出席会议的债券持有人（或代理人）共计代表140个账户，合计持有表决权的本期债券14,253,850张，占本期债券总张数的50.91%，刚刚达到能够形成有效决议的标准。而针对回购方案，表决同意的本期债券张数为237,560张，占本期债券总张数的0.85%；表决反对的本期债券张数为13,910,900张，占本期债券总张数的49.68%；表决弃权的本期债券张数为105,390张，占本期债券总张数的0.38%。这一议案以压倒性的优势被否决了，随之破碎的还有不少债券持有人从华锐及时脱身的一线希望。

华锐的尴尬也是中国债券市场的尴尬，现有的募集说明书等债券文件作为生效的法律文书，本应起着预先防范风险、降低纠纷解决成本的作用，但事实是我们现有的法律文件完全不足以平衡大小债券持有人之间、不同期债券持有人之间和不同类型债权人之间的矛盾，交叉违约、加速到期等在普通商业银行业务中被广泛采用的风险防范条款却在公募债券这一事后集体行动成本更大、更需要预先防范法律风险的领域缺位。这不得不引起我们的重视。

三、火速接盘临危受命

与时间赛跑，华锐终于抓住了最后一根救命稻草。

2014年12月15日，在距离约定回售日生死大限不到两周的时候，华锐风电召开第三次临时股东大会，宣布计划通过引入两家投资机构，通过了“应收账款快速处置”和“以资本公积金转增股本”方案解决债券兑付危机。新的机构投资者分别为深圳市东方富海投资管理有限公司（以下简称东方富海）和大连汇能资控股集团有限公司（以下简称汇能集团），两者通过设立基金，以市场化方式，投入资金解决华锐风电债券兑付危机，同时通过资本公积金转增股本和股份让渡，改善公司治理结构，提升盈利能力。

具体的操作方案主要包括三方面措施：

第一，基金将投入17.8亿元，收购华锐风电部分应收款，相关资金专项用于兑付要求回售的债券，从而解决债券兑付危机；

第二，基金将制订切实可行的经营计划，引入有丰富经验的职业经理人，开拓市场、加强管理、强化内部控制措施，争取实现主营业务扭亏为盈；

第三，公司用资本公积金转增股本，每10股转增5股，共转增20.102亿股，除全国社会保障基金理事会和社会公众股外的其他股东放弃转增股份并让渡予基金。

惜字如金的华锐董秘再一次用更短的语言释放出更大的波澜，震颤着债券市场脆弱敏感的神经，这次华锐的算盘没有落空，而是在法律监管、商业回报甚至是社会效益方面堪称完美地解决了兑付危机。

仔细琢磨华锐方案，上述三条中，关键是第一条和最后一条，其实质就是华锐风电和股东在承担一定损失的情况下，快速筹集现金流用以应对债券兑付危机。

基金将投入17.8亿元收购华锐风电部分应收账款，专项用于兑付要求回售的债券，一方面基金提供了公司急需的现金流，同时通过接盘坏账、呆账，取得转增的股本，回避了公司被证监会调查无法增发新股的限制。另一方面出资17.8亿元收购的应收账款以前极有可能计提过坏账准备，如果按照计提前账面值收购，可以冲回原来计提的坏账准备确认为利润，可能美化公司利润表甚至让2014年度扭亏为盈（实际上华锐确实借此交易顺利摘帽了）。

2014年最后一周，被华锐纠结了大半年的大小债民终于收到了公司按照约定价格回购债券的通知，最终98.5%的华锐01债持有人选择回售，这场轰动一时的债券兑付危机像它的众多前辈一样获得了圆满结局。

复盘这个方案，我们发现本质就是接盘方以9毛多一股的价格认购20亿股还债，接盘方不仅借此获得了华锐风电的第一大股东宝座，还获得了公司对应的应收账款；相应地，公司脱手了烫手的巨额应收账款兑现了现金，解围了迫在眉睫的回售压力，同时美化了利润，保住了上市资格；债券持有人更是收到了新年礼包，全部债券不分大小得到全额回售；相对吃亏的是原股东们，放弃转增股份让渡给接盘方，实际就是拿自己的股份变相赠给接盘方换得其投入现金给公司解救债券危机，看上去股东为债民埋了单，并没有得到好处，但原有股东丢车保帅，不仅保住了上市公司的壳，更保住了手中剩余股份的市值，避免公司退市造成更大的损失。

可以说这一方案完美地解决了公司急缺现金还债而股东市值巨大无法变现的矛盾，照顾到了各方利益。而这套方案最大的赢家就是拿出17.8亿元接盘的新投资者，两家公司不仅以不到20亿元获得了华锐风电这一大型上市公司的控制权及背后的壳资源，还获得了账面价值不菲的应收账款，更直接的好处是其以不到每股1块钱成本获得的转增的股本，一年之后就能转手以市场价卖出（截至2015年8月14日收盘，华锐风电股价已经达到每股6.59元，在6月底暴跌之前公司股价一度上涨至10.94元），获得几十倍于本金的收益。闪转腾挪之后，我们惊讶地发现这个方案开辟出了一条新的“买壳+低价增发”路径，创造出一个江湖罕见的一本万利致富路，也算是华锐留给资本市场的一份财富。

但从上市公司收购的角度来看，我们对华锐债处置方案的思考并未停止。正常情况下外部资本想要获得一家 A 股上市公司的控股权难度很大，受到上市公司收购管理办法的严格制约，披露规则、慢走规则、强制要约收购规则等一系列制度设计让公司门口的野蛮人即便有钱也很难任性，对于华锐这样的国资控股的上市公司更是难上加难。但是在华锐案例中，外部资本借助华锐债券的危机，声东击西获得了股权，挽救债券违约危机的同时也获得了上市公司的控制权，并且这一系列资本运作完全在既有的上市公司收购监管体系之外，仅凭和原有股东达成的协议就闪电般地顺利实施，想清楚下面两个问题，你就会恍然大悟华锐这招险棋的精妙之处。

既然救命，为何不直接注资？

以往的违约危机中，最常见的解决方式就是大股东注资输血。但华锐本身已经被“戴帽”，无法满足公开增发的盈利要求，而定向增发之路也因华锐被证监会调查处罚而被堵死。股权融资的路基本走不通了，而债券融资更是希望渺茫，你都要被老债主逼上门了还能指望哪个冤大头借钱给你？在这样的绝境之下，华锐另辟蹊径，放弃传统融资思维，而是采用交易的方法，让基金作为交易的对手方购买公司最难变现的资产，从而盘活现金流兑付债券，而基金的对价除了那几乎要不回几个钱的应收账款之外，还有公司转增的股份，绕过股权增发的途径直接获得转增后的股票，殊途同归。

既然收购，为何不直接转让？

看中华锐壳资源的外部人既然想收购，为何不直接向老股东收购呢？直接收购老股显然是更直观、更便捷的方法，老股东将部分收购对价直接赠与上市公司的方式也可以在收购的同时完成对上市公司的输血。但列位不要忘记，华锐彼时还是国有企业大连重工控股的上市公司，华锐这个烂摊子肯定卖不了好价钱，但低价收购能过的了大连国资委那一关吗？就算国资系统有开明领导愿意顶着国有资产流失的风险点头同意，等这一系列评估、申报、审批流程走完的时候，华锐债早就实质违约，华锐公司也玩完了。所以收购应收账款与收购国有法人股相比受到的审查更少，程序上也更快捷。

这种方式也给市场提供了一条可资借鉴的并购路径，利用上市公司公募债券濒临违约，面临重组乃至破产的危机，通过与原股东谈判，以账面资本公积转增股本的方式获得新股份，老股东间接套现还债，同时仍然在上市公司内保留一定股份权益。对于那些市场上面临公募债违约同时保有上市公司壳资源的公司来说，通过转增资本公积引入新的投资者或者定向转增股本不失为一条断臂求生的“双赢”之策。

但对于监管机构来说，原有的对于收购上市公司股份的规制在华锐债这种借债券重组大股东卖股还债的复杂交易上显得力不从心。外部资本借收购应收账款的名义取得了转增的股本，并在实质上取得了上市公司控制权，直接将持股比例升至近20%，却无须履行正常收购交易中严格的审批和披露程序，这其中有可能发生利益输送、侵害小股东权益的情形，我们呼吁监管机构及时关注这种并购模式并加以规制。而且，更有趣的问题是基金因资本公积转增而获得的这部分股票是否还像普通上市公司收购或增发程序中的股票一样受锁定期的约束呢？现行法律法规中我们并没有找到依据，如果这部分股票可以直接转手卖出的话，这个年化收益可能高得吓人。

诚然，华锐的交易结构确实有打擦边球绕过上市公司收购办法之嫌，但平心而论，船都要沉了你还查什么票？！对控制权转让的监管此时应该让位于维护公众债券投资者的利益，对小股东的保护应当让位于对整体股东乃至包括债权人在内的所有利益相关者的保护，我们的收购监管法规也应当与时俱进，对这种“类债务重组”式的收购结构进行一定程度的豁免，让此类救债行为有规可循，帮助企业有效率地渡过难关。

纵观整个过程，原控股股东先是谋求自救，但提前回购的提议迫于债民压力而流产，最终新老股东以收购“应收账款+转增股本”的方式实现了股债转换，本质上是老股东卖壳还债。这一系列资本运作完成的关键在于原有股东愿意放弃控股地位，出让股份，间接获得资金偿还公募债券。在华锐风电这样的ST公司外无银行借款、内无可变现资产又无法增发的情况下，转增股本的方式可以快速转移控股地位，免除了上市公司收购存量股的烦琐程序和审批，并且外部资本注入的资金可以不经过原股东直接从公司支付给债民，可谓皆大欢喜。

2014 年的最后一天，华锐风电发布关于股权结构变动的提示公告，表示资本公积金转增股本已完成。经过调整，富海新能以持股比例 19.85% 取代大连重工成为华锐风电的第一大股东，也成为风雨过后新的船长，危机过后的华锐何去何从，我们拭目以待。

至此，华锐演义在历经波折之后终于告一段落。

四、结语

与迫于地方政府业绩压力或是维稳压力而展开的行政化救援相比，华锐债危机的结局算是一个难得的市场化范本。最终解救方案背后有无行政力量的推动我们不得而知，但至少表面上我们可以看到华锐的每一次尝试和最终的解脱都是市场玩家自发的行动，尤其是最终的解决方案打通了债券市场、股票市场和上市公司壳资源市场，实现了价值的最大化和利益相对公平的分配，可以说这一场惊心动魄的救债行动中没有真正的输家，市场让接盘侠出现，把难以变现的应收账款和上市壳资源变成现金。这一次没有横幅也没有武斗，所有人都各得其所。

但法律的思考不止于此，人在危难中才能爆发无限潜能，而华锐在危机之下也突破许多原有监管框架的限制，留下许多创新。公司能否折价回购债券、大小债民投票权如何平衡、债券持有人大会如何有效运转、转增股本可否作为资产交易对价等一系列问题等待着立法者的回应。

ETF运行逻辑与现金替代制度

王志宇*

摘　要

获取大盘收益是许多中小投资者的投资目标，而依靠传统的开放式基金和封闭式基金来实现该目标，却存在诸多缺陷。ETF的优势正在于实现相关投资目标的同时，却不存在前者的缺陷。ETF的特征制度在于"一篮子"股票申购制度，但为了保证申购的通畅，ETF也允许特定情况下现金替代制度的存在。但如今现金替代制度存在滥用的趋势，这不仅会给投资者带来不公平的对待，也有可能对我们现有交易制度带来挑战。

关键词

ETF　现金替代　T+2结算制度

前一阵子，一则关于ETF补券纠纷的新闻在朋友圈中广为流传："2015年4月16日上证50，中证500股指期货上市，这一天，上证50股指期货出现了较大幅度的溢价，由于存在无风险期现套利机会，上证50ETF同步放量，全天成交106亿元。其中，华夏上证50ETF[1]当日出现高达80亿元的资金申购。由于当天中国南车（601766.SH）、中国北车（601299.SH）和贵州茅台（600519.SH）三只股票涨停，因此，当天没有这三只股票存量股的ETF申购投资者，根据交

* 作者单位：北京大学金融法研究中心。

〔1〕 下文中上证50ETF均指华夏上证50ETF。

易规则需向基金公司缴纳一定数量的现金替代款，拿到基金份额之后，再由基金经理帮其补券。4月16日、17日中国南车（601766.SH）、中国北车（601299.SH）连续两个交易日涨停，4月20日涨停板打开，盘中一度下跌到-8%，收盘为下跌2%，基金的基金经理在20日收盘时进行补券，4月21日，南北车分别低开5%，并很快巨量封死跌停板。投资者指出ETF基金的基金经理不应该在T+1日的收盘进行补券，应该按照T+2日的'补券规则'进行补券。若遵守T+2补券规则，补券成本大概会低10%~15%。"[1]

看完整个新闻，对于一个朴素的法科学生来说，只能表示"不明觉厉"。虽然对于ETF市场不甚了解，但对其最大的创新之处——"一篮子"股票申购赎回制度，还是早有耳闻。也正因如此，对新闻故事中的补券纠纷甚是疑惑：既然采用"一篮子"股票申购赎回制度，又怎么会有现金替代的说法？现金替代制度又是一个什么样的制度？

当然，要弄明白什么是现金替代制度，势必首先要知道什么是ETF（交易型开放式指数基金，Exchange Traded Funds）。

一、ETF运行的内在逻辑

（一）ETF建立的大背景

作为一个小散户，很多时候难免有这样的无奈：看好大盘，却难以把握个股的涨跌。大盘代表着市场的大趋势，较为容易判断，而个股的涨跌，独立性太强，很难进行判断。大盘相较个股而言，振动幅度更小，因此代表着更为平稳的收益，更适合保守型的投资者。

那么如何才能获取与大盘同等幅度的收益（以下简称大盘收益）呢？最简单的办法莫过于把大盘中的所有股票都买一遍，这样自然能获取大盘收益。但是这种简单的办法却过于不接地气，毕竟绝大多数散户不是财大气粗的"土豪"。既然一个散户买不了，那就一堆散户凑钱来"团购"吧！于是基金这种聚少成多的投资方式自然成为关注的焦点。

---

〔1〕 刘彩萍：《ETF补券纠纷到底谁的责任》，载财新网：http://finance.caixin.com/2015-05-10/100807852.html，最后访问日期：2015年6月11日。

现行市场上基金有两种基本形态：一种是开放式基金，存续期间基金份额不固定；另一种是封闭式基金，存续期间基金份额固定不变。开放式基金就好比一个开放的合伙组织，允许投资者随时拿着财产归入合伙从而成为合伙人，也允许合伙人随时从合伙中取走自己的财产从而不再担任合伙人，前一个过程叫作基金份额的申购，后一个过程叫作基金份额的赎回。封闭式基金则好比一个封闭的合伙组织，存续期间不允许其他投资者投入财产，也不允许原合伙人从合伙中取走财产，但允许合伙人将自己的份额转让给其他投资者，其他投资者从合伙人那里取得合伙份额的过程叫作基金份额的买入，合伙人将合伙份额卖与其他投资者的过程叫作基金份额的卖出。

开放式基金采用现金申购，份额赎回的交易方式。申购是将财产归入合伙组织的过程。既然要成为合伙人，就一定要明确合伙人在合伙中所占份额的多少。为了公平起见，需要对投资者进入合伙组织前的合伙资产状况进行清算，得出原来每个合伙人持有的每一份合伙份额的价值（这一过程就是基金份额净值计算的过程），而投资者享有的份额自然就是用他投入的财产除以每一合伙份额对应的价值。由于基金份额净值一般在当天交易结束后进行计算，因此投资者申购基金份额时并不知道基金份额的净值具体为多少，所以此时投资者只知道自己申购的基金份额价值为多少，却不知道对应的份额是多少。相反，投资者卖出基金份额时，知道自己卖出了多少基金份额，却不知道对应的基金份额价值为多少。这就是所谓的现金申购，份额赎回。而对于封闭式基金而言，其基金份额的买入与卖出，就是一种财产权利在不同主体之间流转的过程，每一份基金份额在二级市场上都明码标价，因此投资者无论买进基金份额，还是卖出基金份额，都知道对应的份额与相应价值。

那么开放式基金能否担当获取大盘收益的重任呢？这应当说是很困难的，原因在于开放式基金采用现金进行申购，会产生基金变动趋势与大盘变动趋势相脱节的情形。举个极端的例子：假设基金中所有股票一共值 100 块，基金份额为 100 份，每份基金份额的价值为一元钱；当天有 100 元基金份额申购，由于每份基金的价值是一元钱，那么新申购的基金份额就是 100 份，整个基金就是 200 份份额，一共值 200 元；假设第二天，大盘所有股票开盘都涨停了，那么大盘的涨幅就为 10%，而此时基金中原有的 100 元股票值 110 元，但是昨天新进入的 100 元还是值 100 元，那么基金的总价值就是 210 元，基金一共 200 份份额，每份份额的价值就是 1.05 元，基金份额的涨幅就是（1.05−1）/1=5%。很明显，此种情况下，基金的涨跌幅度与大盘的涨跌幅度相差一倍之多，投资者获取大盘收益的投资目标并不能实现。其症结就在于基金中包含的大量现金，无法与大盘实现完全匹配，因而导致相关差异的产生。〔1〕

一个可行的改良途径是在申购的时候提交股票而非现金。还是上面的例子：假设申购采用股票交付的方式进行，投资者提交了和原有基金中完全相同的股票，此时就好比原来的基金被复制了一样，价值由 100 元变为 200 元，份额也由 100 份变为 200 份；而在第二天大盘涨停的情况下，由于基金里全是股票，其价值也由 200 元变为 220 元，基金份额的价值也自然变为（220−200）/200=1.1，涨幅为（1.1−1）/1=10%，和大盘收益形成完美的匹配。但是这种改良又回到了最初的问题，散户能把大盘里的股票全部买一遍，那还需要基金做什么？

那么封闭式基金又是不是一个合适的选择呢？用封闭式基金来构造大盘，看上去的确是个不错的选择。首先，通过基金在募集期凑集到的资金进行大盘股票的购买。其次，到了基金的存续期，由于基金就是一个迷你的大盘，其涨跌幅自然与大盘保持一致，而封闭式基金的基金份额总量又保持不变，所以基金份额净值的变动幅度也和基金的变动幅度保持一致，从而与大盘变动保持一致，这样也就实现了通过购买基金份额实现获取大盘收益的目的。但是此种情况下并非完美：首先，因为基金份额价格取决于买卖的供求关系，而与基金的净值相脱节，所以此种状态下基金份额的市场价格涨跌幅，极有可能与大盘的涨跌幅不趋同；其次，由于封闭式基金份额固定，也就意味着不能满

---

〔1〕 因为结算规则的限制，当天申购的资金并不能实时被基金所利用。即使基金能够实时利用相关申购资金，由于申购时点与基金购入股票时点存在差异，也会造成上述差异。并且开放式基金采用现金申购模式，在没有清算交割前利用这笔资金，相关收益归属确定较为困难。

足市场上对此类基金的新增需求，这些新增需求会增加封闭式基金份额的买入供给，必然导致基金份额市场价格水涨船高，使基金份额的市场价格涨跌幅与大盘的涨跌幅相异。

从上面的分析可以看出，传统的开放式基金和封闭式基金，在实现相关投资目标上都存在或多或少的瑕疵。

（二）ETF 的交易结构

那么 ETF 又是怎样帮助投资者实现获取大盘收益的目标呢？这还需要从 ETF 独特的交易结构说起（见图 1）。

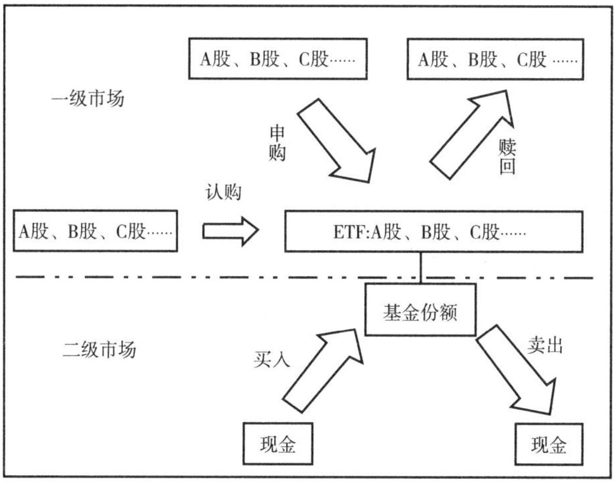

图 1　ETF 交易结构

ETF 是 Exchange Traded Funds 简称，中文名为交易型开放式指数基金。[1] ETF 可以看作开放式基金和封闭式基金的结合产物：既具有开放式基金所拥有的申购赎回市场（一般称为 ETF 一级市场），同时又具有封闭式基金所拥有的基金份额交易市场（一般称为 ETF 二级市场）。而 ETF 的投资策略为跟踪相关指数标的，以期实现与指数相同的收益状况。以上证 50ETF 为例，基金

〔1〕《上海证券交易所交易型开放式指数基金业务实施细则》对其定义为："指经依法募集的，投资特定指数所对应组合证券或基金合同约定的其他投资标的的开放式基金，其基金份额用组合证券、现金或基金合同约定的其他对价进行申购、赎回，并在上海证券交易所上市交易。"其通过跟踪大盘指数而获得大盘收益。

中包括上证50指数所包含的50只成分股，且成分股各自间的数量比例也与上证50指数保持一致。

ETF和其他基金相比，最突出的特点在于采用“一篮子”股票申购赎回制度。简单来说，ETF是一个大篮子，里面可以划分为若干个相同的小篮子，每个小篮子里含有许多种类的股票。[1]投资者若想申购ETF份额，[2]只需要提交一个或者数个相同的小篮子；投资者若要赎回ETF份额，ETF就会还给投资者一个或者数个相同的小篮子。ETF就是由无数个小篮子组成的大篮子。

（三）ETF交易结构的优势所在

相比传统的开放式基金和封闭式基金而言，ETF最大的优势在于其拥有的套利制度（arbitrage）。

对于套利，[3]最简单的理解即是同质的商品，在A市场价格为1块钱，B市场价格为3块钱，且商品从A市场转移到B市场的成本为1块钱，这时候从A市场买进商品再到B市场进行卖出，那么就可以赚取1块钱的价差。具体而言，套利的实现包含如下条件：同质的商品，两个独立但连通的市场，价差的存在以及在尽可能短的时间内达成交易。

在ETF交易结构中，恰恰具有两个独立但连通的市场，而且这两个市场上的商品——基金份额，都是同质的。但两个市场上的基金份额价值决定机制却不一样。在一级市场上，ETF份额价值由资产组合的总价值除以总基金份额数算得，即ETF份额的净值；[4]而在二级市场上，ETF份额价值由买卖报价形成，即ETF份额的市场价格。ETF份额净值是ETF份额的应有价值，它客观反映了ETF的实际价值，而ETF份额的市场价格则取决于ETF份额在

---

〔1〕 在实践中，还包含一定的现金，称作“现金差额”。

〔2〕 在实践中，ETF存在最小申购赎回单位。

〔3〕 关于ETF套利，可能会有多种理解，如叶武在其《沪市ETF套利交易行为回顾与展望》（载《上海证券交易所研究中心研究报告2010》第160页）中指出四种套利模式：（1）基于折溢价的无风险套利模式；（2）基于ETF价格的趋势交易套利模式；（3）基于ETF实时申购/赎回的股票日内回转套利模式；（4）基于成分股流动性缺陷的做空/做多套利模式。本文中认定的套利为基于折溢价的无风险套利模式，本文认为其他三种应该为投机行为，而非套利行为。

〔4〕 根据上海证券交易所计算规则，交易所会每15秒计算一次参考性基金单位净值。

二级市场上供求状况。

当二级市场上ETF份额供大于求时，二级市场上的ETF份额市场价格就会下降，导致ETF份额市场价格小于ETF的净值，那么此时从二级市场买进ETF份额，再到一级市场上进行赎回，就能实现套利（此时一般称为折价套利）。同样，当二级市场上ETF份额供小于求时，ETF份额市场价格就会上升，导致ETF份额市场价格高于ETF份额净值，这时从一级市场上申购ETF份额，再到二级市场上进行卖出，也能实现套利（此时一般称为溢价套利）。套利的意义在于通过改变ETF二级市场基金份额的供求状况，从而调整受市场供求关系决定的基金份额市场价格与基金份额净值保持一致。

现在我们再回头来看ETF如何解决开放式基金和封闭式基金的各自缺陷。作为一个小散户，其只能通过在二级市场上买入ETF份额从而实现获取大盘收益的投资目标，而ETF二级市场与一级市场相连通，二级市场的变化幅度一旦出现与一级市场不相匹配的情形，就会通过套利机制的实施而得以自动修正，从而克服了封闭基金基金份额价格与大盘的脱节。而套利机制的实现，依赖于一级市场的存在，一级市场中采用"一篮子"股票申购赎回制度，又避免了开放式基金中现金申购的缺陷。当市场上存在对ETF的新增需求时，二级市场的价格会相应上升，从而推动一级市场申购的进行，自动扩大基金的总份额；当市场上对ETF的需求减少时，二级市场的价格会相应下降，从而推动一级市场赎回的进行，自动缩小基金的总份额。

讨论到这里，不免又会有这样的困惑："一篮子"股票申购所需要的资金过于庞大，不利于散户参与。事实的确如此，但是散户的投资目标在于获取大盘收益，在ETF制度中，其完全可以通过二级市场实现目标，因此一级市场无法参与，对其投资目标实现并无影响。

二、现金替代制度[1]

既然"一篮子"股票申购制度是ETF的特征制度，那么为什么还会存在现

〔1〕 学者对于ETF制度的研究，关注重点在于其套利制度的研究，鲜有针对现金替代制度的研究，而法学界对于ETF现金替代制度的研究，则几乎处于空白状态。

金替代制度呢？这是因为，在某些情况下，如股票出现停牌，市面上无法买进该股票，也就无法用该股票组成“一篮子”股票进行 ETF 申购。所以 ETF 的“一篮子”申购制度会因为某些特殊情况的出现而无法操作，此时如果可以暂时用现金代替部分股票组成“一篮子”股票进行申购，就不会出现无法申购的情形。因此，现金替代制度是保持 ETF 申购制度通畅的权宜之计。

现金替代制度可谓是我国 ETF 本土化的一大创新。〔1〕它指申购、赎回过程中，投资者按基金合同和招募说明书的规定，用于替代组合证券中部分证券的一定数量现金。可以现金替代的证券一般是由于停牌等原因导致投资者无法在申购时买入的证券。〔2〕

现金替代制度具体又分为三种情形：禁止现金替代、允许现金替代和必须现金替代。〔3〕禁止现金替代是指在申购、赎回基金份额时，该成分证券不允许使用现金作为替代，这其实是 ETF“一篮子”股票申购赎回的最初形态。允许现金替代是指在申购基金份额时，允许使用现金作为全部或部分该成分证券的替代，但在赎回基金份额时，该成分证券不允许使用现金作为替代，这是对“一篮子”股票申购赎回的简单修正形态，试图解决股票涨停和停牌时无法购进股票进行 ETF 申购的窘境。〔4〕必须现金替代是指在申购、赎回基金份额时，该成分证券必须使用现金作为替代，这种情形下已经彻底改变了 ETF“一篮子”股票申购赎回制度。必须现金替代的证券一般是即将要从指数中剔除掉的成分股，因此“一篮子”股票中即将不包含此股票，再往“一篮子”股票中放入该股票，会显得低效率。

---

〔1〕 就笔者目前所接触到材料而言，并没有发现其他国家存在现金替代制度。

〔2〕《上证 50 交易型开放式指数证券投资基金招募说明书更新（2014 年第 2 次）》，载华夏基金网：http://www.chinaamc.com/jjcp/etf/hjsz50etf/ggcx/4859816.shtml，最后访问日期：2015 年 6 月 30 日。

〔3〕《上证 50 交易型开放式指数证券投资基金招募说明书更新（2014 年第 2 次）》，载华夏基金网：http://www.chinaamc.com/jjcp/etf/hjsz50etf/ggcx/4859816.shtml，最后访问日期：2015 年 6 月 30 日。

〔4〕 参见杨磊：《取消“禁止现金替代设置”，扫清深证 100ETF 申购障碍》，载全景网：http://www.p5w.net，最后访问日期：2006 年 6 月 5 日。

允许现金替代制度，本质上还是“一篮子”股票申购制度，因为投资者在交付现金进行基金申购之后，尚需基金经理在 T 日[1]之后“代替”其购进相关股票，最终结果还是投资者交付“一篮子”股票进行了基金申购，只不过交付时间被延迟到 T 日之后。而在基金经理买进股票时，相关股票的价格有可能和当初申购基金交付的现金存在差额，因此实践中，采用允许现金替代申购时，一般会要求申购者缴纳现金替代溢价，[2]对实际买进股票时的差价作为担保，并实行多退少补政策。在上证 50ETF 中，还实行 T+2 日补券制度，[3]在 T+2 日内如果基金管理人顺利购进股票则以其购进股票的价格作为补券成本与投资者进行结算，如果基金管理人没有能顺利购进股票，则以 T+2 日该股票的收盘价作为补券成本与投资者进行结算。[4] 值得注意的是，在 T+2 日内基金经理没有顺利购进股票的情形下，此时投资者交付的只是现金，而基金最终获取的也只是现金，所以此种情形下并非“一篮子”股票申购的变通而是传统的现金申购。

必须现金替代制度，就是一般的开放式基金的现金申购制度，完全脱离了“一篮子”股票申购赎回制度。经过对 2015 年 4 月至 6 月上证 ETF50 申购赎回清单的观察，[5]发现在以下情形下，ETF 申购赎回中必须采用现金替代制度：第一种情形是相关股票从上证指数中剔除，如 6 月 12 日的三安光电；第二

---

〔1〕 T 日指申购当日，T+n 日指申购当日后的第 n 个正常交易日。

〔2〕《上证 50 交易型开放式指数证券投资基金招募说明书更新（2014 年第 2 次）》指出：收取现金替代溢价的原因是，对于使用现金替代的证券，基金管理人需在证券恢复交易后买入，而实际买入价格加上相关交易费用后与申购时的参考价格可能有所差异。为便于操作，基金管理人在申购、赎回清单中预先确定现金替代溢价比例，并据此收取替代金额。如果预先收取的金额高于基金购入该部分证券的实际成本，则基金管理人将退还多收取的差额；如果预先收取的金额低于基金购入该部分证券的实际成本，则基金管理人将向投资者收取欠缺的差额。

〔3〕 也存在特殊情况：若自 T 日起，上海证券交易所正常交易日已达到 20 日而该证券正常交易日低于 2 日，则以替代金额与所购入的部分被替代证券实际购入成本加上按照最近一次收盘价计算的未购入的部分被替代证券价值的差额，确定基金应退还投资者或投资者应补交的款项。

〔4〕 参见《上证 50 交易型开放式指数证券投资基金招募说明书更新（2014 年第 2 次）》，载华夏基金网：http://www.chinaamc.com/jjcp/etf/hjsz50etf/ggcx/4859816.shtml，最后访问日期：2015 年 6 月 30 日。

〔5〕 参见《华夏上证 ETF50 申购赎回清单》，载华夏基金网：http://www.chinaamc.com/fund/510050/shengoushuhuiqingdan.shtml#dingweiDIV，最后访问日期：2015 年 6 月 30 日。

种情形是相关股票出现停牌（包括复牌后的第一个交易日），如6月17日的浦发银行；第三种情形是相关股票复牌后股票出现涨停现象，如4月9日的中国北车。

最初ETF交易都采用禁止现金替代制度，[1]偶尔存在必须现金替代制度；现在基本上所有成分股都实行允许现金替代制度，必须现金替代制度也出现得更为频繁。[2]简单来说，ETF申购赎回制度有从“一篮子”股票申购赎回到现金申购赎回的发展趋势。

三、问题重重的现金替代制度

现金替代制度作为保证“一篮子”股票申购制度通畅的权宜之计，自身充满着各种问题。

（一）一厢情愿的制度目标

允许现金替代制度设计的大前提，在于解决涨停或停牌时无法进行股票购进从而实现申购套利的窘境，但这种制度设计，更多的是一厢情愿。虽然允许现金替代制度下投资者可以更便捷地进行ETF申购，但是此时ETF申购的成本却无法确定，尚需基金经理在T+2日内进行补券确定。而套利的前提性条件在于知晓两个市场上的不同价格，因此在现金替代制度下，由于缺乏前提性条件，并不能顺利实现套利。此时进行的相关申购行为只能定性为投机行为，而投机行为与套利行为最大的区别在于：套利是无风险的，因此套利者一般会大量迅速进行套利，从而快速缩小两个市场的价差；而投机行为充满不确定性与风险，因此并不会大量存在，不会达到快速缩小两个市场价差的效果，也就不能实现ETF的价值目标——两个市场价格变动的同步性。

（二）舍本逐末的制度设计

允许现金替代制度设计的初衷是为了在涨跌停制度下，缩小两个市场的

---

〔1〕 参见《华夏上证50交易型开放式指数证券投资基金上市交易公告书暨开放日常申购赎回公告》（2005年2月18日），载华夏基金网：http://www.chinaamc.com/jjcp/etf/hjsz50etf/ggcx/1730035.shtml，最后访问日期：2015年7月15日。

〔2〕 参见《华夏上证ETF50申购赎回清单》，载华夏基金网：http://www.chinaamc.com/fund/510050/shengoushuhuiqingdan.shtml#dingweiDIV，最后访问日期：2015年7月16日。

价格差异，但其运作机制实则会加深基金净值与标的指数走势的不同步性。当出现 ETF 溢价交易时，采用允许现金替代申购的方式可以实现跨市场套利，从而缩小 ETF 份额净值和 ETF 份额市场价格的差距。在随后的时点上，如果被替代的成分股价格发生变化，标的指数会同步反映其变化。但是在 ETF 里，由于成分股被现金替代，现金数额在 T 日内保持不变，也就不能反映出相关成分股在当日的价格变化幅度，只能通过 T+2 日内补券，来缩小 ETF 与标的指数的差距。也即允许现金替代制度自身会在短时间内加重 ETF 与标的指数的差异。

允许现金替代制度的设立是为了实现套利机制的通畅，而套利机制存在的意义在于实现 ETF 份额净值与 ETF 市场价格的同步性，但其大前提又在于 ETF 份额净值与 ETF 跟踪指数的高度匹配性。如果不能实现 ETF 份额净值与 ETF 跟踪指数的高度匹配性，套利机制的意义何在，允许现金替代制度的意义又何在？

（三）让人费解的制度逻辑

当 ETF 成分股出现涨停时，一般会出现 ETF 市场价格大于 ETF 净值的局面，这时也就形成了 ETF 市场价格与 ETF 净值不相匹配的局面，按照一般的道理，我们需要通过套利机制促使市场价格下降，从而使其与 ETF 净值相匹配。但此时情况非常特殊，此时的价格溢价并非一般情形下由于供求关系而导致的价格溢价，而是由涨停板制度产生的：当成分股出现重大利好消息时，由于涨停板的限制，价格不能充分反映该利好消息，但 ETF 份额的市场价格却能充分反映利好消息，[1]从而 ETF 份额的市场价格上涨，导致与 ETF 净值的差异。此种情形下，ETF 净值并未能反映应有的价值，但是 ETF 份额的市场价格却做到了。因此，此时错误出现在 ETF 净值上，而非 ETF 份额的市场价格，应予调整的是 ETF 的市场净值而非市场价格。

---

〔1〕 相关研究指出，上证 50ETF 二级市场具有价格发现功能，能够及时反映股票在涨跌停以及停牌制度下未被完全反映出的信息。参见张峥、尚琼、程祎：《股票停牌、涨跌停与 ETF 定价效率——基于上证 50ETF 日度数据的实证研究》，载《金融研究》2012 年第 1 期。

这就好比小学生做体操，教科书要求某个体操动作要快速向左连跳2步，但是领操队员由于比较淑女，只能先跳一步，再跳另一步，而小学生却按照教科书的规定快速连跳了2步，老师此时看见小学生比领操队员多跳了1步，急忙把小学生批评了一顿，让他往回跳了一步，而当小学生往右回跳了一步后，领操队员却跳出了第二步，小学生只能无奈的再向左跳一步，心中满是委屈。

（四）低效率的制度结构

允许现金替代制度下，首当其冲的争议就是开篇所述的补券时点纠纷。在该案中，如果基金经理选择T+2日进行补券，而T+2日成分股的价格并未下跌而是上涨，那么新闻中投资者自然会指责基金经理应在T+1日进行补券。只要基金经理补券时点不是最低买入点，这种对于基金勤勉义务的大探讨就会永不休止。

补券价格的确定也同样面临着挑战。如果股民老王和股民老张都需要补券，基金经理在不同的时点不同的价位上进行分批补券，那么哪次补券是代表老王，哪次补券是代表老张，两人的补券成本不一样又怎么解决？并且补券直接计入基金账户，是否存在可能：基金有多次补券，但都以价格最高的时点向申购者报告补券成本。

补券制度本身又是低效率的。补券的主体是基金经理，补券的利害关系人却是ETF申购者，补券成本的多少对于基金经理而言都无利害关系，那么基金经理能否有动力去选择一个最佳时点进行补券？

四、现金替代制度被滥用的后果

现金替代制度最初只在极个别的情况下得以应用，而现在基本上所有的成分股都允许采用现金替代制度，而这种广泛的应用深受部分投资者的喜爱，如成为他们津津乐道的“事件套利”的基石，但这种滥用的背后，却是对投资者不公平的对待与对现有交易制度的挑战。

（一）“事件套利”造成投资者的不公平对待

此种情形出现在某一成分股连续涨停的情形下，以下举个例子进行说明。

股民老王看新闻得知A公司即将进行重大资产重组，产生重大利好消息。作为资深股民的老王掐指一算，A公司股票在未来将会有4个涨停板。老王立马打开电脑，准备全仓A股。遗憾的是，新闻中的利好消息，使一大群同样资深的股民抢购A股，早早地就把A股拉涨停了。涨停的情形下，老王无法在二级市场上买进A股，很是气馁。

但老王不想这样眼睁睁地看着发财的机会从手上溜掉，于是联想到平日里熟悉的ETF。老王茅塞顿开，他可以在ETF二级市场上买进ETF基金份额，同时在ETF一级市场上赎回“一篮子”股票（假设里面包含A股票），再将“一篮子”股票中除A股票之外的其他股票全部卖出，那么他就可以持有A股票了。于是老王转战ETF二级市场，但细心的老王发现，和他一样想法的人实在太多，ETF份额的市场价格，早就因为突然涌入的大量买方而水涨船高，价格早就超过“一篮子”股票应有的价格，细心的老王再拿出计算器一算，此时通过ETF赎回操作取得A股票的成本价，已经相当于股票连续涨停3天的价格了。[1]

老王再一次陷入深深的苦恼之中。突然，老王灵机一动，为什么不反向操作呢？先从一级市场上用“一篮子”股票（A股用现金替代）进行ETF申购，再到二级市场卖出ETF份额，如果A股连续涨停2天，基金管理人无法在T+2日内买进A股，那么他申购ETF中A股的成本价就是A股连续涨停2天后的价格，但是此时通过一级市场申购再在二级市场卖出，他能够赚取A股连续涨停3天后的价格，这样一买一卖的结果就是赚取一个涨停板的收益，而如果A股没有如期涨停，那么他的成本就会更低，收益也会更高。

这种情况下，老王的行为其实是对ETF原持有人利益的摊薄。该过程中，ETF内部份额持有人包括两类：一类是完全交付“一篮子”股票的申购人，他们的“一篮子”股票中包含一个未来具有连续涨停的股票，不妨把这种情况下的“一篮子”称为“真实的一篮子”；另一类是部分交付“一篮子”股票的申购人，他们的“一篮子”股票中用现金替代了未来具有连续涨停的股票，不妨把这时的“一篮子”称为“瑕疵的一篮子”。ETF中最初都是“真实的一篮子”，

---

〔1〕 参见张峥、尚琼、程祎：《股票停牌、涨跌停与ETF定价效率——基于上证50ETF日度数据的实证研究》，载《金融研究》2012年第1期。

因此二级市场对 ETF 的定价也是基于“真实的一篮子”，股民老王上述做法，实际上是将“瑕疵的一篮子”卖到了“真实的一篮子”的价格。而随着“瑕疵的一篮子”增多，ETF 的净值将是“真实的一篮子”和“瑕疵的一篮子”的综合价格。由于“真实的一篮子”含有未来具有连续涨停的股票，其价值高于“瑕疵的一篮子”。这样一来 ETF 的净值就会低于“真实的一篮子”价值而高于“瑕疵的一篮子”价值。整个过程就是“瑕疵的一篮子”申购人对“真实的一篮子”申购人的利益摊薄过程。

这其实是回到了最初用传统开放式基金“团购”大盘时遇到的问题，ETF 交易制度正是为了解决此问题而建立，而现在又通过“改良”ETF 制度而重新面临该问题，那么 ETF 是否还有其存在必要？还是现金替代的 T+2 结算制度违背 ETF 的设立初衷。

（二）散户被制度设计所欺压

如前所述，ETF 市场实际上由一个机构大户参与的一级市场和中小散户参与的二级市场所组成。由于中小散户的资金有限，阻碍了其参与一级市场的能力，而现金替代制度，实际上是对一级参与者的某种优待，由于同为投资的中小散户不能取得这种优待，其实就构成了对其不公平对待。

这种情况在必须现金替代情形下表现得尤为明显。如国金证券在 6 月 25 日复牌后跌停，此时国金证券仍然采取必须现金替代制度，[1]1200 股股票现金替代金额为 37，812 元，而采用当天股票跌停计算的 1200 股（每股 28.36 元）股票价值为 34，032 元。此时一级市场的投资者可以将所拥有的 ETF 份额进行赎回，而对于国金证券，仍然采用跌停前的复牌价进行结算，[2]这就好比一级市场上的投资者将跌停价的国金证券以复牌前的价格卖给了基金，避免了当日通过持有 ETF 而间接持有国金证券带来的损失。但是这种赎回只是机构

---

〔1〕 之所以会出现复牌后的第一个交易日仍采用必须现金替代制度，可能是由于基金经理在开盘前无法判断停牌的股票何时复牌，而基金经理又需要在开盘前公布当日的申购赎回清单，列明那些权重股属于必须现金替代的范围。

〔2〕 这里虽然属于 ETF 的结算问题，但由于不同的申购赎回制度会决定其后的结算，所以其源头还是 ETF 的申购赎回问题。

投资者和大户的“权利”，因为中小散户无法达到赎回的最低份额要求。最终结果就好比机构投资者和大户将跌停的国金证券以跌停前的复牌价卖给了小散户们，小散户们无奈地承担了ETF中所有国金证券跌停的损失。

（三）裸券卖空的漏洞

正如前述，允许现金替代制度是一个变相的“一篮子”股票申购制度，其将交付“一篮子”股票的时间点向后延长了，而这也正好构成卖空的交易结构。如投资者在T日看空成分股A股票，可以用“一篮子”股票（A股票用现金替代）申购ETF基金份额，同时在ETF二级市场上卖出相应的基金份额。整个过程类似于投资者在没有持有A股票的情形下，将A股票卖给了ETF，ETF基金经理在T+2日内的补券行为，实际上是投资者在卖空A股票给ETF后的变相交付行为。假设此时基金份额净值和基金份额市场价格保持一致，那么投资者在一级市场上的买入成本，和二级市场上的卖出收益保持一致，此时总收益为零。但是现金替代部分此时并未进行结算，尚需在T+2日内由基金经理进行股票买入，从而确定其实际申购成本。如果A股票的确出现下跌，那么基金经理在T+2日内买进A股票的成本自然小于投资者申购ETF时的成本，从而产生一个差额，基金经理需要将该差额返还给投资者，而这差额就是投资者卖空股票的收益。

卖空一般包括借券卖空和裸券卖空两种形态。借券卖空是有交收保障的卖空，如融券业务；裸券卖空是无交收保障的卖空。根据《上海证券交易所交易规则》规定，“会员接受投资者买卖委托达成交易的，投资者应当向会员交付其委托会员卖出的证券或其委托会员买入证券的款项”。也即我国严格禁止裸券卖空行为。而上述操作本质上属于裸券卖空：投资者在没有持有股票的情形下，与基金达成股票卖出协议，再在T+2日内由基金经理买进股票进行实质交付。虽然相关行为仅在ETF内成立，但由于资本市场具有联动性，ETF中的卖空同样会传导到股票市场上：当出现上述卖空时，由于存在大量基金份额在ETF二级市场上卖出，会导致ETF二级市场价格下跌从而小于其净值，套利者此时会通过在二级上买入基金份额，再在一级市场上赎回基金份额并卖出“一篮子”股票从而实现套利，这样就可能导致股票市场上对于A股票单边的大抛售。

五、简短的结论

首先，从上面的分析可以看出，现金替代制度作为“一篮子”申购制度的权宜之计，自身的问题是非常多的，其适用本该极其谨慎，更加不能广泛适用。

其次，作为现金替代制度的T+2结算制度，虽然使申购的结算时间得以确定化，但该制度却使市场价格变化的风险转移给了基金财产，实则以损害基金原份额持有人权益为代价，理应废除。

最后，对于股票涨跌停和停牌时无法进行“一篮子”股票申购的最佳解决途径，并非现金替代制度，而应该是融券制度，融券制度既可以解决申购窘境，同时也不会存在现金替代制度的诸多问题。

公司越权担保合同效力及债权人审查义务

——基于公报案例振邦股份担保案的分析

张桐源*

摘 要

关于《公司法》第16条规范属性的争论层出不穷，不同法院在对具体越权担保案件上也往往有不同的判决。最高人民法院在2015年第2期公报案例中公布了一则公司关联担保案，其判决对司法实践中相关案例同案同判有重要意义。本文着重分析和探讨最高人民法院通过本则案例确立的判决模式，并探讨建立一个多层次的债权人审查体系。

关键词

越权担保　管理性强制规定　效力性强制规定　审查义务

《公司法》第16条规定，公司对外提供担保，应当依章程规定由董事会或者股东会决议，为公司股东或者实际控制人提供担保的，必须经股东会决议。该条是规范公司对外担保的核心条款，然而对违反该条的担保行为效力却没有规定。实践中越权提供关联担保的现象很常见，有很多法官及学者对其进行了探讨，结论却不尽相同。法院在审判时，也因缺乏具体标准和相应司法解释而判决不一。

---

* 作者单位：北京大学金融法研究中心。

2015年，最高人民法院在《最高人民法院公告》第2期上发布了一个案例，即招商银行股份有限公司大连东港支行（以下简称招行东港支行）与大连振邦氟涂料股份有限公司（以下简称振邦股份公司）、大连振邦集团有限公司（以下简称振邦集团公司）借款合同纠纷一案（以下简称振邦股份担保案）。[1]该案是由最高人民法院再审的有关越权担保合同效力问题的案件。最高人民法院在本案中将《公司法》第16条认定为管理性而非效力性强制规范，并进而适用《合同法》第50条[2]表见代表的规定，对一审、二审的判决做了改判，最终认为债权人尽了合理的审查义务，关联担保合同有效。本案对越权担保合同效力与债权人审查义务两个重要问题都做了直接回答，其判决逻辑值得讨论，更为司法实践树立了较为统一的裁判标准。

本文的基本观点是：《公司法》第16条到底是管理性强制规定还是效力性强制规定，理论和实践中都有争议。最高人民法院公报通过刊登振邦股份担保案，其实表明了自己的态度，在学说上有定分止争、在实践中有统一审判的指导作用。但值得研究的是，最高人民法院的审判模式以债权人的审查义务为核心，明确了债权人的形式审查义务；但现实复杂丰富，形式审查义务的程度也应根据债权人或债务人的性质不同而有所区分，从而在司法实践中，真正做到责任分配的均衡。

一、基本案情和裁判要旨[3]

（一）基本案情

2006年4月30日，招行东港支行与振邦集团公司签订了一份借款合同，向振邦集团公司发放1496.5万元的贷款。2006年4月30日，振邦股份公司

---

〔1〕 参见最高人民法院民事判决（2012）民提字第156号《招商银行股份有限公司大连东港支行与大连振邦氟涂料股份有限公司、大连振邦集团有限公司借款合同纠纷再审民事判决书》，载最高人民法院网：http://www.court.gov.cn/wenshu/xiangqing-5877.html，最后访问日期：2015年4月20日。

〔2〕 该条规定，公司的法定代表人、负责人越权签订合同的情形下，除交易相对人知道或者应当知道越权代表外，该越权行为有效。

〔3〕 本部分关于案情和裁决的内容主要来自该案的再审判决书（2012民提字第156号），除需特别注明之处外，不再一一注明。

与招行东港支行签订了两份《抵押合同》，分别以其相关土地使用权和房产为上述借款提供抵押担保，双方办理了抵押登记手续，招行东港支行在中国银行之后成为了第二抵押权人。2006 年 6 月 8 日，振邦股份公司又出具《不可撤销担保书》，为上述借款提供连带保证。借款合同到期后，振邦集团公司未能偿还借款本息，振邦股份公司也没有履行连带保证义务。

值得说明的是，振邦集团公司是振邦股份公司的股东之一，签订合同时两家公司的董事长及法定代表人皆为周建良。两份《抵押合同》和《不可撤销担保书》都是周建良越权签订的，没有经过公司董事会或股东会决议。在 2008 年 10 月，周建良不再担任振邦股份公司的董事长和法定代表人。

2008 年 6 月 18 日，招行东港支行向法院起诉，要求振邦集团公司履行还款义务，振邦股份公司承担连带保证责任，而没有对抵押物的优先受偿权提起诉请。

（二）裁判要旨

一审法院大连市中级人民法院认为：招行东港支行与振邦集团公司的借款合同合法有效，振邦股份公司为其股东提供担保必须经股东会决议通过，而招行东港支行提供的《股东会担保决议》系无效决定，股东会并未授权法定代表人周建良签订《抵押合同》及《不可撤销担保书》，所以周建良实际上超越权限订立了担保合同。在合同效力认定上应适用《关于适用〈中华人民共和国担保法〉若干问题的解释》（以下简称《担保法解释》）第 11 条，需要确定招行东港支行是否知道或者应当知道周建良超越了权限。根据案件查明的事实，《股东会担保决议》存在诸多明显瑕疵，招行东港支行是应该知道周建良为越权代表的，因而基于《担保法解释》第 11 条合同无效。另根据《担保法解释》第 7 条确定责任承担，振邦集团公司不能清偿上述欠款时，由振邦股份公司对振邦集团公司不能清偿部分的 1/2 承担赔偿责任。

二审法院继续查明案件事实，论证招行东港支行对《股东会担保决议》缺乏真实性是应该知道的，对担保合同无效负有过错，因此支持一审判决，驳回上诉人请求。

最高人民法院再审认为："第一审、二审法院以案涉《股东会担保决议》的决议事项并未经过振邦股份公司股东会的同意，振邦股份公司也未就此事召开股东大会为由，根据《公司法》第16条的规定，作出案涉不可撤销担保书及抵押合同无效，属于适用法律错误。”最高人民法院将振邦股份公司做出的担保行为分成两个层次，第一层次是公司内部的担保决议，这种行为受到《公司法》的规范，第二层次是对公司外部的担保合同，应受《合同法》和《担保法》的规范。

因此，最高人民法院认为：首先，《公司法》第16条实际上是为了保护公司、股东和债权人合法利益的内部控制条款，如果判定公司对外签订的担保合同违反了该条就无效，会危及交易安全，也会给公司动辄以违反内部决议主张合同无效的不诚信行为留下制度缺口，因而该条应是管理性强制规范。其次，合同效力的认定应适用《合同法》第50条，即需要判断招行东港支行是否知道或者应当知道周建良越权签订合同的事实，最终最高人民法院判定招行东港支行不知道也不应该知道周建良越权签订合同的事实，尽到了审查义务，所以合同有效。基于以上两点，最高人民法院最后判决振邦股份公司应对主合同债务承担连带保证责任。

最高人民法院将此案例作为公报案例同时，还总结了裁判要旨，“《公司法》第16条第2款规定，公司为公司股东或者实际控制人提供担保的，必须经股东会或者股东大会决议。该条款是关于公司内部控制管理的规定，不应以此作为评价合同效力的依据。担保人抗辩认为其法定代表人订立抵押合同的行为超越代表权，债权人以其对相关股东会决议履行了形式审查义务，主张担保人的法定代表人构成表见代表的，人民法院应予支持”。[1]

二、《公司法》第16条的规范属性

本案的焦点之一是《公司法》第16条的规范属性，即该条为任意性规定、管理性强制规定还是效力性强制规定。依据《合同法》第52条第5款和《最高人民法院关于适用〈中华人民共和国合同法〉若干问题的解释（二）》第14条，只有违反了效力性强制规定的合同才无效。

---

〔1〕 参见《振邦股份担保案》，载《最高人民法院公报》2015年第2期（总第220期）。

(一)法条的规范属性

法律规范依其规定的权利义务的刚性程度,[1]分为强制性规范和任意性规范。所谓强制性规范是指不允许人们按照自己的意志不使用或改变法律规则的内容而行为,即不问人们的意愿如何必须加以适用的法律问题,意味着人们必须无条件地、绝对地遵守这种法律规则,不允许人们自行协议地设定权利和义务。[2]在表现形式上,强制性规范往往采用“应当”“必须”“不得”“禁止”等词语。

与之对应的是任意性规范,即不要求当事人一定遵守,也不是在任何情况下适用,而只是在没有另外规定或者约定的情况下才适用,即“仅为补充或解释当事人的意思,得由当事人之意思自由变更或拒绝适用”。[3]

民法学者为了进一步确定违反强制性规范的后果,将强制性规范又细分为“管理性强制规范”[4]和“效力性强制规范”。“管理性强制规范”,顾名思义是旨在管理和处罚违反规定的行为,而不在于否定其在民商法上的效力。“效力性强制规范”不仅管理和处罚,还要否认违反规定行为的效力,如《合同法》第 329 条规定非法垄断技术、妨碍技术进步或者侵害他人技术成果的技术合同无效。

但以上只是概念上的区分,实践中如何区分二者则很难,因为并不是所有法条都像《合同法》第 329 条那样会明确说明违反会导致合同无效。最高人民法院也意识到了这一问题,其在 2009 年发布的《关于当前形势下审理民商事合同纠纷案件若干问题的指导意见》(以下简称《指导意见》)[5]第 16 条中指出,“如果强制性规范规制的是合同行为本身即只要该合同行为发生即绝对地

---

〔1〕 参见江必新、何东林等:《最高人民法院指导性案例裁判规则理解与适用》,中国法制出版社 2012 年版,第 377 页。

〔2〕 参见王保树:《从法条的公司法到实践的公司法》,载《法学研究》2006 年第 6 期。

〔3〕 王保树:《从法条的公司法到实践的公司法》,载《法学研究》2006 年第 6 期。

〔4〕 德国学者称之为“管理性强制规范”,在我国民法学界其更多地被称为“取缔规范”。

〔5〕 《最高人民法院印发〈关于当前形势下审理民商事合同纠纷案件若干问题的指导意见〉的通知》(法发〔2009〕40 号),载最高人民法院网:http://www.court.gov.cn/fabu-xiangqing-396.html,最后访问日期:2015 年 4 月 20 日。

损害国家利益或者社会公共利益的，人民法院应当认定合同无效”。但这条司法解释也没有什么作用，实践中认定强制性规范的性质往往陷入这样一种逻辑循环：合同之所以因违反某法条而无效，是因为该法条为效力性强制规范；该法条之所以为效力性强制规范，是因为违反该条的合同无效。

也有一些学者提出了可供思考的认定标准，如王利明教授的三分法：“第一，法律、行政法规规定，违反该规定将导致合同无效或不成立的，为当然的效力性规定；第二，法律、行政法规虽然没有规定，违反该规定将导致合同无效或不成立，但违反该规定若使合同继续有效将可能损害国家利益或社会公共利益，则该规定也属于效力性规定；第三，法律、行政法规没有规定，违反该规定将导致合同无效或不成立，虽然违反该规定，但若使合同继续有效并不损害国家利益或社会公共利益，而只是损害当事人利益的，属于管理性规定”。[1]但这样的方法也不能解决实践中的问题，对没有明确规定违反即无效的法条，需要结合社会公共利益与国家利益来判断，何为社会公共利益？如果振邦股份担保案中振邦股份公司是一家上市公司的话，其越权担保的行为可能侵犯到公众投资者的利益，那算不算对公共利益的侵犯？给本来不确定的法条属性又增加了社会公共利益这样的没有明确标准的概念来界定，没有太大的实践意义。同时，如果最终落脚于社会公共利益的话，适用《合同法》第52条第5项时则囊括了第4项之内容，显然不是立法者的本意。

（二）关于《公司法》第16条的学术争论

既然通过法条本身及相关司法解释无法清晰地判定《公司法》第16条的规范属性，那么我们需要看一下目前学术界对于该条的性质是否有一个统一的结论。

令人遗憾的是，学者们围绕这个问题也没有形成共识。围绕这一问题主要有三类观点：第一类是将《公司法》第16条理解为管理性强制规定，该条是旨在管理和处罚公司违反规定的行为，但并不是否认其在民商法上的效力，如认为强制性规定是针对内容和形式而言的，《公司法》第16条却是程序上的规

---

〔1〕 王利明：《合同法新问题研究》，中国社会科学出版社2003年版，第321～322页。

范，而非行为禁止。[1]第二类观点认为该条是效力性强制规定，《公司法》第16条是法律对公司民事权利能力的限制，且民事权利能力属于强行性规范，行为人不能抛弃，不能以意思表示予以改变，违反者将导致公司的投资、担保行为无效。[2]第三类观点是将该条的第1款和第2款区分对待，但如何区别对待也有分歧，有的学者认为第1款为管理性强制规定，是为了规范公司内部决策的条款，而第2款为效力性强制规定，是为了限制关联交易，因而合同无效；[3]还有学者认为，第1款是对公司为非股东和非实际控制人提供担保的规定，属于任意性规定，而第2款是公司为股东和实际控制人提供担保，在担保决议作出时，已涉及其他第三人股东的利益，该规定属于管理性强制规范。[4]

（三）相关案例

根据最高人民法院颁布的《关于案例指导工作的规定》第7条规定，最高人民法院发布的指导性案例，各级人民法院审判类似案例时应当参照。但是目前我们仍然没有直接针对公司越权担保合同效力问题的指导性案例，我们需要看看是否有其他案例提供了可供借鉴之处。

公司关联担保的裁判最先引起广泛关注的是2000年的中福实业公司担保案，[5]该案中最高人民法院使用了1999年《公司法》第60条第3款，"董事、经理不得以公司资产为本公司的股东或者其他个人债务提供担保"，并进而认定董事不能为股东提供担保，董事会作为董事的集合也不能，因而越权担保合同无效。该判决当时引起了很大争议，也曾一度主导了当时的审判趋势，

〔1〕 参见黄龙：《违反公司法第十六条不当然导致合同无效》，载《人民法院报》2008年7月10日，第6版。

〔2〕 参见黄承军：《违反公司法第十六条将导致合同无效》，载《人民法院报》2008年10月9日，第6版。

〔3〕 参见耿林：《强制规范与合同效力——以合同法第52条第5项为中心》，中国民主法制出版社2009年版，第246页。

〔4〕 参见江必新、何东林等著：《最高人民法院指导性案例裁判规则理解与适用》，中国法制出版社2012年版，第380~382页。

〔5〕 该案全称为"福建省中福实业股份有限公司等与中国工商银行福州市闽都支行借款担保纠纷案"[（2000）经终字第186号]。

2002年最高人民法院审理的幸福实业公司担保案[1]采用相同的判决逻辑。

2005年新《公司法》颁布前后，最高人民法院对越权担保的态度也发生了转变，出于保护商事交易安全，尊重意思自治等原因，不再简单地判定越权担保合同无效。关于此问题，最高人民法院在新《公司法》颁布后共有三个公报案例，分别为光彩事业集团担保案[2]、银大科技担保案[3]和振邦股份担保案。

由于担保协议签订于2005年新《公司法》生效前，光彩事业集团担保案适用的是1999年《公司法》第60条第3款。该案中最高人民法院作出了与中福实业公司担保案完全相反的判决，认为"该条（第60条第3款）规定是对公司董事、高管人员未经公司批准，擅自为公司股东及其他个人债务提供担保的禁止性规定。但该规定并非一概禁止公司为股东担保，对有限责任公司而言，符合公司章程，经过公司股东会、董事会批准，以公司名义进行关联担保，修订前1999年《公司法》并未明确加以禁止"。可见，最高人民法院对此前"一刀切"的判定合同无效的态度有所转变。

银大科技担保案是2005年新《公司法》生效后的第一个越权担保公报案例，该案为振邦股份案奠定了重要基础。该案中北京市高级人民法院认为，首先，《公司法》第16条并未明确规定公司违反上述规定对外提供担保导致担保合同无效；其次，公司内部决议程序，不得约束第三人；再次，该条款并非效力性强制规定；最后，依据该条款认定担保合同无效，不利于维护合同的稳定和交易的安全。法院进而适用《合同法》第50条，判定合同有效。

银大科技担保案和振邦股份担保案都是完全适用2005年新《公司法》的公报案例，在对《公司法》第16条的认识上一脉相承。在目前缺乏指导性案例的情况下，这两个公报案例对其他各级法院起到了很好的示范作用，将该条

---

〔1〕 该案全称为"温州信托公司清算组诉幸福实业公司等债权债务转让合同纠纷案"[（2002）民二终字第67号]。

〔2〕 该案全称为"中国进出口银行与光彩事业投资集团有限公司、四通集团公司借款担保合同纠纷案"，载《最高人民法院公报》2006年第7期（总第117期）。

〔3〕 该案全称为"中建材集团有限公司诉北京大地恒通经贸有限公司、北京天元盛唐投资有限公司、天宝盛世科技发展（北京）有限公司、江苏银大科技有限公司、四川宜宾俄欧工程发展有限公司进出口代理合同纠纷案"，载《最高人民法院公报》2011年第2期（总第172期）。

视为非效力性强制规定已经成为最高人民法院所倡导的审判方法，具有一定的指导作用。

(四)《公司法》第16条是管理性强制规定

上文已经提到，在振邦股份担保案中，最高人民法院主要从两个角度阐释了《公司法》第16条为何是管理性强制规定。我们在此再做一个具体分析。

第一，最高人民法院用了目的解释的方法，认为该条“其立法本意在于限制公司主体行为，防止公司的实际控制人或者高级管理人员损害公司、小股东或其他债权人的利益，故其实质是公司内部控制程序，不能以此约束交易相对人”。这样的看法有一定的道理：一方面，公司签订合同与自然人不同，需要一个内部决策的过程，这个过程可以看作公司意思表示形成的程序。为了保证公司的对外行为是其真实的意思表示，而不是某些大股东操纵的私利行为，《公司法》必须对这个程序进行限定，如被担保股东不能参与股东会决议。另一方面，要防范公司内管理人员的利益冲突或其他窃取公司利益的行为，进而保护公司、小股东或其他债权人利益，内部程序的控制显然也是必要的。既然是内部控制程序，其瑕疵就不应直接影响外部的担保合同效力。

第二，倘若以违反股东决议程序而判令合同无效，则会给公司动辄以违反股东会决议主张合同无效的不诚信行为留下制度缺口，最终危害交易安全。这样的理解也有充分的现实考量，股东会决议程序毕竟属于公司内部程序，外部的交易相对人很难获悉，如果违反内部程序则担保合同无效，那么作为担保债务人的公司就可以主张内部决议瑕疵，这样就可以减免甚至免除担保责任，与“诚实信用”原则和“禁止反言”原则相违背。

最高人民法院的这两个分析思路当然并不能彻底在学理上终结有关问题的探讨，但其对司法实践有重要意义。诚如上文所言，效力性强制规定与管理性强制规定的界限是模糊的。在判定合同效力时，法院会陷入无休止的“识别怪圈”，面对《公司法》第16条，法院总要去识别一下其是否属于效力性规定，也往往做出不同的解释，这不仅会使司法不断逾越立法，裁判变得无比复杂，而且，由于迄今的司法判断尚难以排除地域差异，必将影响裁判标准的统一，以及全国交易秩序的统一。[1]

更为严重的是，商事交易最为注重“确定性”，商人能否依据现有规则对其交易进行理性的判断，从而确定是否营利，是交易发生的前提之一。成文法的一个重要功能就是能够让商人事前明确规则，形成理性预期，并判断其行为的法律效果。然而在《公司法》第 16 条上，连极为专业的法律学者和从业人士都难以判定其规范属性，那么商事交易的确定性又如何保证呢？扩展到更为宽广的角度来说，市场经济下的商事交易，应是一个可以计算与衡量的理性活动，如果因为制度的漏洞、法律的模糊而导致预期收益无法计算，这会极大地阻碍商事交易的自由发展。[2]

所以，最高人民法院振邦股份担保案的意义就在于定分止争，这则公报案例向各级法院说明，《公司法》第 16 条规定是管理性强制规定，今后在越权担保案例裁判时，不能再“一刀切”地判定合同无效，而应具体适应《合同法》及其他民事法律的相关规定来确定合同效力。统一了的裁判模式可以稳定商事担保，促进商事交易。正是基于此，本文同意最高人民法院的看法，《公司法》第 16 条是管理性强制规定。

三、债权人的审查义务

最高人民法院认为一审法院以公司内部决议存在瑕疵为由，根据《公司法》第 16 条的规定，作出案涉不可撤销担保书及抵押合同无效的认定，属于适用法律错误。然而仔细分析，一审法院大连市中院的判决其实遵循了一个正确的逻辑，它并没有直接判定《公司法》第 16 条的规范属性，并未因公司决议违反该条判定合同无效，而是依据《担保法解释》第 11 条[3]来判断合同效力。《担保法解释》第 11 条和最高人民法院适用的《合同法》第 50 条实际上

---

〔1〕 参见蒋大兴：《商行为的法律适用——关于理性社会、交易预期与规则简化的宣言》，载《扬州大学学报》2011 年第 2 期。

〔2〕 参见蒋大兴：《商行为的法律适用——关于理性社会、交易预期与规则简化的宣言》，载《扬州大学学报》2011 年第 2 期。

〔3〕《担保法解释》第 11 条规定了公司的法定代表人或负责人超越权限订立担保合同的情形，此时除交易相对人知道或者应当知道其越权代表外，该越权行为有效。

是一样的，只不过前者是后者在担保法上的具体应用。在振邦股份担保案中，最高人民法院和一审法院最终的分歧是：一审法院认定招行东港支行是应当知道《股东会担保决议》瑕疵的，因而担保合同无效；最高人民法院认为招行东港支行已尽审查义务，不知道也不可能知道《股东会担保决议》瑕疵，因而担保合同有效。所以从这点来讲，最高人民法院和一审法院其实是在对招行东港支行是否尽了审查义务这个问题上产生了分歧。债权人的审查义务问题是越权担保中的另一个焦点。

（一）审查义务

债权人是否已尽审查义务，其是否"知道"或"应当知道"越权担保事实，对判定合同效力和当事人间的责任分配有重要意义。在实践中，"应当知道"往往是个认定难点。

"应当知道"是一种不知道的状态，但由法律推定行为人有能力知道，如果不知道即有过错，《德国民法典》第122条将"应当知道"界定为"因过失而不知道"，[1]亦是同理。《担保法解释》第7条规定在担保合同无效时需衡量当事人是否有过错以确定责任分配。在《合同法》第50条和《公司法》范畴内，"应该知道"基于法定代表人行为与公司行为的不一致性，法定代表人是法人的代表机关，而非意思形成机关，现实中往往存在利益不一致、法定代表人超越权限损害公司利益的情况，并且法定代表人与公司外部相对人发生合同关系时，也可能存在两者之间相互串通为自己谋利的情形。"应当知道"就是在这种情况下规定了债权人的审查义务，但并不是存在法定代表人越权时债权人一定要知道，因为公司意思机关授权与否属于公司内部程序，尤其是公司的内部决议、表决方式等，如果债权人无论在何种情况下都要知悉，无疑增加了他的责任和负担，这种审查义务是显失公平的。因此，确定债权人的审查义务应关注责任均衡原则。

如何做到责任均衡的分配审查义务在实践中又是个很难的问题。从债权人的角度来讲，债权人的性质不同，承担的审查义务是否不同？比如商业

〔1〕 梁上上：《公司担保合同的相对人审查义务》，载《法学》2013年第3期。

银行作为主要的放贷主体，其承担的审查义务是否要高于其他商事主体？从债务人角度来讲，上市公司作为担保债务人时，出于保护广大中小股东的考量，债权人的审查义务是否会更重一些？债权人应审查哪些内容才是和债务人责任均衡？

在债权人是否要审查公司章程这个问题上，就存在三种观点：第一种观点认为，公司章程只是内部规范，即使公司章程在公司登记机关备案或通过其他途径予以公示，也并不具备对世效力，如果要求债权人审查章程则既不符合实际也有违公平，又增加了交易成本，并进而降低了债权人交易的积极性，不利于活跃交易和促进经济发展。〔1〕第二种观点认为，既然《公司法》第16条表明公司章程可以写入对担保的决策机构、担保权限的具体规定，债权人自应遵守，且负有查阅公司章程的义务，这一义务在性质上属于债权人为控制交易风险的注意义务的当然内容，公司章程中对公司担保的规定也就成了债权人"知道或者应当知道"的内容。〔2〕第三种观点认为，应对上市公司和非上市公司加以区分，上市公司的章程更具公示性，但非上市公司的章程查询不易，如让债权人去查询则过于苛刻。

（二）最高人民法院的裁判漏洞

本案的一审和二审法院提出了很多《股东会担保决议》的瑕疵，如公司为其股东提供担保，被担保股东依法不能参与股东会表决，而《股东会担保决议》中却盖有振邦集团公司印章；如振邦股份公司股东之一"大连科技风险投资基金有限公司"印章为废旧印章；再如一枚印章名称为"辽宁科技创业投资责任公司"，而公司法上并不存在"责任公司"这样的名称。这些瑕疵的存在是否能够说明招行东港支行没有尽到审查义务呢？最高人民法院对此进行了回答：《股东会担保决议》中存在的相关瑕疵必须经过鉴定机关方能识别，必须经过查询公司工商登记才能知晓，必须谙熟《公司法》相关规范才能避免

---

〔1〕 参见詹巍、杨密密：《公司越权担保效力之理论与实证分析》，载《金融法苑》2011年第2期。

〔2〕 参见高圣平：《公司担保相关法律问题研究》，载《中国法学》2013年第2期。

因担保公司内部管理不善导致的风险，如若将此全部归属于债权人的审查义务范围，未免过于严苛，亦有违《合同法》《担保法》等保护交易安全的立法初衷。而振邦股份公司给招行东港支行的股东会决议上的签字和印章与其同时提供给招行东港支行的样本一致，而且担保合同上的公司印章和法人代表签名真实，并且案涉担保在行政机关审查后也已办理了登记，以上表明招行东港支行已经尽到了审查义务。

本文对最高人民法院这里的观点有所疑惑。最高人民法院认为债权人没有必要动用鉴定手段和查询工商登记，有一定道理，但债权人不需要熟悉公司法规范吗？《公司法》第16条是关于公司担保的核心条款，在实践中有大量应用，债权人和债务人都应该充分知悉和了解，振邦集团公司参与股东会表决决定为自己担保的瑕疵不需要谙熟《公司法》，银行作为专业的金融机构，单纯从业务熟练的角度来讲就能轻而易举地发现这种瑕疵，但最高人民法院却认为其不需要谙熟公司法。从另一角度来讲，已经公布的法律就具有公开宣示的目的，任何人不能以自身不知法律而为自己违法行为提出抗辩，任何人无论其是否在实际意义上知悉了法律所规定的内容，都将被一视同仁地推定为其已确定无误地知悉了法律所规定的内容。[1]《公司法》第16条这类在实践中经常用到的条款，其实也并不需要“谙熟”才了解。

（三）相关案例

在债权人的审查义务问题上，光彩事业集团担保案、银大科技担保案和振邦股份担保案都没有较好地解决这个问题。光彩事业集团担保案中最高人民法院没有论及债权人审查义务。银大科技担保案中，北京市高级人民法院首先明确了举证责任：“第三人的善意是由法律所推定的，第三人无须举证自己善意；如果公司主张第三人恶意，应对此负举证责任”。法院进而提出，有限责任公司章程的公开行为不构成第三人应当知道的证据。可见，北京市高级人民法院其实只谈了有限责任公司作为担保债务人时债权人审查义务的有无

---

〔1〕 参见王冠宇：《浅析公司章程的对外法律效力——兼议新公司法第十六条》，载《金融法苑》2009年第1期。

问题，没有谈及审查义务的标准。振邦股份担保案则在此基础上进一步明确债权人应负形式审查义务。

债权人审查义务难以确定造成了实践中较大的问题。如果担保人主张债权人未尽审查义务，“谁主张，谁举证”，债权人无须举证自己的善意。但是由于缺乏“知道或者应当知道”的标准，担保人往往难以举证，而且公司的法定代表人越权提供担保，也很难留下证据。如光彩事业集团担保案中，担保债务人光彩集团提出，根据本公司章程，董事会至少8名董事参加方能召开，然而两份董事会决议分别只有5名和2名董事签字，因而董事会决议无效，然而最高人民法院却进一步认为，只有5名和2名董事签字，并不能代表只有5名和2名董事参加了董事会，因而要求光彩集团继续举证，证明实际参加董事会的人数，最终光彩集团因无法举证而败诉。

再如银大科技担保案中，银大公司法定代表人签订担保合同时间为2006年10月19日，而在2005年5月，银大公司从原名江苏广兴达银大科技有限公司变更为现名银大科技有限公司，担保合同上主文是银大公司，但印章却是原公司江苏广兴达银大科技有限公司的印章，明显不一致。银大公司主张这是法定代表人越权签订的担保合同，并且债权人没有发现上述瑕疵而未尽审查义务。法院因此要求银大公司举证其自更名后不再使用旧印章，银大科技最终因未完成举证而败诉。

也有学者针对举证责任不均衡的问题发表了意见。邓峰教授在其《代议制的公司》一书中就表达了鲜明的观点：缺乏对公司作为层级组织的理解，根本就无法考虑“应当知道”，在法律实践中，法院倾向于采用“知道”标准，而缺乏对“应当知道”的判断。即使是关联交易或自我交易，当事人也可以援引“并不知道”来进行免责。善意第三人制度是在民事中防止善意的第三人落于不公平的地位，的确有保护善意第三人的意味，然而现今的实践，这种保护似乎过强，导致很多非善意的第三人利用此条免责，变成了“保护第三人”。[1]

---

〔1〕 参见邓峰：《代议制的公司：中国公司治理中的权力和责任》，北京大学出版社2015年版，第101页。

如上文所言，最高人民法院此次公报案例具有重要的实践意义，避免了司法中一刀切判定合同无效的做法，也解决了当下的争议，然而其提出的审判模式——适用《公司法》第 50 条表见代表的规定来判断合同效力遇到了极大的困难，主要是债权人的审查义务问题。因缺乏一个明确的标准，导致过分保护第三人而责任不均衡。因此，下文将着力探讨建构一个多层次的债权人审查体系。

四、审查义务的多层次体系

形式审查是指债权人仅对材料的形式要件进行审查，形式要件主要指材料是否齐全，是否符合法定形式；实质审查则还要求对材料的真实性、合法性、有效性予以审查。如股东会决议文件上的签名，形式审查仅要求有股东签名即可，而实质审查则要求核实股东名字是否真由该股东所签，以及该签名是否具有法律效力。[1]

最高人民法院倾向于认为债权人只有形式审查义务，主要考量的是债权人作为公司的外部人，赋予其实质审查义务，容易过度提升交易成本，且不符合责任均衡的考量。但在中福实业担保案中，最高人民法院认为债权人应从中福实业的披露信息中了解到其在为公司股东提供担保，这是否从侧面说明，上市公司做担保时，债权人还要审查它的信息披露情况，因而负有一个更严苛的审查义务？

（一）担保人为上市公司或非上市公司的区分

1. 上市公司

上市公司的股票在交易所内流转，其股东人数众多，牵涉甚广，作为小股东的公众投资者的利益很有可能因公司的担保行为而受到侵害。因而，《公司法》对上市公司对外担保设立了特殊的标准，第 121 条规定，“上市公司在一年内购买、出售重大资产或者担保金额超过公司资产总额百分之三十的，应当由股东大会作出决议，并经出席会议的股东所持表决权的三分之二以上通过”。再如《证券法》第 67 条第 2 款规定，“公司订立重要合同，可能对公司的

〔1〕 参见梁上上：《公司担保合同的相对人审查义务》，载《法学》2013 年第 3 期。

资产、负债、权益和经营成果产生重要影响的，需要立即将有关该重大事件的情况向国务院证券监督管理机构和证券交易所报送临时报告，并予公告，说明事件的起因、目前的状态和可能产生的法律后果”。

2005 年证监会和银监会下发的《中国证券监督管理委员会、中国银行业监督管理委员会关于规范上市公司对外担保行为的通知》（证监发〔2005〕120 号）规定了对银行业金融机构在上市公司为担保人时的审查义务，“各银行业金融机构必须依据本《通知》、上市公司《公司章程》及其他有关规定，认真审核以下事项：（1）由上市公司提供担保的贷款申请的材料齐备性及合法合规性；（2）上市公司对外担保履行董事会或股东大会审批程序的情况；（3）上市公司对外担保履行信息披露义务的情况；（4）上市公司的担保能力；（5）贷款人的资信、偿还能力等其他事项”。以上规定显然是一种实质审查义务，尤其对担保能力的审查，可能会涉及对公司的尽职调查，因而上市公司提供担保时，债权人实际上承担了严苛的审查责任。

但从另一角度来讲，上市公司的信息更加透明和公开，担保这类重要事项也有相应的信息披露制度。因而，作为上市公司的债权人，其可以通过多种途径便利地考察到担保人的情况，上市公司的章程和董事会、股东会决议都清晰可查。所以此时即使债权人承担了较严苛的审查义务，但不会显著提高它的交易成本。〔1〕

2. 非上市公司

光彩事业集团担保案、银大科技担保案和振邦股份担保案中的担保人都是非上市公司，银大科技担保案中法院虽未明确指出“形式审查”义务，但是认为债权人不负有审查有限责任公司章程的义务，振邦股份担保案则明确了形式审查义务。可见，目前对于非上市公司来讲，债权人仅负有形式审查义务的观点占据主导。这主要是基于以下考量：（1）非上市公司较上市公司更为封闭，因而公司章程、内部决策文件等不易查询，更难辨真伪；（2）如果债权人要承担实质审查义务，那么交易未开始就要消耗大量的成本，不利于商事交易的

〔1〕 参见顾方亮：《论公司关联担保中债权人的审查义务》，载《金融法苑》2011 年第 2 期。

高效便捷;(3)从平衡各方利益的角度来看,较低的审查义务有利于担保行为的有效,从而保护债权人的利益。

(二)债权人类型及相应的审查义务

债权人的不同性质也会导致审查义务的区别,如银行类金融机构与非金融机构相比、担保公司和普通的有限责任公司相比,双方在对担保事项和规则的认识、预期投入成本以及人才储备等方面都有着明显的差异,因而应区分对待。对于债权人是非专业的机构甚至个人,不宜设定一个高于专业机构的标准;而对于专业机构,既然它已经在担保事项上投入了专门的成本,安排了固定的职员,并有着一套审查程序,那么为它设定的审查义务应更为严格。以上的宽松与严格,并非是以形式或实质为限的,其实我们也可以完全打破形式和实质的划分,某些事项的审查形式审查,并不排除其他事项的实质审查。对于专业的机构,他们往往形成了一个固定的审查模式,在司法实践中,对于这些债权人,应以行业的普遍工作流程去审视他们是否尽到审查义务。

本文认为大致可以用以下几个标准来对债权人类型进行划分:(1)法人和非法人;(2)行业类型、金融业和非金融业;(3)是否有专业的担保审查人员;(4)参与担保的频率和经验。在具体的司法实践中,还是要依靠法官的自由裁量权,但其裁量权应该充分考量上述几个标准。

(三)审查的内容及边界

根据对上述三个公报案例的分析,在司法实践中审查的内容主要包括董事会或股东会担保决议、担保的对象、担保合同的外观、法定代表人证明或其他代表人授权委托书等。如果是设立抵押或出质的情况,债权人还要审查相应资产的价值和权属问题。本部分集中探讨应该如何设定审查内容及边界,从而在越权担保案例中判断债权人是否知道或应该知道越权事实。

1. 公司章程

依据《公司法》第16条第1款,在担保事项中,普通担保的决议主体、担保数额和限度由公司章程规定。本文提及的三个公报案例中,法院都没有特殊提及需对公司章程进行审查,银大科技担保案更是明确提出有限责任公司的章程无需审查,其理由是有限责任公司的章程不具有对世效力,以及振邦股份担保案中最高人民法院的逻辑：查询章程还要去工商行政部门，而债权人应免除这样的义务。本文认为这两则公报案例对公司章程问题的看法不甚合理。

首先，从《公司法》第 11 条来看，“设立公司必须依法制定公司章程。公司章程对公司、股东、董事、监事、高级管理人员具有约束力”，没有规定章程具有对世效力。英美法上的“推定通知”理论也只具有理论上的可能性，在实践中根本没有可操作性。[1]因此，章程作为公司内部的安排和约定，的确不具有对世效力，但是这并不是绝对的对第三人一概不产生约束力。如《公司法》第 16 条第 1 款规定了担保决议的主体、担保数额和限制的问题，这些都是由公司章程来规定的，并且公司不能违反章程之规定，那么此时交易的相对人就应该查询公司章程，从而确认公司担保行为是否得到担保授权。而对于那些法律没有规定由章程来确定的事项、章程任意性条款规定的事项或者法律强制规定的事项，自然就不需要再查询公司章程了。从另一角度来讲，如果交易的相对方在交易前已经知悉了章程内容，则他对于交易就有了合理的预期，此时应负有审查章程内容的义务。[2]由此可见，公司章程并不是绝对地不能约束第三人，那些由章程规定并且公司必须遵守否则违反法律规定的，债权人应负审查义务。

其次，难道章程的查询必须去工商行政管理部门吗？诚然，依据《公司登记管理条例》第 20 条和第 21 条，公司需向工商行政管理部门提交章程，实践中交易相对人要去工商局查询某个公司信息，需消耗较大成本，而且所得到的信息也不完全。但是去工商行政管理部门查询并不是获悉章程的唯一途径，债权人在接受担保签订合同之前，完全可以要求担保人提供公司章程，至于担保人提交的章程是否真实，只需形式审查。

最后，在实践中，对于银行等专业的放贷机构，他们已经形成了审查公司

---

〔1〕“推定通知”理论是指公司章程一旦公示意味着已经向第三人发出了通知，进而推论出第三人对公司章程内容的知晓。但此种观点又缺乏可操作性，相对人没有可能完全知悉和了解仅在工商行政部门登记备案的公司章程。具体可参见崔建远、刘玲伶：《论公司对外担保的法律效力》，载《西南政法大学学报》2008 年第 4 期。

〔2〕参见顾方亮：《论公司关联担保中债权人的审查义务》，载《金融法苑》2011 年第 2 期。

章程的工作流程，往往会主动向公司索取章程。因此，对于这些专业性机构，我们更不能免除他们审查公司章程的义务。

至于审查的具体边界，本文认为，对章程债权人应该只负有形式审查义务，代表人提供的章程可能不真实，如故意修改某些关键条款，降低担保数额限制等，债权人只需保存并审查代表人提交的章程即算完成审查义务。

2. 董事会或股东会担保决议

公司内部的决策文件结合法律或章程的具体规定，是判断担保人是否有权担保的主要标准。对于非上市公司的决策文件，债权人只负形式审查义务。如振邦股份担保案中，最高人民法院再审时债权人提交了一份关键证据，振邦股份公司股东会成员名单及签字样本，此时债权人只要证明审查股东会决议时股东名字和签字与样本一致，即完成了审查义务的证明责任。至于样本和决议的真实性都不用考察。但形式审查义务并不代表着债权人对特殊担保注意事项审查义务的免除，如《公司法》第 16 条第 3 款规定的限制决策制度，公司为股东担保，但该股东最后参与了表决，其实是不符合形式要件的，债权人应予以注意。

对上市公司而言，其大股东、董事及高级管理人员的信息需要定期披露，而且中国的上市公司股权较为集中，小股东股份的流转不会影响最终的审查判断，因此主要把握一些持股比例较高的股东的表决情况，并依据相应的上市公司所做的信息披露，因此应承担实质的审查义务。

但债权人承担的实质审查义务也不是漫无边界、无所不包的，对于代持、隐名股东等问题，债权人也是难以考察的。如一家上市公司为自己的隐名股东提供了担保，债权人难以通过查阅公司章程、签名或印章等事项来知悉，此时如果强加给他们此种义务，是不公平的。

3. 法定代表人证明或其他代表人授权委托书

依据《公司登记管理条例》第 20 条和第 21 条，法定代表人的信息是需要向工商行政管理部门登记备案的，因此相对可查，但现实中也会存在公司法定代表人变更，但未及时在工商行政管理部门办理变更登记的情形。如银大科技担保案中，银大科技主张担保承诺函签订时，签名人“何寿山”已经不是该公司的法定代表人，但由于没有相应的鉴定和举证，这项主张并未得到法院支持。但这的确暴露出这样一个问题：公司实际法定代表人可能和工商登记的不一致。设想一下，如果银大科技能够举证的话，那么债权人很有可能要承担未尽审查义务的责任。所以，本文认为为了完善债权人的审查义务，在实践中债权人还应审查法定代表人的证明，以确定该法定代表人与工商登记一致。

在公司其他人员签订担保合同时，债权人则必须审查该代表人的授权委托书。授权委托书上应有授权单位的盖章和法定代表人的签名，需严格注明授权事项及授权起始日期、截止日期。

五、结语

在通过解释法条、学理探讨等方式仍难以确定《公司法》第16条规范属性时，最高人民法院将其认定为管理性强制规范有重要意义——否定了以违反法律、行政法规强制规定来判断担保合同无效的“一刀切”做法。光彩事业集团担保案、银大科技担保案和振邦股份担保案一脉相承，这三个公报案例显示了一个统一的审判模式，即适用《合同法》第50条表见代表的规定来判断合同效力，这样更利于维护交易稳定和安全，保护债权人的利益。

当前的审判模式还有亟需探讨并补充的问题——债权人的善意如何确定，这既影响着合同效力，也关乎着责任分配。各地法院审判习惯的不同和法官的自由裁量让这个问题纷繁复杂，并且债权人在交易时应审查什么又应审查到何种程度，本身就是要适用实践不断调整的。所以我们不能确定一个统一并严格的审查标准，而应是一个多层次的审查义务体系，在这个体系中，既应考虑现有的一些法律法规对部分主体的特殊规定，也应根据担保人或债权人的不同类型确定不同的裁量标准，如担保人为上市公司时，债权人应负更严格的审查义务；债权人为银行业金融机构时，其专业性也导致其应进行更严格的审查。所以我们可以看到，这不仅仅是一个实体法上的问题，也涉及诸多程序法上的规定。

第三部分

他山之石

台湾地区电子支付管理"法制"概说*

谢孟珊**

摘　要

2013 年 8 月 7 日，历经多年的产业奔走以及跨部会协商，台湾地区"行政院"决定制定"第三方支付专法"。2014 年 5 月，金管会版本草案"电子支付机构管理条例"报送"行政院"，并于 9 月由台湾地区"行政院"通过，次年 1 月由台湾地区"立法院"通过了修改版本。台湾地区的这次立法，体现了立法者对电子支付机构运营中规章制度的重视。该条例中对于身份认证和交易安全的规定，使电子支付机构在实际运营中必须考量消费者的接受度与方便性，故而此类服务仍可能将以小额支付为主。此外，条例规定的交易记录信息的保存义务，也使得相关机构需注意这类敏感信息的安全性。

关键词

第三方支付　电子支付　"电子支付机构管理条例"

---

* 本文原名"电子支付管理法制概说"，于 2015 年 6 月收录于台湾地区财团法人信息工业策进会产业情报研究所（Market Intelligence & Consulting Institute, MIC）之 AISP 情报顾问服务数据库：http://mic.iii.org.tw/aisp/reports/reportdetail2.asp?sesd=389958283&docid=CDOC20150611002&doctype=RC&cate=&smode=1&countrypno= 。本文在此发表已得到作者授权。

** 作者单位：台湾地区财团法人信息工业策进会。

一、前言

2013年8月7日，历经多年的产业奔走以及跨部会协商，台湾地区“行政院”（以下简称“行政院”）终于拍板定案，决定制定“第三方支付专法”，是时“行政院”指示“经济部应制定电子商务第三方支付服务管理之‘专法’，该‘专法’应兼顾‘产业发展’及‘金流管理’，分别由‘经济部’及‘金管’会主政。故将由‘经济部’会同‘金管会’及相关部会组成项目工作小组，并配合建立产业界咨询机制，参酌国际间之立法案例，以‘经济部’目前已研提之‘第三方支付服务业管理规范’及‘专法纲要’等资料为基础，于2013年年底前完成‘新法’报院”。依照“行政院”的指示，经济部经过多场的产业沟通与跨部会协商，于2013年年底顺利完成“非金融机构电子商务支付服务管理条例（草案）”报院。然而考量电子支付机构的管理涉及高度金融专业性，“经济部”目前并未配置相关专业人力资源，再者考量国际支付机构的监管几乎皆由金融监管单位掌理，例如日本金融厅、新加坡金融管理局（MAS）、中国大陆人民银行、美国纽约州金融服务局、英国金融管理局（FCA）、德国联邦金融监管局（Bafin）等。因此，2014年4月初，“行政院”裁示“第三方支付专法”改由台湾地区“金管会”（以下简称“金管会”）主政，草案主管机关易主，草案内容以及草案名称因此都作了修正。2014年5月，“金管会”版本草案“电子支付机构管理条例”报送“行政院”，草案于2014年9月经“行政院”通过并函送台湾地区“立法院”（以下简称“立法院”）审议。

“立法院”第8届第6会期审议期间，陆续有立委提出不同的版本并同审议，因此2015年1月立法院审议通过之版本与“金管会”报送之版本有若干出入。“电子支付机构管理条例”（以下简称“电支条例”）虽于2015年2月4日即已公告，但是正式施行时间为2015年5月3日，因其配套子法暨相关规范多达10余个，因此需要时间进行法制作业，包含“电子支付机构业务管理规则”“电子支付机构管理条例第三条第二项授权规定事项办法”“与境外机构合作或协助境外机构于我国境内从事电子支付机构业务相关行为管理办法”“电子支付机构使用者身份确认机制及交易限额管理办法”“电子支付机构专用存款账户管理办法”“电子支付机构管理条例第二十一条第六项授权规定事项办法”“电子支付机构信息系统标准及安全控管作业基准办法”“电子支付机构内部控制及稽核制度实施办法”“电子支付机构清偿基金组织及管理办法”“电子支付机构支付款项信托契约应记载事项及不得记载事项”“电子支付机构业务定型化契约应记载及不得记载事项”“电子支付机构提供使用者往来交易资料及其他相关资料要点”“电子支付机构业务定型化契约模板”。

除此之外，“金管会”已于 2015 年 4 月 17 日公告指定电子支付机构为“洗钱防制法”第 5 条第 1 项所称之金融机构。依照“洗钱防制法”第 7 条第 2 项以及第 8 条第 3 项“金管会”尚需制定电子支付机构的大额通货申报办法，以及疑似洗钱交易申报办法等，上述规范仍有待主管机关于未来发布。

二、法制重要性

（一）开放非银行经营金融服务

“电支条例”之主要重要在于提供非银行经营多用途储值以及汇兑业务的法源。非银行提供多用途储值在本条例之前已有“电子票证发行管理条例”开放之，然而汇兑业务（不具实质交易基础的资金移转）则是台湾地区金融“法制”上划时代的进展，过去台湾地区的网络支付服务只能提供植基于实质交易基础的代理收付服务，也就是说只能提供商品或服务交易的价款移转服务，因为依照“银行法”第 29 条规定，非银行不得办理国内外汇兑业务，违者依“银行法”第 125 条规定得处 7 年以上有期徒刑。

（二）新增金融业态“电子支付业”

依照“电支条例”第 3 条规定：“本条例所称电子支付机构，指经主管机关许可，以网络或电子支付平台为中介，接受使用者注册及开立记录资金移转与储值情形之账户（以下简称电子支付账户），并利用电子设备以连线方式传递收付讯息，于付款方及收款方间经营下列业务之公司。但仅经营第 1 款业务，且所保管代理收付款项总余额未逾一定金额者，不包括之：

一、代理收付实质交易款项；

二、收受储值款项；

三、电子支付账户间款项移转；

四、其他经主管机关核定之业务。”

依此，电子支付机构必定是通过网络或电子支付平台提供服务者，因此如非通过数位方式提供服务者，非该“法”所称之电子支付机构。其中所称“电子支付账户间款项移转”即为不具实质交易基础的资金移转，属于“银行法”中所称的汇兑业务，即一般俗称的“转账”，在网络支付上俗称为“P2P 转账”。

另外，如果只经营总余额未逾一定金额的“代理收付实质交易款项”者，亦非该“法”所规范的电子支付机构。所称代理收付款项总余额，依照“金管会”发布的“电子支付机构管理条例第三条第二项授权规定事项办法”（以下简称“办法”）第 2 条，指经营代理收付实质交易款项业务所保管使用者代理收付款一年日平均余额。依“办法”第 3 条规定，“电支条例”第 3 条所定之代理收付款项总余额为新台币十亿元。这里所称的余额将包含买家为了支付给卖家而交付给业者，尚未移转给买家的款项；以及卖家收款后尚未提领而留存于账户的款项。

因此如果通过网络或电子支付平台经营代理收付实质交易款项，且其一年日平均余额未逾新台币十亿元者，非属电子支付机构，将回归由条例施行前的第三方支付主管机关经济部主管。

目前“经济部”已经依照“金管会”的要求另定 HZ06011 电子支付业（electronic payment enterprises）的行业代码，其大类为 H 金融、保险及不动产业，定义内容如“电支条例”第 3 条第 1 项。因此，虽然中国大陆地区称第三方支付服务为“非金融机构支付服务”，然而台湾地区电子支付已由主管机关将其行业性质归属于金融服务业。另“金管会”亦于 2015 年 5 月 1 日公告（金管“法”字第 10400545920 号）专营之电子支付机构为“金融消费者保护法”第 3 条第 1 项之金融服务业，故电子支付服务适用“金融消费者保护法”，电子支付服务使用者受“金融消费者保护法”之保护。

三、重点规范说明

（一）电子支付机构体制规范与经营限制

1. 限为股份有限公司

依照“电支条例”第 5 条规定，电子支付机构之组织以股份有限公司为限。

2. 限为专营

依照“电支条例”第 5 条规定，电子支付机构应专营“电支条例”第 3 条第 1 项之业务（包含其他经主管机关核定之业务），除非依第 9 条规定兼营电子票证业务，或经过主管机关核准兼营其他业务。因此，支付机构如果要提供“电支条例”第 3 条之服务，必须属于网家集团独立的子公司，应与商店街或露天拍卖业务切割。

另外，“电子支付机构业务管理规则”第 14 条特别规定电子支付机构不得提供贷款服务，禁止电子支付机构对使用者提供授信或信用额度，或代垫款项。

3. 资本额要求

依照“电支条例”第 7 条规定，电子支付机构的最低实收资本额为新台币 5 亿元（折合人民币约为 1 亿元），但是仅经营代理收付实质交易款项之电子支付机构实收资本额为新台币 1 亿元（折合人民币约为 2000 万元），然而主管机关得依职权调整资本额门槛。前述之实收资本额限于发起设立，应由发起人一次认足。至于“经济部”主管的代理收付实质交易款项业者，目前并无资本额要求。

（二）电子支付账户的相关规范

1. 身份认证与交易限额

表 1　电子支付账户交易额度与身份认证强度对照

类别	交易功能	额度	身份认证
第一类	储值、付款（不得收款）	储值：新台币 1 万元 付款：每月新台币 3 万元	确认行动电话号码、电子邮件信箱或社群媒体账号、联征中心查询国民身份证换领补资料或内政部查询居留证资料
第二类	储值、P2P 转账、付款、收款	储值：新台币 5 万元 P2P 转账：每笔 5 万元 付款（含代收转付与 P2P 转账） 总额：每月新台币 30 万元 收款（含代收转付与 P2P 转账） 总额：每月新台币 30 万元	个人使用者： 确认第一类账户之资料 确认使用者本人之金融支付工具（以存款账户、信用卡或其他经主管机关认定之金融支付工具为限）

续表

类别	交易功能	额度	身份认证
			非个人使用者： 确认电子邮件信箱 确认金融支付工具（以存款账户、信用卡或其他经主管机关认定之金融支付工具为限） 征提登记证照或核准设立之文件及其代表人身份证明文件之影像档
第三类	储值、P2P转账、付款、收款	储值：新台币5万元 P2P转账：每笔5万元 代收转付：收款以及付款额度由电子支付机构与使用者约定之 P2P转账付款总额：个人使用者最高每月新台币100万元，非个人使用者最高每月新台币1000万元 P2P转账收款总额：个人使用者最高每月新台币100万元，非个人使用者最高每月新台币1000万元	个人使用者： 确认第一类账户之资料 确认使用者本人之金融支付工具（以存款账户、信用卡或其他经主管机关认定之金融支付工具为限） 以临柜审查或符合“电子签章法”之凭证确认使用者之身份
			非个人使用者： 确认电子邮件信箱 确认金融支付工具（以存款账户、信用卡或其他经主管机关认定之金融支付工具为限） 征提登记证照或核准设立之文件及其代表人身份证明文件之影像档 由代表人或其所授权之代理人以临柜审查或符合“电子签章法”之凭证确认使用者之身份

资料来源：“电子支付机构管理条例”“电子支付机构使用者身份确认机制及交易限额管理办法”“电子支付机构业务定型化契约模板”。

依照“电支条例”第24条规定，电子支付机构应建立使用者身份确认机制，于使用者注册时确认其身份。其目的乃是落实执行防制洗钱金融行动工作组织（Financial Action Task Force, TATF）发布之“防制洗钱/打击资助恐怖主义国际标准”第10项“客户审查”之要求。依照“电子支付机构使用者身份确认机制及交易限额管理办法”第3条规定，电子支付机构应要求使用者提供真实之身份资料，不得接受使用者以匿名或假名申请注册。为此，“电子支付机构使用者身份确认机制及交易限额管理办法”第7条规定，电子支付机构接受个人使用者注册时，应征提基本身份资料包含姓名、国籍、身份证明文件种类与号码及出生年月日等。对于身份证明文件并应确认其真伪，依照“电子支付机构使用者身份确认机制及交易限额管理办法”第8条规定，提供国民身份证资料者，应向内政部或财团法人金融联合征信中心查询国民身份证领换补资料之真实性；提供居留证资料者，应向内政部查询资料之真实性。

依照身份认证的强度，搭配交易限额，“电子支付机构使用者身份确认机制及交易限额管理办法”将电子支付账户分为三类。交易金额越高，身份认证强度越强。汇整“电支条例”第15条、“电子支付机构使用者身份确认机制及交易限额管理办法”第6条、第17条以及“电子支付机构业务定型化契约模板”第5条等，综整见表1。

2. 账户交易限制

（1）储值

“电子支付机构业务管理规则”第12条规定，电子支付机构不得接受使用者以信用卡进行储值，因此电子支付机构的储值方式只限于银行存款转账或者是现金储值，实际操作方式可能是以类似购买游戏点数的方法，通过通路商，如超商，代收储值金。

另外，“电子支付机构业务管理规则”第11条规定，禁止电子支付机构以津贴、赠与或其他给与方法吸收使用者储值款项。因此对于使用者的储值，电子支付机构不得支给利息，以避免变相吸收存款。

（2）款项移转

“电子支付机构业务管理规则”第9条规定，电子支付机构之间不得为款项之移转，因此未来例如支付连与欧付宝等不同支付业者的电子支付账号不得进行款项互转。

另外，依照“电支条例”第4条规定，电子支付机构代理收付实质交易款项，不得涉有未经主管机关核准代理收付款项之金融商品或服务及其他法规禁止或各“中央”目的事业主管机关公告不得从事之交易。因此未来消费者可否通过电子支付服务购买金融商品，发展如阿里巴巴的余额宝或娱乐宝之类产品，仍有待未来金管会是否公告开放。

除此之外，业者期待的O2O实体通路支付服务，“电支条例”第29条第3项特别规定，利用行动电话或其他便携式设备于实体通路提供服务，其作业应符合“电子支付机构信息系统标准及安全控管作业基准办法”，并于开办前经主管机关核准。

（3）余额提领

“电支条例”第18条以及“电子支付机构业务管理规则”第17条规定，电子支付机构返还款项余额仅得退回至使用者本人相同币别的银行存款账户，不得支付现金。

3. 支付款项之管理与运用

（1）支付款项之组成

电子支付机构所保管之支付款项包含储值款项、代理收付实质交易款项、P2P转账款项。储值款项除了由使用者自行储值之款项，如使用者开立第二类、第三类账户进行收款，还包含收款所得存放于支付账户未提领的余额。换言之，所有通过电子支付服务进行交易的款项，在电子支付系统中流动运用的款项，都属于支付款项。

（2）管理规范

①专用存款账户

支付款项，依照“电支条例”第16条规定，应存入其于银行开立之相同币别专用存款账户，并确实于电子支付账户记录支付款项金额及移转情形。其目的在于保障使用者之支付款项安全，并便利主管机关监督管理电子支付机构对于支付款项之存款、移转、动用及运用情形。

依照“电子支付机构专用存款账户管理办法”第7条规定，电子支付机构仅得选择一银行为专用存款账户管理银行，各币别管理账户以一户为限。依照“电子支付机构专用存款账户管理办法”第10条，管理银行应具备一定之资格，并由管理银行向电子支付机构出具符合应具备条件之声明书，以保障使用者权益及专用存款账户内支付款项之安全。

依照“电子支付机构专用存款账户管理办法”第 13 条规定，专用存款账户名称应叙明为“专用存款管理账户”“专用存款合作账户”“受托信托财产专用存款管理账户”或“受托信托财产专用存款账户合作信托”（如支付款项依照“电支条例”第 20 条交付信托），并标明该电子支付机构名称。

依照“电子支付机构专用存款账户管理办法”第 16 条规定，电子支付机构应于专用存款账户内区分代理收付款项以及储值款项，确实记录支付款项之收取。

②信托或履约保证要求

依照“电支条例”第 20 条：

“专营之电子支付机构对于储值款项扣除应提列准备金之余额，并同代理收付款项之金额，应全部交付信托或取得银行十足之履约保证。

专营之电子支付机构应委托会计师每季查核前项办理情形，并于每季终了后一个月内，将会计师查核情形报请主管机关备查。

第一项所称交付信托，指与专用存款账户银行签订信托契约，以专用存款账户为信托专户。

第一项所称取得银行十足之履约保证，指与银行签订足额之履约保证契约，由银行承担专营之电子支付机构对使用者之履约保证责任。”

本条乃是为了保障支付款项之安全，以避免电子支付机构发生偿债能力不足之问题时，使用者无法取回支付款项。

如果电子支付机构选择交付信托而非取得银行之十足履约保证，参照“电子支付机构专用存款账户管理办法”第 9 条规定，应以专用存款账户之管理银行为受托银行，以专用存款账户为信托专户，并由管理银行依信托契约约定以受托银行名义办理合作账户之开立。针对电子支付机构与管理银行之信托契约，“金管会”依照“电支条例”第 20 条以及“消费者保护法”第 17 条之授权，另定有“电子支付机构支付款项信托契约应记载及不得记载事项”以资规范。

③储值业务应缴存准备金

依照“电支条例”第 19 条，电子支付机构收受台外币储值款项达一定金额者，应缴存足额之准备金；其一定金额、准备金缴存之比率、方式、调整、查核及其他应遵行事项之办法，由“中央银行”洽商主管机关定之。

考量专营电子支付机构收受储值款项与电子票证发行机构所收取之款项性质类似，其准备金之计提宜有一致性之标准，因此“中央银行”将电子支付机构有关准备金缴存及查核之规定并入“非银行发行机构发行电子票证预收款项准备金缴存及查核办法”，并将之更名为“非银行支付机构储值款项准备金缴存及查核办法”。另考量电子商务快速成长，并鼓励电子支付业务之发展，“中央银行”将准备金缴存之门槛提高为每月新台币、外币（折算为等值新台币）储值款项合计数日平均额新台币 50 亿元，超过部分始须计提准备金。另若同时经营电子支付机构业务以及电子票证业务，两种业务应分别计算应提准备额。

④运用限制

依照“电支条例”第 21 条规定：“电子支付机构对于代理收付款项不得作任何运用；对于储值款项，得于 60% 内（参见‘电子支付机构管理条例第二十一条第六项授权规定事项办法’第 3 条）为下列各款之运用或指示专用存款账户银行运用：

1. 银行存款；

2. 购买政府债券；

3. 购买国库券或银行可转让定期存单；

4. 购买经主管机关核准之其他金融商品。”

这些用途之共通特性为低风险具保值性，以保障使用者之权益并兼顾资金之运用，避免闲置资金。

电子支付机构对于运用支付款项所得之孳息或其他收益，应计提 50% 以上（参见“电子支付机构管理条例第二十一条第六项授权规定事项办法”第 4 条）之金额，于专用存款账户银行开立“收益计提金账户”储存，作为反馈使用者或“金管会”规定用途使用。而对于这些计提的金额，依照“电子支付机构清偿基金组织及管理办法”第 4 条规定，需从中再提拨 50% 作为清偿基金。

4. 消费者保护

（1）客诉处理及纷争解决机制

“电支条例”第 26 条规定，电支机构应建置客诉处理及纷争解决机制。

“电子支付机构业务定型化契约应记载事项”第 15 条亦具备“客诉处理及纷争解决机制”规定，该条要求电支机构应于服务页面载明业务服务争议采用之申诉及处理机制及程序。另外针对代理收付实质交易款项业务，该条特别要求电支机构应该要提供争议款项保留暂管的 escrow 机制，如发生交易纠纷时暂扣款项，待纠纷解决之后再拨付款项或进行退款，规定如下：

“一、使用者间因实质交易致生争议时，经任一方使用者请求，电子支付机构应将争议事项之内容通知各该使用者。

二、电子支付机构于代理收付实质交易款项拨付前，使用者间如对该交易发生任何争议，经任一方依争议处理程序向电子支付机构请求暂停拨付款项时，电子支付机构得留存该款项，待确认双方对于款项达成合意时，始将款项无息拨付至收款方之电子支付账户或退回至付款方之电子支付账户。

三、若付款方或收款方就前项争议，除依电子支付机构争议处理程序向电子支付机构请求暂停拨付款项外，另提起调解、诉讼或仲裁，该争议款项将保留至调解、诉讼或仲裁程序结束，待付款方或收款方提出适当证明时，电子支付机构方将款项无息拨付至收款方之电子支付账户或退回至付款方之电子支付账户。”

上述规定亦可见于“电子支付机构业务定型化契约模板”第 18 条。

（2）定型化契约规范

“电支条例”第 27 条规定，专营之电子支付机构订定电子支付机构业务定型化契约条款之内容，应遵守主管机关公告之定型化契约应记载及不得记载事项，对使用者权益之保障，不得低于主管机关所定电子支付机构业务定型化契约模板之内容。

依照“消费者保护法”第 17 条之授权，“金管会”订有“电子支付机构业务定型化契约应记载及不得记载事项”，并另订有“电子支付机构业务定型化契约模板”。

依此，电子支付服务之定型化契约应包含下述内容：

① 电子支付机构信息；

② 同意及确认事项；

③ 身份资料留存及再确认；

④ 电子支付机构业务服务之说明；

⑤ 支付核对机制；

⑥ 支付错误之处理；

⑦ 账号安全性与被冒用之处理；

⑧ 信息系统安全、控管与责任；

⑨ 支付相关费用；

⑩ 汇率之计算；

⑪ 支付款项之信托或十足履约保证；

⑫ 使用者之义务；

⑬ 收款使用者特别约定事项（如代收转付款项禁止交易项目）；

⑭ 纪录保存；〔1〕

⑮ 客诉处理及纷争解决机制；

⑯ 使用者资料之搜集、处理及利用；

⑰ 服务暂停事由与处理；

⑱ 因使用者事由所致之服务暂停；

⑲ 契约之终止；

⑳ 契约条款变更之公告、通知与期间；

㉑ 定型化契约解释原则；

㉒ 双方通知方式；

㉓ 作业委托他人处理；

㉔ 准据法与管辖法院。

另依“电子支付机构业务定型化契约模板”前言，电支机构应将契约条款提供给使用者或者是在网页上公告，并提供服务使用者至少三天的契约审阅期间。但是如果使用者在电子支付机构业务服务的网页上就定型化契约点选同意，就推定使用者已经完成契约的审阅并产生要约的效力，但是契约要等到

〔1〕 繁体为“紀録保存”，翻为简体应为“纪录”。——编者注

电支机构接受使用者注册申请并完成使用者身份确认后通知使用者才成立。

5. 信息安全

依照“电支条例”第 29 条规定，专营之电子支付机构应确保交易资料之隐密性及安全性，并维持资料传输、交换或处理之正确性。专营之电子支付机构应建置符合“电子支付机构信息系统标准及安全控管作业基准办法”之信息系统。

“电子支付机构信息系统标准及安全控管作业基准办法”第 6 条以及第 7 条并针对代理收付实质交易款项以及 P2P 转账两类不同的交易型态、不同的交易额度作出 A、B、C、D 四类不同的交易安全设计要求。然而如使用者以信用卡在线支付、超商付款或其他实体通路付款等方式，无须列入交易额度计算。

交易安全设计与身份认证强度要求不同之处在于身份认证应于使用者注册时进行，而交易安全设计应于每次交易时进行。最严格的 D 类交易安全设计应用于 P2P 转账下每笔付款金额达等值新台币 5 万元，或每日付款金额达等值新台币 10 万元以上，或每月付款金额达等值新台币 20 万元以上者。D 类交易安全设计可以下列任一方式进行：

（1）临柜受理使用者交易，应核对身份证明文件及印鉴或签名；

（2）采用符合电子签章法之安全设计。

另外目前生物特征辨识技术在本“电子支付机构信息系统标准及安全控管作业基准办法”中也获得认可，属于 C 类交易安全设计下的技术，可以使用者所拥有的生物特征（如指纹、脸部、红膜、声音、掌纹、静脉、签名等）作为安全设计之内容。

依照本“电子支付机构信息系统标准及安全控管作业基准办法”第 23 条规定，本“电子支付机构信息系统标准及安全控管作业基准办法”所定之信息系统及安全控管项目，电子支付机构应通过内部控制制度进行定期检核，并应于依“电支条例”第 10 条申请许可时及其后每年 4 月底前，由会计师进行检视，提出信息系统及安全控管作业评估报告。

6. 内控内稽、法遵与风控

（1）内部控制

依照“电支条例”第30条，电子支付机构应建立内部控制及稽核制度，详细规定则见诸“电子支付机构内部控制及稽核制度实施办法”（以下简称“电支内控内稽办法”）。依照“电支内控内稽办法”规定，电子支付机构应建立之内控制度包含内部稽核制度、自行查核制度、法令遵循制度以及风险管理机制（第6条），并报经董事会通过（第5条）。

依照“电支内控内稽办法”第8条规定，内控制度应该要涵盖所有的营业活动，并应订定组织规程与章则（包括明确之组织系统、单位职掌、业务范围及明确之授权与分层负责办法），以及相关业务规范及处理手册（包括个资管理、会计管理以及支付款项管理、资安管理等）。

（2）稽查制度

为协助董事会及管理阶层查核及评估内部控制制度是否有效运作，并适时提供改进建议，以合理确保内部控制制度得以持续有效实施并适时检讨修正内部控制制度，电子支付机构应办理下述稽核活动，包含内部稽核单位稽核、各单位自行查核，以及委托会计师进行年度查核。

依照“电支内控内稽办法”第10条，电支机构应设立隶属于董事会之内部稽核单位。依照第14条，内部稽核单位之职掌有三：

第一，规划内部稽核之组织、编制与职掌，并编撰内部稽核工作手册及工作底稿。

第二，督导各单位订定自行查核内容与程序，及各单位自行查核之执行情形。

第三，拟订年度稽核计划，并依各单位业务风险特性及其内部稽核执行情形，订定对各单位之查核计划。

各类稽核制度之稽查频率如表2所示。

表2　稽查机制与频率

	内部稽核单位稽核	自行查核	会计师查核
稽查单位	内部稽核单位	各单位自行办理	外部会计师

续表

	内部稽核单位稽核	自行查核	会计师查核
稽查频率	一般查核： 业务、财务、资产保管、信息单位：每年 1 次 其他：非强制	一般查核： 业务、财务、资产保管、信息单位：每半年 1 次 其他：非强制	办理年度财务报表查核签证时并同办理
	项目查核： 业务、财务、资产保管、信息单位：每年 1 次 其他：每年 1 次	项目查核： 业务、财务、资产保管、信息单位：每半年 1 次 其他：非强制	—

资料来源："电子支付机构内部控制及稽核制度实施办法"，本文作者自行整理，2015 年 5 月。

针对稽查之结果，稽核单位除应将内部稽核报告交付监察人或审计委员会查阅，并应于两个月内陈报"金管会"（"电支内控内稽办法" 第 18 条）。除此之外，内部稽核单位应于每会计年度终了后 5 个月内将上一年度内部控制制度缺失与异常事项及其改善情形，以网络向"金管会" 申报（"电支内控内稽办法" 第 22 条）。内部稽核单位对金融检查机关、会计师、内部稽核单位（含母公司内部稽核单位）与内部单位自行查核所提列检查意见或查核缺失及内部控制制度声明书所列应加强办理改善事项，应持续追踪覆查，并将其追踪考核改善情形，以书面提报董事会及交付监察人或审计委员会，并列为对各单位奖惩及绩效考核之重要项目（"电支内控内稽办法" 第 24 条）。

（3）法令遵循制度

依照"电支内控内稽办法" 第 30 条规定，电支机构应建置一隶属于总经理之"法令遵循" 管理单位，负责"法令遵循" 单位之规划、管理及执行。"法令遵循" 主管应每半年向董事会及监察人或审计委员会报告。"法令遵循" 单位应每半年办理 1 次"法令遵循" 自行评估作业（"电支内控内稽办法" 第 32 条）。

（4）风险控管机制

电支机构应订定风险管理政策及程序，建立独立有效之风险管理机制（"电支内控内稽办法" 第 33 条），评估及监督整体风险承担能力、已承受风险现况、决定风险因应策略及风险管理程序遵循情形。并设置风险控管单位

（“电支内控内稽办法”第34条），定期向董事会提出风险控管报告，并于发现重大暴险，危及财务或业务状况或法令遵循时，立即采取适当措施并向董事会报告。风险控管单位之设置，得指定一管理单位替代。

7. 亏损函报及应变措施

依照“电支条例”第36条规定，专营之电子支付机构累积亏损逾实收资本额1/2者，应立即将财务报表及亏损原因函报主管机关。“金管会”得限制前述之电支机构经营业务，或令其限期补足资本，电支机构如未补足，“金管会”得勒令其停业。

另外，依照“电支条例”第37条规定，电支机构如财务业务状况恶化，为保障使用者以及债务人权益，“金管会”得通知有关机关或机构（如合作银行）禁止电支机构以及负责人或职员采取必要措施以禁止其脱产，并可以限制上述人员出境，或者是将该电支机构的业务移转给其他电支机构。另为保障使用者权益，电支机构如因解散、停业、歇业、撤销或废止许可、命令解散等事由不能继续经营时，应经主管机关核准将其业务移转给其他电支机构，或者是由主管机关指定其他电支机构承受。

8. 清偿基金之设置

依照“电支条例”第38条规定：

“为避免电子支付机构未依第二十条交付信托或取得银行十足履约保证，而损及消费者权益，电子支付机构应提拨资金，设置清偿基金。

电子支付机构因财务困难失却清偿能力而违约时，清偿基金得以第三人之地位向消费者为清偿，并自清偿时起，于清偿之限度内承受消费者之权利。”

简而言之，如果电子支付机构发生倒闭等情事，消费者可以从清偿基金中取得赔付，清偿基金于赔付后承受消费者对于电子支付机构的债权，转而向电子支付机构求偿。

依照“电子支付机构清偿基金组织及管理办法”第4条规定，清偿基金由各电子支付机构于每年5月底前，自前一年度营业收入提拨之，提拨之对象有二：

（1）经营电子支付机构之手续费收入：

第一年提拨新台币200万元，如果仅经营代理收付实质交易款项者提拨

50 万元。第二年起依照“电子支付机构清偿基金组织及管理办法”第 4 条所订之比例提拨之。

（2）电子支付机构运用支付款项所得之孳息或其他收益：

依照“电支条例”第 21 条以及“电子支付机构管理条例第 21 条第 6 项授权规定事项办法”第 4 条，应计提 50% 以上之孳息或其他收益，依照“电子支付机构清偿基金组织及管理办法”第 4 条应从中提拨 50% 于清偿基金。

清偿基金主要来源由各电子支付机构提拨，然而清偿基金孳息收入以及其他收入同样需纳为清偿基金。

四、结论

（一）规章制度化管理为电子支付机构营运之重点

电子支付机构的营运受到包含“电支条例”以及各“子法”的缜密规范，未来依照“电支条例”第 42 条成立之同业公会或者是银行公会的电子支付业务委员会还可能颁布各式自律公约。因此电子支付机构除了依照“电子支付机构内部控制及稽核制度实施办法”第 8 条具有订立业务规范及处理手册之义务，就从业人员实际执行、员工教育训练以及内部控制稽核的需求观之，电子支付机构应以制定各式业务相关的规章准则作为日常营运依据为佳。换言之，“法令遵循”单位将成为电子支付机构一个很重要的内部组织。

又，依照“电支条例”第 10 条规定，申请业务许可时，电子支付机构应检具业务章则及业务流程说明。所称业务章则又包含如内部控制制度及内部稽核制度、洗钱防制相关作业流程、消费者权益保障措施及消费纠纷处理程序、作业手册及权责划分等。因此电子支付机构在成立之初即需要法令遵循人员的协助规划，且诸如此类之业务规范以及处理手册并需经主管机关金管会之审查。

（二）身份认证以及交易安全控管将成业务拓展主要需克服之问题

电子支付机构应依照交易类别以及交易额度建立各类强度不等的身份认证以及交易安全控管机制。因此在技术面上，电子支付机构需要去建置符合安全性的各类机制。但是在实际运用上，电子支付机构同时必须要考量到消费者的接受度以及方便性。因此未来电子支付的服务很可能仍将以小额支付为主流，也不排除产生只提供小额交易服务之业者。

（三）交易纪录信息的保存义务可以载舟亦可覆舟

电子支付机构基于洗钱防制之目的具有保存交易纪录信息之义务，依照《电支条例》第25条之规定，应保存之交易纪录包含账号、交易项目、日期、金额及币别等。

这些大量的交易纪录资料将成为电子支付机构之宝贵资产，电子支付机构可通过大数据分析获得各式商情，作为电子支付机构开发新商机以及改进消费者体验、服务流程之最佳准据。例如主要的单笔支付金额、主要的使用者年龄层等，都可以协助电子支付机构进行更精准的营销。然而大量保留这些敏感信息，电子支付机构同时应注意《个人资料保护法》之相关规范，建立个资处理准则，并注意资料保存的安全性，以避免触法。

台湾地区“第三方支付专法”（全文）

第一章　总 则

第一条　为促进电子支付机构健全经营及发展，以提供安全便利之资金移转服务，特制定本条例。

第二条　本条例之主管机关为金融监督管理委员会。

第三条　本条例所称电子支付机构，指经主管机关许可，以网路或电子支付平台为中介，接受使用者注册及开立记录资金移转与储值情形之账户（以下简称电子支付账户），并利用电子设备以连线方式传递收付讯息，于付款方及收款方间经营下列业务之公司。但仅经营第一款业务，且所保管代理收付款项总余额未逾一定金额者，不包括之：

一、代理收付实质交易款项。

二、收受储值款项。

三、电子支付账户间款项移转。

四、其他经主管机关核定之业务。

前项但书所定代理收付款项总余额之计算方式及一定金额，由主管机关定之。

属第一项但书者，于所保管代理收付款项总余额逾主管机关规定一定金额之日起算六个月内，应向主管机关申请电子支付机构之许可。

主管机关为查明前项情形，得要求特定之自然人、法人、团体于限期内提供所保管代理收付款项总余额之相关资料及说明；必要时，得要求银行及其他金融机构提供其存款及其他有关资料。

第四条　电子支付机构经营业务，应符合下列规定：

一、涉及外汇部分，应依“中央”银行规定办理。

二、前条第一项第一款之实质交易，不得涉有未经主管机关核准代理收付款项之金融商品或服务及其他法规禁止或各“中央”目的事业主管机关公告不得从事之交易。

三、经营前条第一项第二款至第四款业务，以有经营前条第一项第一款业务为限。

电子支付机构经营前条第一项第二款业务，不适用电子票证发行管理条例之规定。

第五条　电子支付机构以股份有限公司组织为限；除依第九条规定及经主管机关许可兼营者外，应专营第三条第一项各款业务。

第六条　电子支付机构收受使用者支付款项之范围如下：

一、代理收付款项：实质交易之金额、电子支付账户间款项移转之资金，及已执行使用者支付指示，尚未记录转入收款方电子支付账户之款项。

二、储值款项：使用者预先存放于电子支付账户，以供与电子支付机构以外之其他使用者进行资金移转使用之款项。

第二章　申请及许可

第七条　电子支付机构之最低实收资本额为新台币三亿元。

前项最低实收资本额，主管机关得视社会经济情况及实际需要调整之。

第一项最低实收资本额，发起人应于发起时一次认足。

电子支付机构之实收资本额未达主管机关依第二项调整之金额者，主管机关应限期命其办理增资；届期未完成增资者，主管机关得勒令其停业。

第八条　电子支付机构不得经营未经主管机关核定之业务。

专营之电子支付机构得经营之业务项目，由主管机关于营业执照载明之；其业务项目涉及跨境者，应一并载明。

第九条　电子支付机构经主管机关依电子票证发行管理条例之规定核准者，得兼营电子票证业务。

第十条　申请专营第三条第一项各款业务之许可，应由发起人或负责人检具下列书件，向主管机关为之：

一、申请书。

二、发起人或董事、监察人名册及证明文件。

三、发起人会议或董事会会议纪录。

四、资金来源说明。

五、公司章程。

六、营业计划书：载明业务范围、业务经营之原则、方针与具体执行之方法、市场展望、风险与效益评估、经会计师认证得以满足未来五年资讯系统及业务适当营运之预算评估。

七、总经理或预定总经理之资料。

八、业务章则及业务流程说明。

九、电子支付机构业务各关系人间权利义务关系约定书或其范本。

十、经营电子支付机构业务所采用之资讯系统及安全控管作业说明。

十一、经会计师认证之电子支付机构业务交易之结算及清算机制说明。

十二、经会计师认证之支付款项保障机制说明及信托契约、履约保证契约或其范本。

十三、其他主管机关规定之书件。

前项第八款所定之业务章则，应记载下列事项：

一、组织结构及部门职掌。

二、人员配置、管理及培训。

三、内部控制制度及内部稽核制度。

四、洗钱防制相关作业流程。

五、使用者身份确认机制。

六、会计制度。

七、营业之原则及政策。

八、消费者权益保障措施及消费纠纷处理程序。

九、作业手册及权责划分。

十、其他主管机关规定之事项。

银行及“中华”邮政股份有限公司申请兼营第三条第一项各款业务之许可，应检具第一项第一款、第五款、第六款、第八款至第十一款、第十三款规定之书件及董事会或理事会会议纪录，向主管机关为之。

电子票证发行机构申请兼营第三条第一项各款业务之许可，应检具第一项第一款、第五款、第六款、第八款至第十三款规定之书件及董事会会议纪录，向主管机关为之。

第一项第十款之书件，主管机关得洽请相关同业公会或其他适当机构协助检视，并提出审查建议。

主管机关为第一项、第三项及第四项之许可前，应洽商“中央”银行意见。

本条例施行前，经主管机关同意办理网路交易代收代付服务业务之银行及“中华”邮政股份有限公司，视为已取得第三项之许可。

第十一条　依前条第一项、第三项及第四项申请许可者，有下列情形之一，主管机关得不予许可：

一、最低实收资本额不符第七条规定。

二、申请书件内容有虚伪不实。

三、经主管机关限期补正相关事项届期未补正。

四、营业计划书欠缺具体内容或执行显有困难。

五、经营业务之专业能力不足，难以经营业务。

六、其他未能健全经营业务之虞之情形。

主管机关得视“国内”经济及金融情形，限制电子支付机构之增设。

第十二条　专营之电子支付机构应自取得许可后六个月内，检具下列书件，向主管机关申请核发营业执照：

一、营业执照申请书。

二、公司登记证件。

三、会计师资本缴足查核报告书。

四、股东名册。

五、董事名册及董事会会议纪录。设有常务董事者，其常务董事名册及常务董事会会议纪录。

六、监察人名册及监察人会议纪录。

七、其他主管机关规定之书件。

前项规定期限届满前，如有正当理由者，得申请延展，延展期限不得超过三个月，并以一次为限。

专营之电子支付机构未于第一项或前项所定期间内申请营业执照者，主管机关得废止其许可。

专营之电子支付机构取得营业执照后，经发现原申请事项有虚伪情事且情节重大者，主管机关应撤销其许可及营业执照，并令限期缴回营业执照，届期未缴回者，注销之。

专营之电子支付机构应于主管机关核发营业执照后六个月内开始营业。但有正当理由经主管机关核准者，得予延展开业，延展期限不得超过六个月，并以一次为限。

专营之电子支付机构未依前项规定期限开始营业者，主管机关得废止其许可及营业执照，并令限期缴回营业执照，届期未缴回者，注销之。

专营之电子支付机构营业执照所载事项有变更者，应经主管机关许可，并申请换发营业执照。

第十三条　电子支付机构应于开始营业之日起算五个营业日内，以书面通知主管机关。

第十四条　境外机构非依本条例申请许可设立电子支付机构，不得于“我国”境内经营第三条第一项各款业务。

非经主管机关核准，任何人不得有与境外机构合作或协助其于“我国”境内从事第三条第一项各款业务之相关行为。

前项主管机关核准之对象、条件、应检具书件、与境外机构合作或协助其于“我国”境内从事第三条第一项各款业务相关行为之范围与方式、作业管理及其他应遵行事项之办法，由主管机关洽商“中央”银行定之。

第三章　监督及管理

第一节　专营之电子支付机构

第十五条　专营之电子支付机构收受每一使用者之新台币及外币储值款项，其余额合计不得超过等值新台币三万元。

专营之电子支付机构办理每一使用者之新台币及外币电子支付账户间款项移转，每笔不得超过等值新台币三万元。

前二项额度，得由主管机关洽商中央银行依经济发展情形调整之。

主管机关于必要时得限制专营之电子支付机构经营第三条第一项各款业务之交易金额；其限额，由主管机关洽商中央银行定之。

第十六条　专营之电子支付机构收取使用者之支付款项，应存入其于银行开立之相同币别专用存款账户，并确实于电子支付账户记录支付款项金额及移转情形。

前项银行对专营之电子支付机构所储存支付款项之存管、移转、动用及运用，应予管理，并定期向主管机关报送其专用存款账户之相关资料。

第一项专用存款账户开立之限制、管理与作业方式及其他应遵行事项之办法，由主管机关定之。

第十七条　专营之电子支付机构应依使用者之支付指示，进行支付款移转作业，不得有迟延支付之行为。

第十八条　专营之电子支付机构于使用者提领电子支付账户款项时，不得以现金支付，应将提领款项转入该使用者之银行相同币别存款账户。

专营之电子支付机构于使用者办理外币储值时，储值款项非由该使用者之银行外汇存款账户以相同币别存拨者，不得受理。

第十九条　专营之电子支付机构收受新台币及外币储值款项合计达一定金额者，应缴存足额之准备金；其一定金额、准备金缴存之比率、方式、调整、查核及其他应遵行事项之办法，由“中央”银行洽商主管机关定之。

第二十条　专营之电子支付机构对于储值款项扣除应提列准备金之余额，并同代理收付款项之金额，应全部交付信托或取得银行十足之履约保证。

专营之电子支付机构应委托会计师每季查核前项办理情形，并于每季终了后一个月内，将会计师查核情形报请主管机关备查。

第一项所称交付信托，指与专用存款账户银行签订信托契约，以专用存款账户为信托专户。

前项信托契约之应记载及不得记载事项，由主管机关公告之。

第三项之信托契约，违反主管机关公告之应记载及不得记载事项者，其契约条款无效；未记载主管机关公告之应记载事项者，仍构成契约之内容。

第一项所称取得银行十足之履约保证，指与银行签订足额之履约保证契约，由银行承担专营之电子支付机构对使用者之履约保证责任。

专营之电子支付机构应于信托契约或履约保证契约到期日二个月前完成续约或订定新契约，并函报主管机关备查。

专营之电子支付机构未依前项规定办理者，不得受理新使用者注册及收受原使用者新增之支付款项。

第二十一条　专营之电子支付机构对于支付款项，除有下列情形之一者外，不得动用或指示专用存款账户银行动用：

一、依使用者支付指示移转支付款项。

二、使用者提领支付款项。

三、依第二项至第四项所为支付款项之运用及其所生孳息或其他收益之分配或收取。

专营之电子支付机构对于代理收付款项，限以专用存款账户储存及保管，不得为其他方式之运用或指示专用存款账户银行为其他方式之运用。

专营之电子支付机构对于储值款项，得于一定比率内为下列各款之运用或指示专用存款账户银行运用：

一、银行存款。

二、购买政府债券。

三、购买“国库”券或银行可转让定期存单。

四、购买经主管机关核准之其他金融商品。

专用存款账户银行运用信托财产所生孳息或其他收益，应于所得发生年度，减除成本、必要费用及耗损后，依信托契约之约定，分配予专营之电子支付机构。

专营之电子支付机构对于运用支付款项所得之孳息或其他收益，应计提一定比率金额，于专用存款账户银行以专户方式储存，作为回馈使用者或其他主管机关规定用途使用。

第三项及前项所定一定比率，由主管机关定之。

专营之电子支付机构依第二项及第三项运用支付款项之总价值，依一般公认会计原则评价，如有低于投入时金额之情形，应立即补足。

专营之电子支付机构应委托会计师每半营业年度查核第一项至第三项、第五项及前项规定办理之情形，并于每半营业年度终了后二个月内，将会计师查核情形报请主管机关备查。

使用者就其支付款项，对专营之电子支付机构经营第三条第一项各款业务所生之债权，有优先其他债权人受偿之权。

第二十二条　专营之电子支付机构办理“我国”境内业务，其与境内使用者间之支付款项、结算及清算，应以新台币为之。

专营之电子支付机构办理跨境业务，其与境内使用者间之支付款项、结算及清算，得以新台币或外币为之；对境外款项收付、结算及清算，应以外币为之。

专营之电子支付机构办理跨境业务，应于其网页上揭示兑换汇率所参考之银行牌告汇率及合作银行。

第二十三条　主管机关于必要时，得就专营之电子支付机构收受使用者之支付款项总余额与该公司实收资本额或净值之倍数，予以限制。

专营之电子支付机构收受使用者之支付款项总余额与该公司实收资本额或净值之倍数，不符主管机关依前项所定之限制者，主管机关得命其限期增资或降低其所收受使用者之支付款项总余额，并为其他必要之处置或限制。

第二十四条　专营之电子支付机构应建立使用者身份确认机制，于使用者注册时确认其身份，并留存确认使用者身份程序所得之资料；使用者变更身份资料时，亦同。

前项确认使用者身份程序所得资料之留存期间，自电子支付账户终止或结束后至少五年。

第一项使用者身份确认机制之建立方式、程序、管理及前项确认使用者身份程序所得资料范围等相关事项之办法，由主管机关洽商法务部及“中央”银行定之。

第二十五条　专营之电子支付机构应留存使用者电子支付账户之账号、交易项目、日期、金额及币别等必要交易纪录；未完成之交易，亦同。

前项必要交易纪录，于停止或完成交易后，至少应保存五年。但其他“法规”有较长之规定者，依其规定。

第一项留存必要交易纪录之范围及方式，由主管机关洽商“法务部”、“财政部”及“中央”银行定之。

税捐稽征机关、海关及“中央”银行因其业务需求，得要求专营之电子支付机构提供第一项之必要交易纪录及前条第一项之确认使用者身份程序所得资料，专营之电子支付机构不得拒绝。

第二十六条　专营之电子支付机构应建置客诉处理及纷争解决机制。

第二十七条　专营之电子支付机构订定电子支付机构业务定型化契约条款之内容，应遵守主管机关公告之定型化契约应记载及不得记载事项，对使用者权益之保障，不得低于主管机关所定电子支付机构业务定型化契约范本之内容。

第二十八条　专营之电子支付机构对于使用者之往来交易资料及其他相关资料，除其他“法律”或主管机关另有规定者外，应保守秘密。

专营之电子支付机构不得利用使用者个人资料为第三人从事行销行为。

第二十九条　专营之电子支付机构应确保交易资料之隐密性及安全性，并维持资料传输、交换或处理之正确性。

专营之电子支付机构应建置符合一定水准之资讯系统，其办理业务之资讯系统标准及安全控管作业基准，由主管机关指定之同业公会拟定，报请主管机关核定之，变更时亦同。

专营之电子支付机构就第三条第一项各款业务，利用行动电话或其他可携式设备于实体通路提供服务，其作业应符合前项安全控管作业基准规定，并于开办前经主管机关核准。

第三十条　专营之电子支付机构应建立内部控制及稽核制度；其目的、原则、政策、作业程序、内部稽核人员应具备之资格条件、委托会计师办理内部控制查核之范围及其他应遵行事项之办法，由主管机关定之。

第三十一条　专营之电子支付机构应依主管机关及“中央”银行之规定，申报业务有关资料。

专营之电子支付机构应定期提交账务作业明细报表予专用存款账户银行，供其核对支付款项之存管、移转、动用及运用情形。

第三十二条　专营之电子支付机构应于会计年度终了四个月内，编制业务之营业报告书、经会计师查核签证之财务报告或制作其他经主管机关指定之财务文件，于董事会通过及监察人或审计委员会承认后十五日内，向主管机关申报并公告之。

第三十三条　专营之电子支付机构之业务管理与作业方式、使用者管理、使用者支付指示方式、营业据点、作业委外、投资限制、重大财务业务与营运事项之核准、申报及其他应遵行事项之规则，由主管机关洽商“中央”银行定之。

第三十四条　主管机关得随时派员或委托适当机构检查专营之电子支付机构 之业务、财务及其他有关事项，或令专营之电子支付机构于限期内提报财务报告、财产目录或其他有关资料及报告。

主管机关于必要时，得指定专门职业及技术人员，就前项规定应行检查事项、报表或资料予以查核，并向主管机关提出报告，其费用由受查核对象负担。

第三十五条　专营之电子支付机构违反法令、章程或其行为有碍健全经营之虞时，主管机关除得予以纠正、令其限期改善外，并得视情节之轻重，为下列处分：

一、撤销股东会或董事会等法定会议之决议。

二、废止专营之电子支付机构全部或部分业务之许可。

三、命令专营之电子支付机构解除经理人或职员之职务。

四、解除董事、监察人职务或停止其于一定期间内执行职务。

五、其他必要之处置。

主管机关依前项第四款解除董事、监察人职务时，应通知经济部废止其董事、监察人登记。

第三十六条　专营之电子支付机构累积亏损逾实收资本额二分之一者，应立即将财务报表及亏损原因，函报主管机关。

主管机关对前项专营之电子支付机构，得限期令其补足资本，或限制其业务；专营之电子支付机构未依期限补足资本者，主管机关得勒令其停业。

第三十七条　专营之电子支付机构因业务或财务显著恶化，不能支付其债务 或有损及使用者权益之虞时，主管机关得通知有关机关或机构禁止该专营之电子支付机构及其负责人或职员为财产移转、交付、设定他项权利或行使其他权利，或函请入出国管理机关限制其负责人或职员出境，或令其将业务移转予其他电子支付机构。

专营之电子支付机构因解散、停业、歇业、撤销或废止许可、命令解散等事由，致不能继续经营业务者，应洽其他电子支付机构承受其业务，并经主管机关核准。

专营之电子支付机构未依前项规定办理者，由主管机关指定其他电子支付机构承受。

第二节　兼营之电子支付机构

第三十八条　银行及“中华”邮政股份有限公司兼营第三条第一项各款业务，准用第十五条、第十七条、第十八条、第二十一条第九项、第二十二条第一项、第二项、第二十四条至第二十九条、第三十一条第一项 、第三十三条至第三十五条及第三十七条规定。

第三十九条　电子票证发行机构兼营第三条第一项各款业务，准用第十五条至 第三十五条、第三十七条及第三十八条规定。

第四十条　银行及“中华”邮政股份有限公司兼营第三条第一项第二款业务所收受之储值款项，应依“银行法”或其他相关“法令”提列准备金，且为存款保险条例所称之存款保险标的。

第四章　公会

第四十一条　电子支付机构应加入主管机关指定之同业公会或“中华民国”银行商业同业公会“全国”联合会（以下简称银行公会）电子支付业务委员会，始得营业。

前项主管机关所指定同业公会之章程及银行公会电子支付业务委员会之章则、议事规程，应报请主管机关核定，变更时亦同。

第一项主管机关所指定同业公会之业务，应受主管机关之指导及监督。

前项同业公会之理事、监事有违反法令、章程，怠于实施该会应办理事项，滥用职权，或违反诚实信用原则之行为者，主管机关得予纠正，或命令该同业公会予以解任。

第四十二条　主管机关所指定同业公会及银行公会电子支付业务委员会，为会员之健全经营及维护同业声誉，应办理下列事项：

一、协助主管机关推行、研究电子支付机构业务之相关政策及法令。

二、订定并定期检讨共同性业务规章或自律公约，并报请主管机关备查；变更时亦同。

三、就会员所经营电子支付机构业务，为必要指导或调处其间之纠纷。

四、主管机关指定办理之事项。

电子支付机构应确实遵守前项第二款之业务规章及自律公约。

第五章　罚则

第四十三条　非电子支付机构经营第三条第一项第二款至第四款业务者，处三年以上十年以下有期徒刑，得并科新台币二千万元以上五亿元以下罚金。

未依第三条第三项或第五十三条规定向主管机关申请许可，或已依规定申请许可，经主管机关不予许可后，仍经营第三条第一项第一款业务者，处五年以下有期徒刑，得并科新台币一亿元以下罚金。

法人犯前二项之罪者，处罚其行为负责人，对该法人并科以前二项所定罚金。

第四十四条　专营之电子支付机构违反第二十条第一项或第二十一条第一项规定者，其行为负责人处七年以下有期徒刑，得并科新台币五亿元以下罚金。

电子票证发行机构兼营第三条第一项各款业务违反第三十九条准用第二十条第一项或第二十一条第一项规定者，其行为负责人依前项规定处罚。

前二项情形，除处罚行为负责人外，对该专营之电子支付机构或电子票证发行机构，并科以第一项所定罚金。

第四十五条　违反第十四条第二项规定，未经主管机关核准，与境外机构合作或协助其于我国境内从事第三条第一项各款业务之相关行为；或 未依第五十六条规定向主管机关申请核准，或已依规定申请核准，经主管机关不予核准后，仍从事上开业务之相关行为者，处三年以下有期徒刑、拘役或科或并科新台币五百万元以下罚金。

法人犯前项之罪者，处罚其行为负责人，对该法人并科以前项所定罚金。

第四十六条　第四十三条及第四十四条之罪，为“洗钱防制法”第三条第一项所 定之重大犯罪，适用“洗钱防制法”之相关规定。

第四十七条　有下列情事之一者，处新台币六十万元以上三百万元以下罚锾：

一、违反第四条第一项第二款或第三款规定。

二、违反第五条规定未专营第三条第一项各款业务。

三、违反第八条第一项规定。

四、违反第十四条第三项所定办法中有关与境外机构合作或协助其于我国境内从事第三条第一项各款业务相关行为之方式或作业管理之规定。

五、违反第十五条第一项、第二项、第三十八条或第三十九条准用第十五条第一项、第二项所定额度；或违反主管机关依第十五条第四项、第三十八条或第三十九条准用第十五条第四项所定限额。

六、违反第十六条第一项、第三十九条准用第十六条第一项规定；或违反

第十六条第三项、第三十九条准用第十六条第三项所定办法中有关专用存款账户开立之限制、管理或作业方式之规定。

七、违反第十七条、第三十八条或第三十九条准用第十七条规定，迟延进行支付款项移转作业。

八、违反第十八条、第三十八条或第三十九条准用第十八条规定。

九、违反第二十条第七项、第八项或第三十九条准用第二十条第七项、第八项规定，未依限完成续约、订定新契约或函报主管机关备查，或受理新使用者注册、收受原使用者新增之支付款项。

十、违反第二十一条第五项、第七项或第三十九条准用第二十一条第五项、第七项规定。

十一、违反第二十二条第一项、第三十八条或第三十九条准用第二十二条第一项规定；或违反第二十二条第二项、第三十八条或第三十九条准用第二十二条第二项规定，对境外款项收付、结算及清算，未以外币为之。

十二、违反第二十四条第一项、第二项、第三十八条或第三十九条准用第二十四条第一项、第二项规定；或违反第二十四条第三项、第三十八条或第三十九条准用第二十四条第三项所定办法中有关使用者身份确认机制之建立方式、程序、管理之规定。

十三、违反第二十五条第一项、第二项、第三十八条或第三十九条准用第二十五条第一项、第二项规定。

十四、违反第二十八条、第三十八条或第三十九条准用第二十八条规定。

十五、违反第二十九条第一项、第三项、第三十九条或第三十九条准用第二十九条第一项、第三项规定。

十六、违反第三十条或第三十九条准用第三十条规定，未建立内部控制及稽核制度或未确实执行。

十七、违反第三十一条、第三十八条准用第三十一条第一项或第四十条准用第三十一条规定。

十八、违反第三十二条或第三十九条准用第三十二条规定。

十九、违反第三十三条、第三十八条或第三十九条准用第三十三条所定规则中有关业务管理、作业方式、使用者管理、使用者支付指示方式、营业据点、作业委外、投资限制或重大财务业务、营运事项之核准或申报之规定。

第四十八条　电子支付机构之负责人或职员于主管机关依第三十四条、第三十八条或第三十九条准用第三十四条规定，派员或委托适当机构，或指定专门职业及技术人员，检查或查核业务、财务及其他有关事项，或令电子支付机构于限期内提报财务报告、财产目录或其他有关资料、报告时，有下列情形之一者，处新台币六十万元以上三百万元以下罚锾：

一、拒绝检查。

二、隐匿或毁损有关业务或财务状况之账册文件。

三、对检查或查核人员询问无正当理由不为答复或答复不实。

四、届期未提报财务报告、财产目录或其他有关资料、报告，或提报不实、不全，或未于规定期限内缴纳查核费用。

第四十九条　有下列情事之一者，处新台币二十万元以上一百万元以下罚锾：

一、违反第三条第四项规定。

二、违反第十二条第七项规定。

三、违反第十三条规定。

四、违反第二十条第二项或第三十九条准用第二十条第二项规定。

五、违反第二十一条第八项或第三十九条准用第二十一条第八项规定。

六、违反第二十二条第三项或第三十九条准用第二十二条第三项规定。

七、违反第二十五条第四项、第三十八条或第三十九条准用第二十五条第四项规定，拒绝提供记录或资料。

八、违反第二十七条、第三十八条或第三十九条准用第二十七条规定，对使用者权益之保障，低于主管机关所定电子支付机构业务定型化契约范本之内容。

九、违反第三十六条第一项规定。

十、违反第四十一条第一项规定，未加入公会而营业。

第五十条　违反第十九条或违反第四十条准用第十九条规定未缴存足额

准备金者，由“中央”银行就其不足部分，按该行公告最低之融通利率，加收年息百分之五以下之利息；其情节重大者，由“中央”银行处新台币二十万元以上一百万元以下罚锾。

第五十一条　电子支付机构经依本条例规定处罚后，经主管机关限期令其改正而届期未改正者，主管机关得按次处罚；其情节重大者，并得责令限期撤换负责人、停止营业或废止许可。

第五十二条　犯本条例之罪，因犯罪所得财物或财产上利益，除应发还被害人或得请求损害赔偿之人外，属于犯人者，没收之。如全部或一部不能没收时，追征其价额或以其财产抵偿之。

第六章　附则

第五十三条　本条例施行前已办理第三条第一项第一款业务，且所保管代理收付款项总余额已逾主管机关依同条第二项所定一定金额者，应自本条例施行之日起算六个月内，由负责人检具第十条第一项规定之书件向主管机关申请许可。

第五十四条　第十条第七项之银行及“中华”邮政股份有限公司，应自本条例施行之日起算四个月内，提出调整后符合本条例相关规定之营业计划书及自评报告，报请主管机关备查。

第五十五条　本条例施行前已与境外机构合作或协助其于我国境内从事第三条第一项各款业务之相关行为者，应自本条例施行之日起算六个月内，依第十四条第三项办法之规定向主管机关申请核准。

第五十六条　主管机关依第五十三条、第五十四条为许可或备查时，业者之业务管理或作业方式如有与本条例规定不符合者，应指定期限命其调整。

第五十七条　本条例施行日期，由“行政院”定之。

图书在版编目(CIP)数据

法律与新金融. 2016年. 第1辑 / 彭冰主编. -- 北京 : 法律出版社, 2018
ISBN 978-7-5197-2225-8

Ⅰ. ①法… Ⅱ. ①彭… Ⅲ. ①金融法—研究—中国 Ⅳ. ①D922.280.4

中国版本图书馆CIP数据核字(2018)第090718号

法律与新金融　2016年第1辑
FALÜ YU XINJINRONG　2016 NIAN DI-1 JI

彭　冰 主编

策划编辑 高　山
责任编辑 汤子君
装帧设计 贾丹丹

出版 法律出版社
总发行 中国法律图书有限公司
经销 新华书店
印刷 三河市龙大印装有限公司
责任校对 杨锦华
责任印制 陶　松

编辑统筹 学术·对外出版分社
开本 720毫米×960毫米　1/16
印张 15.75
字数 233千
版本 2018年4月第1版
印次 2018年4月第1次印刷

法律出版社/北京市丰台区莲花池西里7号(100073)
网址/www.lawpress.com.cn
投稿邮箱/info@lawpress.com.cn
举报维权邮箱/jbwq@lawpress.com.cn
销售热线/010-63939792
咨询电话/010-63939796

中国法律图书有限公司/北京市丰台区莲花池西里7号(100073)
全国各地中法图分、子公司销售电话:
统一销售客服/400-660-6393
第一法律书店/010-63939781/9782
西安分公司/029-85330678
重庆分公司/023-67453036
上海分公司/021-62071639/1636
深圳分公司/0755-83072995

书号: ISBN 978-7-5197-2225-8
定价: 59.00元